DER

KREDITAUFTRAG.

EINE STUDIE

NACH

RÖMISCHEM UND NEUEM BÜRGERLICHEN RECHT

VON

DR. JUR. OTTO FOERSTER.

LEIPZIG

VERLAG VON VEIT & COMP.

1903

Druck von August Pries in Leipzig.

MEINER MUTTER

IN LIEBE UND DANKBARKEIT

GEWIDMET

Inhalt.

Einleitung.

In der zweiten Hälfte des verflossenen Jahrhunderts entbrannte, von ARNDTS angeregt, auf dem Boden des gemeinen Rechts ein heftiger Streit um die Theorie der Bürgschaft und ihre Formen, der bis in die jüngste Vergangenheit in unverminderter Schärfe angedauert und dem auch, wie wir weiter unten sehen werden, das B.G.B. nur z. T. die praktische Grundlage entzogen hat. Im Mittelpunkte der Erörterungen standen zwei für das Wesen der Bürgschaft grundlegende, übrigens eng zusammenhängende Fragen, einmal: ist der moderne Bürgschaftsvertrag ein bonae fidei-Vertrag nach Art anderer bonae fidei-Kontrakte des Obligationenrechts? sodann: sind neben der aus der alten fideiussio hervorgegangenen Bürgschaft i. e. S. noch andere Bürgschaftsformen notwendig und existenzberechtigt? Die Antworten fielen sehr verschieden aus, eine wichtige Rolle bei den Untersuchungen spielte das überlieferte Institut des mandatum qualificatum, heute Kreditauftrag genannt.[1] Die Argumente für und wider nahm man natürlich großenteils aus dem justinianischen Recht, auf dem das Bürgschaftsrecht unsrer Zeit beruht. Namentlich behauptete man angesichts des ersteren, schon im römischen Recht habe eine Tendenz auf Herausbildung eines einheitlichen, auf bona fides gestützten Bürgschaftsbegriffs bestanden, wie sich aus der Geschichte sowohl der fideiussio als

---

[1] Vgl. einerseits ARNDTS, Pand. S. 558 A. 2, SOKOLOWSKI, Mandatsbürgschaft S. 126ff., ENDEMANN, Zschft. f. d. ges. Hr. v. GOLDSCHMIDT Bd. 4 S. 229, WENDT, Pand. S. 640ff., v. HELMOLT, Correalobligationen S. 97ff.; interessant schon BRINKMANN, Wiss.-prakt. Rechtskunde 1. Bd. S. 260; andrerseits BRINZ, Pand. 2. Bd. S. 196, MICHELS, De intercessione per mand. S. 1, 95, v. WÄCHTER, Pand. 2. Bd. S. 453, BRUNS in v. HOLTZENDORFFS Encyklopädie 5. Aufl. S. 521, GEIB, Zur Dogm. des röm. Bürgschaftsrechts S. 183ff., SAMHABER, Korrealobl. S. 173; vgl. auch ÖSTERLEY, Üb. d. mand. qualif., Diss., S. 20 und UNGER, Handeln auf fremde Gefahr, in IHERINGS Jahrb. Bd. 33 S. 303f., woselbst noch weitere Literatur zu finden, sowie GIRTANNER, Bürgschaft S. 544.

solcher wie des gesamten römischen Bürgschaftsrechts, insbesondere der offenbaren Einwirkung von fideiussio, Kreditauftrag und constitutum debiti alieni aufeinander, ergebe.

Nun sind ohne gründliche dogmatische Erörterungen alle historischen Schlußfolgerungen vag und unnütz. Soll die vorliegende Schrift, die zur Klärung des berührten Streites beitragen will, dieser Aufgabe mit Erfolg gerecht werden, so muß in erster Linie darnach gestrebt werden, dogmatisch tiefer in das Wesen der überkommenen „Bürgschaftsgeschäfte“ einzudringen. Dabei darf, da es sich um praktische Fragen des gegenwärtigen Rechts handelt, das constitutum von vornherein aus dem Kreis der folgenden Betrachtungen ausgeschlossen werden, denn es wird allgemein zugegeben, daß es für unser Rechtsleben eine Bedeutung nicht mehr besitzt. Hingegen das mand. qual. ist heute noch aktuell, und die Erkenntnis seines Wesens ist geradezu fundamental für das Verständnis des gesamten Bürgschaftsrechts.

Im folgenden soll daher das Wesen des Kreditauftrags und sein Verhältnis zur fideiussio bez. zu der heutigen Normalbürgschaft Gegenstand der Untersuchung sein, und zwar muß, da das ganze dogmatische und entwicklungsgeschichtliche Material römisch-rechtlich ist, mit der Sichtung, Interpretation und Würdigung der romanistischen Quellen begonnen werden, ehe die nachrömische Entwicklung, insbesondere die Stellungnahme des BGB. zu unserm Rechtsstoff erörtert werden kann. Im Laufe der Darstellung wird dann auch versucht werden können, auf die oben bezeichneten Fragen eine Antwort zu geben. Es ist wesentlich die bisher trotz sehr reicher Literatur immer noch ungenügende Auffassung des Kreditauftrags, welche jenen Streit bis heute ein befriedigendes Ende nicht finden ließ; der Grund, daß man das mand. qual. bisher sei es überhaupt nicht zutreffend erkannt, sei es nicht bis zu allen Konsequenzen ausgedacht hat, liegt allerdings in den eigentümlichen Schwierigkeiten, welche die römisch-rechtliche Gestaltung unseres Instituts dem Theoretiker bietet.

Erster Abschnitt.

Das Wesen des Kreditauftrags, entwickelt aus dem Geiste des römischen Rechts.

§ 1.

I. Der Kreditauftrag nach den römischen Quellen.

Welches Recht galt für den heute sog. Kreditauftrag in der justinianischen Rechtsepoche? Nur spärlich ist das Quellenmaterial, das meiste muß durch Interpretation gefunden werden. Grundlegend für den rechtlichen Charakter des Kreditauftrags im römischen Recht ist die Einreihung desselben ins Mandatssystem. Es finden sich aber vom gewöhnlichen Mandatsrecht abweichende Rechtssätze, die einesteils in der juristischen Natur des Kreditauftrags begründet liegen, andrenteils von außenher zufolge Einflusses des Interzessionsbegriffs in das Kreditauftragsrecht eingedrungen sind. Im folgenden sollen deshalb auf Grund des vorhandenen Quellenmaterials 1. Name, Begriff und systematische Stellung des Kreditauftrags, 2. seine Mandatsrechtssätze, 3. seine Unterschiede vom allgemeinen Mandatsrecht und endlich 4. die dem Interzessionsrecht entlehnten Rechtssätze des Kreditauftrags behandelt werden.

I. Name, Begriff, systematische Stellung.

1. Heutzutage nennen wir unser Institut „Kreditauftrag"; zur Zeit des gemeinen Rechts war es üblich, es als „mandatum qualificatum" zu bezeichnen. Dieser Name ist unrömisch, er begegnet wohl zuerst bei Stryk, seitdem bei vielen gemeinrechtlichen Schriftstellern bis auf unsre Tage. Auch der Name mandator, der in der neueren gemeinrechtlichen Literatur als spezifische Bezeichnung des Auftraggebers beim Kreditauftrag verwendet wird, ist in dieser Bedeutung nicht quellenmäßig. Im römischen Recht kommt der Name mandator in drei- oder vierfacher Bedeutung vor: einmal ist mandator ganz

allgemein = is qui mandat, d. h. jeder Mandant wird so genannt (§ 11 I. de mandato 3, 26 — von nun an ebenso wie die entsprechenden Digesten- und Kodextitel 17, 1 und 4, 35 mit „h. t." zitiert — l 22 § 11, l 26 pr. §§ 6; 8, l 27 § 2, l 46 i. f., l 49 i. f. Dig. h. t., l 135 § 2 D. de v. o. 45, 1, l 16 Cod. h. t.), sodann wird der Auftraggeber beim Kreditauftrag stets als mandator bezeichnet (vgl. l 58 § 1 D. h. t., l 13 pr. D. de min. 4, 4, in l 52 § 3 D. de fid. et mand. 46, 1 vollständiger mandator pecuniae credendae genannt), endlich begegnet der Name im römischen Strafrecht und Strafprozeß (vgl. l 6 pr. D. ad SC. Silan. 29, 5; l 16 Cod. h. t., l 5 Cod. de accus. 9, 2). Wir wollen im folgenden bis auf weiteres die Namen „Kreditauftrag", „Kreditmandant", „Kreditmandatar" (abgekürzt KrA, KrMt, KrMar) gebrauchen.

2. So vielfach auch die Definitionen des KrA im Laufe der Zeiten und bei den einzelnen Schriftstellern variiert haben, darüber ist kein Zweifel, daß das Urbild unsres Instituts im römischen mandatum ut Titio credas, wie es beispielsweise in §§ 5, 6 i. f. J. h. t., l 2 § 5, l 6 § 4, l 59 § 5 D. h. t. erwähnt wird, zu finden ist. Dies mandatum ist genauer zu definieren als „Auftrag an einen andern, einem Dritten im eignen Namen, aber auf Gefahr des Auftraggebers Kredit zu geben." Eine wichtige Ergänzung zu dieser Definition wird aus systematischen Gründen erst unten unter III. in andrem Zusammenhange gebracht werden, die im folgenden öfter vorkommenden Verweisungen finden dadurch ihre Rechtfertigung. [1])

a) Das Begriffsmoment „auf Gefahr des Auftraggebers" ist z. B. hervorgehoben in l 12 § 13 i. f. D. h t. — vgl. l 59 § 5 eod. — und l 24 D. de f. e. m. 46. 1.

b) Das andre „im eignen Namen" steht mit der Natur des römischen Anftragsbegriffs im Einklang, der verlangte, daß das aufgetragne Geschäft stets im eignen Namen des Beauftragten vorgenommen wurde, da nur indirekte Stellvertretung zulässig war, brauchte also in den Quellen nicht besonders erwähnt zu werden.

c) Was heißt nun credere?

α) Darauf gibt zunächst l 1 § 1 D. de reb. cred. 12, 1 Ant-

---

[1] Nur die unmittelbaren Quellenergebnisse sollen zuerst dargestellt werden.

wort. . . . . omnes enim contractus, quos alienam fidem secuti instituimus, complectitur (scil. titulus de reb. cred.): nam, ut libro primo quaestionum Celsus ait, credendi generalis appellatio est: ideo sub hoc titulo praetor et de commodato et de pignore edixit. nam cuicumque rei adsentiamur alienam fidem secuti mox recepturi quid, ex hoc contractu credere dicimur. Der Begriff des credere umfaßt hiernach keineswegs nur das Darleihen von Fungibilien (über den Unterschied des mutuum vom creditum s. l 2 § 3 eod.) und das käufliche Liefern von Waren unter Stundung des Kaufpreises (ebenso Tausch), sondern jedes Übereinkommen, auf Grund dessen jemand einem andern wirtschaftliche Güter zum Genuß überläßt im Vertrauen auf Rückerstattung oder Erstattung des Äquivalents nach bestimmter oder den Umständen nach angemessener Zeit, also insbesondere auch das commodatum, interessanterweise auch das Hingeben einer dos, das in l 2 Cod. ne fid. vel mand. 5. 20 ausdrücklich als credere bezeichnet wird, nicht aber das depositum, da der Kreditzweck fehlt. Die Bezeichnung mandatum ut credas hat also nur systematische Bedeutung, sie faßt die konkreten Fälle des credere zusammen. Der einzelne KrA wird natürlich stets konkret abgeschlossen: gib dem Titius darlehnsweise Fungibilien bestimmter Art, gib ihm Waren auf Kredit, leihe ihm jene nicht-fungible Sache usw. Der Normalfall desselben in den Quellen ist der auf Gewährung eines Dahrlehns gerichtete KrA: stets wenn die Quellen von mand. ut credas sprechen, meinen sie vorzugsweise diesen Fall, ihn haben auch wir bei unsern Ausführungen, wenn nicht ausdrücklich etwas anderes gesagt ist, im Auge.

Nun kann man allerdings die von uns und dem römischen Recht gegebene Definition des credere [1] noch in andrer, rein wirtschaftlicher Bedeutung fassen. Jener allgemeine Tatbestand des credere stellt ja die gemeinsame wirtschaftliche Seele aller der aufgeführten Geschäfte dar: er ist das wirtschaftliche Kreditgeschäft i. allg., nicht bloß das Kreditrechtsgeschäft. So gefaßt, steht er zur Rechtswelt an sich in keiner Beziehung: eine Darlehnsgewährung an einen Wahnsinnigen oder einen andern Nichtgeschäftsfähigen

[1] Vgl. über den Begriff des credere insbes. Österley a. a. O. S. 7f., Endemann a. a. O. S. 34ff. und S. 178 Anm. [3].

ist eine Kreditgewährung, aber erzeugt keine Kreditverbindlichkeit des Kreditempfängers. Es ist zweifelhaft, ob die Römer in der l 1 § 1 cit. den Begriff auch in diesem Sinne haben verstanden wissen wollen: die allgemeine Fassung der Worte cuicumque rei adsentiamur bis recepturi quid legen es nahe, die Worte ex hoc contractu sprechen dagegen. Jedenfalls ist für das mand. ut credas im römischen Recht das Wort credere nicht nur in seiner juristisch-systematischen Bedeutung, sondern auch in diesem wirtschaftlichen Sinne gemeint: der Nachweis wird unten geführt werden.

β) Eine Abart des KrA ist der in l 12 § 14 D. h. t. erwähnte Stundungsauftrag: . . . . plane si, ut exspectares nec urgueres debitorem ad solutionem, mandavero tibi, ut ei des intervallum, periculoque meo pecuniam fore dicam, verum puto omne nominis periculum debere ad mandatorem pertinere, also der Auftrag an den Gläubiger eines andern, seinem Schuldner Stundung zu gewähren. Die Stelle spricht in ihrem 1. Satz allerdings davon, daß zwischen dem Gläubiger und dem Schuldner ein Kreditgeschäft geschlossen sei (si post creditam pecuniam mandavero creditori credendam, nullum esse mandatum rectissime Papinianus ait), aber es ist kein Zweifel, daß ein Auftrag der bezeichneten Art auch mit Rücksicht auf ein Schuldverhältnis erteilt werden kann, das nicht auf Grund eines credere entstanden ist. Man kann in einem weiteren Sinne auch in diesen Fällen von einem credere sprechen, da der Gläubiger des Dritten aufgefordert wird, dem Schuldner die zur Bewirkung seiner Leistung nötigen Mittel über den Verfalltag hinaus im Vertrauen auf spätere Zahlung zu belassen. Die zitierte l 12 § 14 ist die einzige Quellenstelle, in der dies Mandat erwähnt wird, sein eigenartiger Charakter und sein Verhältnis zum normalen KrA wird in der Folge noch mehrfach berührt werden.

γ) Andre Formen des KrA als die in *α*) und *β*) bezeichneten kennt das römische Recht nicht. Nicht KrA ist das öfter erwähnte mandatum ut pro Titio fideiubeas (vgl. § 3 J. h. t., l 2 § 2 D. h. t.). Ganz abgesehen davon, daß die Quellen dies Mandat stets als selbständiges Geschäft neben dem KrA nennen (vgl. bes. l 6 § 4 D. h. t.), würde es dem Begriff des credere widersprechen, wollte man es unter dem mand. ut credas mit begreifen. Denn dadurch, daß ich für jemanden bürge, übernehme ich zwar eine Haftung, die mein

Vermögen belastet, verschaffe aber dem Dritten niemals unmittelbar etwas, erlange auch nie unmittelbar gegen ihn einen Erstattungsanspruch. Und vor allem: beim KrA handelt es sich um einen Auftrag, Gläubiger eines andern zu werden, bez. um einen an den Gläubiger eines andern gerichteten Stundungsauftrag; beim mand. ut fid. soll der Beauftragte Schuldner eines andern werden. Man sieht, die verglichenen Aufträge haben wenig miteinander zu tun; im Interesse der juristischen Systematik muß deshalb das mand. ut fid., so vielfach es auch in der Literatur als KrA bezeichnet und mit diesem zusammen behandelt wird[1], von vornherein von der Lehre vom mand. ut credas abgetrennt werden: es wird unten in § 6 Besprechung finden.

3. Formell präsentiert sich der römische KrA als Mandat (formloser Konsensualkontrakt); auch materiell ist er Mandat nach römischem Recht, wenn auch ein durch andersartige Rechtssätze abgewandeltes Mandat.[2] Innerhalb der Mandatsgruppe freilich wird dem KrA in den Quellen eine verschiedene systematische Stellung zuteil. Das justinianische Recht faßt ihn, je nachdem Kreditierung cum oder sine usuris aufgetragen worden ist, als mandatum tua et aliena gratia oder als mandatum aliena gratia, § 5 J. h. t., l 2 § 5 D. h. t. Daß dies keineswegs immer so gewesen ist, beweist § 6 J. h. t. i. f., die berühmte Stelle über den Sabinusstreit, in der der KrA unter der Rubrik des mand. tua gratia abgehandelt wird. Gaius, Inst. III 155, 156 führt den KrA ausschließlich unter dem mand. tua gratia auf. Die Römer haben den KrA also teils als ausnahmsweise gültiges mand. tua gratia, teils als mand. aliena gratia[3]

---

[1] Vgl. Österley a. a. O. S. 7, Mühlenbruch, Lehrbuch d. Pandektenrechts, 2. Bd. S. 415, Gesterding, Alte u. neue Irrthümer der Rechtsgelehrten S. 185, Bucher, Recht der Forderungen S. 267 A. 7, Göschen, Vorlesungen über das gemeine Civilrecht, 2. Bd. 2. Abteilung S. 525, Schilling, Lehrb. f. Institutionen u. Rechtsgesch. Bd. 3 S. 540, v. Wening-Ingenheim, Lehrb. d. gem. Civilr. Bd. 2 S. 417 Note w.

[2] Jedenfalls muß man sich bei der Darstellung des römischen KrAsrechts in erster Linie auf mandatliche Basis stellen: im Unterschied zur dogmatischen Betrachtung, § 2.

[3] Dies das Wesentliche der beiden Arten: auf den zufälligen Umstand, ob cum oder sine usuris kreditiert werden soll, kommt nichts an, er kann dem Wesen des Instituts nichts nehmen oder hinzufügen.

aufgefaßt: da die systematische Stellung des KrA für ihn materiell keine Bedeutung hat, brauchen wir uns vorerst mit dem sonderbaren Widerspruch nicht zu beschäftigen, als historisch interessant wird er in § 2 a. E. besprochen werden.[1]

II. Gehen wir nun zur Darstellung der konkreten Rechtssätze des KrA im römischen Recht über und behandeln wir zunächst die dem normalen Mandatsrecht gemäßen.

1. Wie kommt ein KrA zustande? Welches sind seine formellen und sachlichen Voraussetzungen?

a) Formelle Voraussetzungen: Der KrA wird wie jeder Auftrag formlos erteilt und angenommen, obligatio maudati consensu contrahentium consistit, l 1 pr. D. h. t. Das kann also mündlich oder schriftlich (vgl. § 7 J. de inut. stip. 3, 19), auch stillschweigend (l 18, l 6 § 2, l 53 D. h. t., l 6 Cod. h. t.) geschehen, die Annahmeerklärung wird sogar meist durch konkludente Handlung (tatsächliche Kreditgewährung) erfolgen. Die Wahl des Ausdrucks für das „Beauftragen" ist gleichgültig, l 1 §§ 1, 2 eod. Die Aufforderung zur Kreditgewährung wird im römischen Recht überwiegend schriftlich erteilt worden sein, Beispiele für die briefliche Form in l 56 pr., l 59 § 5 D. h. t., l 24 D. de fid. et mand. 46, 1, l 7 Cod. h. t., l 7 („adscriptae"), l 22 („scripsisti") Cod. de fid. et mand. 8, 40 (41). Stets ist erforderlich, daß der Auftrag in persönlicher und sachlicher Beziehung bestimmt erteilt sei, daß insbesondere die Person des Dritten, zu deren Gunsten der KrA gegeben wird, eine bestimmte, den Parteien bekannte bez. erkennbare[2] sei, daß der Umfang des Auftrags — die Höhe des Kredits, für die KrMt einstehen will — unzweideutig, nicht notwendig in bestimmten Zahlen, festgelegt sei: andernfalls fehlt dem Willen die Erklärung, und ein wirhsamer KrA kommt nicht zustande.

---

[1] Im röm. Recht ist das mand. tua gratia zweifellos als besondere Gruppe des Mandats zu betrachten und nicht mit dem consilium zu identifizieren, wie nicht nur l 2 § 6 i. f. D. h. t., sondern eben die Rubrizierung des KrA unter das mand. tua gratia an den angeführten Stellen beweist. Vgl. Sintenis, Prakt. gem. Civilrecht Bd. 2 S. 566 A. 16, v. Holzschuher, Theorie u. Kasuistik d. gem. Civilr. Bd. 2 2. Abth. S. 566ff.

[2] Irrt sich KrMt in der Person des Dritten, dann keine Haftung; anders in der Regel, wenn er sich über persönliche Eigenschaften des Dritten irrt, darüber näheres unter 3 S. 32, vgl. unten § 4 S. 131f.

b) Die allgemeinen sachlichen Voraussetzungen des KrA sind dieselben wie bei allen Rechtsgeschäften bez. Verträgen: ernstlicher Wille, einen KrA, aus dem Rechte und Pflichten für die Parteien entspringen, zu erteilen bez. anzunehmen — und Willensübereinstimmung —, Handlungs- und Geschäftsfähigkeit der Kontrahenten und Einhaltung der Schranken der Rechts- und Sittenordnung. Die letztgenannten zwei Erfordernisse bieten kein besonderes Interesse, die Lehre von der persönlichen Unfähigkeit zur Erteilung eines KrA, die das römische Recht für verschiedene Klassen von Personen statuiert, gelangt unten zur Erörterung. Ausdrücklich wird in l 12 § 11 D. h. t., Satz 2, das mand. ut meretrici pecuniam credas für unverbindlich erklärt (vgl. § 7 J. h. t.).

Den Willen der Parteien anlangend, so ist der des KrMt vorzugsweise auf Übernahme der Gefahr der Kreditgewährung an den Dritten gerichtet (l 12 § 13, l 59 § 5 D. h. t., l 24 D. de f. e. m. 46, 1)[1], der KrMar muß den Kredit im Hinblick auf den erteilten Auftrag gewähren, insbesondere den Willen haben, das Haftungsversprechen des KrMt anzunehmen.

Hierzu ist Verschiedenes zu bemerken.

α) durch den ernsten rechtsgeschäftlichen Willen unterscheidet sich der KrMt fundamental vom Ratgeber. Ein Rat kann vorliegen trotz völliger äußerlicher Bestimmtheit der Aufforderung, nämlich wenn der Wille des Anratenden fehlt, für die rechtlichen Folgen, die sein Rat für den Beratenen hat, einzustehen. Dieser animus sese obligandi ist aber gerade integrierender Inhalt des Willens des KrMt. Das gleiche wie vom Rat gilt von der Empfehlung.[2] Das Verhältnis von KrA und Rat bez. Empfehlung ist einfach dahin zu bestimmen, daß jener ein der Rechtssphäre angehörender Vertrag mit von beiden Teilen gewollter Verpflichtung ist, diese dem außerrechtlichen Verkehrsleben angehörende An-

[1] Daneben ist die Erklärung eines besonderen animus intercedendi allerdings nicht erforderlich, vgl. Michels a. a. O. S. 41, aber der Gefahrübernahmewille muß unzweideutig vorliegen: dies gegen Michels, daselbst, vgl. S. 82f. Überdies bezweckt der KrMt, dem Dritten durch die Haftungsübernahme Kredit zu verschaffen; über die juristische Qualifizierung dieser Tendenz s. S. 83ff.

[2] Sehr charakteristisch ist l 7 § 10 D. de dol. m. 4, 3, da hier derselbe Tatbestand, den ein KrA hat, als Rat angesehen wird.

regungen sind, die, unverbindlich gewollt und als solche zum Ausdruck gebracht, auch vom Empfänger auf eigene Verantwortung geprüft und eventuell befolgt werden. Frage und Antwort sind noch kein Vertrag; mangels des Haftungswillens kann daher ein Rat oder eine Empfehlung für den Ratgeber oder Empfehlenden normalerweise niemals rechtliche Folgen haben. Das bringt das römische Recht an vielen Stellen zum Ausdruck, § 6 J. h. t., l 2 § 6 D. h. t., l 12 § 12, l 10 § 7 eod., l 2 D. de prox. 50, 14, l 47 pr. D. de div. reg. iur. 50, 17, l 13 § 2 Cod. quod cumeo 4, 26, vgl. l 11 § 2 D. de leg. III. Nach römischem Recht verbindet Rat und Empfehlung nur bei dolus, d. i. der Absicht, dem andern Schaden zuzufügen, l 7 § 10, l 8 D. de dolo malo 4, 3, l 47 pr. cit., und wenn der Rat kraft besonderen Sachverstands und Vertrags oder amtlicher Verpflichtung sachgemäß zu erteilen war, vgl. l 9 § 5 D. loc. cond. 19, 2.[1]

Freilich das klare abstrakte Verhältnis von KrA und Rat kann sich in concreto recht schwierig gestalten. Wichtig ist, wenn es gilt, KrA und Rat im Einzelfall zu scheiden, namentlich der Gebrauch verpflichtender Worte, die im Zusammenhang mit dem Sinn der abgegebenen Erklärungen und den Umständen auf das Vorhandensein ernsten rechtsgeschäftlichen Willens schließen lassen. Solche Worte finden sich in l 12 §§ 13, 14 („periculo meo crede", „bene credis"), l 59 § 5 („indemnem rationem tuam me esse") D. h. t., l 24 („fide et periculo meo") D. de f. e. m. 46, 1. Damit der KrA verbindlich sei, ist natürlich die Anwendung verpflichtender Ausdrücke keineswegs nötig, es genügt, daß die Umstände den Verpflichtungswillen deutlich offenbaren, vgl. l 13 § 2 Cod. quod cum eo 4, 26.

Die Gegensätzlichkeit von KrA und Rat in der angegebenen Beziehung schließt nicht aus, daß man beide in anderen Beziehungen

---

[1] In der früheren gemeinrechtlichen Literatur fügte man diesen Ausnahmen häufig die weitere hinzu: der Ratende hafte, wenn der Beratene ohne den Rat nicht gehandelt hätte, und berief sich auf l 6 § 5 D. h. t., vgl. Sintenis a. a. O. S. 566 und wegen der Literatur der l 6 § 5 Anm. [1] S. 96. Aber l 6 § 5 spricht vom KrA, nicht vom Rat, vgl. S. 95f. und überdies: wann haben je im Rechtsleben innerliche Motive als solche etwas gegolten? Vgl. auch S. 11 u. S. 93 sowie Sokolowski a. a. O. S. 47ff.

parallelisiert, wie auch das römische Recht getan hat, vgl. unten S. 32 und S. 90 ff.

β) Kommt für die Haftung des KrMt etwas darauf an, ob KrMar durch den KrA zur Kreditgewährung veranlaßt worden ist oder ob er den Kredit auch ohnedies gewährt hätte? 1 71 § 2 D. de f. e. m. 46, 1 entscheidet präzis dahin, daß der KrMt auch haftet, wenn der KrMar auch ohne den KrA das Darlehen aus freien Stücken gewährt hätte. Placet mandatorem teneri etiam si faeneraturo creditori mandet pecuniam credere. Der KrA ist Vertrag, der durch bloße Willensübereinstimmung zustande kommt, es kann daher nicht überdies noch in Frage kommen, ob er für den KrMt Motiv zum Handeln geworden ist: nicht nur würde sich diese dem Innenleben angehörige Tatsache fast nie mit ausreichender Sicherheit beweisen lassen, sondern gegenüber dem rechtsgeschäftlichen Willen des Handelnden bleiben die Motive, die für den Handelnden bei Ausführung maßgebend waren, als solche allgemeinen Regeln zufolge überhaupt außer Betracht. Die Verpflichtung des KrMt basiert auf dem Annahmewillen des KrMar, dieser wird aus dem KrA berechtigt, wenn er nur den Willen hat, das mit dem Auftrag verbundene Haftungsversprechen des KrMt anzunehmen. Die Kreditgewährung, im Hinblick auf den erteilten Auftrag vorgenommen, erhält eben dadurch einen selbständigen juristischen Grund, die Handlung qualifiziert sich nun als vertragsmäßig gewollte und ausgeführte.[1]

Die Entscheidung in 1 71 § 2 cit. ist zwar ausdrücklich nur für den Fall des normalen KrA getroffen, es unterliegt aber keinem Zweifel, daß sie auch im Fall der 1 12 § 14 D. h. t. gilt, also der KrMt auch haftet, wenn der Gläubiger dem Schuldner aus freien Stücken Stundung gewährt hätte. Die Tatsache der KrAs-Annahme

---

[1] Diese Ausführungen wären bei ihrer Selbstverständlichkeit überflüssig, wenn nicht zuweilen von der Literatur auf Grund der mißverstandenen § 6 i. f. J. h. t., 1 6 § 5, 1 12 § 14 D. h. t. die Haftung des KrMt mit der Tatsache der Motivierung der Kreditgewährung durch den erteilten Auftrag in Zusammenhang gebracht worden wäre. Übereinstimmend Michels a. a. O. S. 43. Über die 1 12 § 13 D. h. t. vgl. S. 30 f. Der Irrtum begegnet z. B. bei Schilling, Lehrb. d. Inst. Bd. 3 S. 540, verb. mit S. 544 Note n u. o und S. 549 Note c.

genügt, — vorausgesetzt, daß noch eine anderweite, sogleich zu besprechende Bedingung erfüllt ist —; nicht ist außerdem der Nachweis erforderlich — um den KrMt haftbar zu machen —, daß der KrMar ohne den KrA die Stundung nicht gewährt hätte.

γ) Das Erfordernis der Willensübereinstimmung der Kontrahenten bedeutet negativ: der KrMt haftet nie in weiterem Umfange, als sein Auftrag besagte, er haftet nur, wenn alle Bestimmungen, die seiner Auftragserklärung beigefügt waren, vom KrMar beobachtet worden sind. Das ist nicht eine besondere Eigenschaft des KrA als Mandatskontrakts, sondern hat seinen Grund darin, daß nur so weit ein bindender Vertrag besteht, als Willensübereinstimmung vorhanden ist. Hat KrMt aufgetragen, dem Titius 1000 zu leihen, so kommt, wenn KrMar Kredit in höherem Umfang gewährt hat, nur in Höhe von 1000 der KrAs-Kontrakt zustande, KrMt haftet nur in Höhe dieser Summe, vgl. — auch über die historische Entwicklung — § 8 J. h. t., der allerdings nur vom mand. ut pro Titio sponderes spricht, offenbar aber auch für den KrA gilt, Gaius Inst. III 161, l 22 Cod. de fid. 8. 40 (41), l 4, l 33 D. h. t. Der KrMt haftet, wenn er z. B. den Auftrag so erteilt hat: Gib auf meine Gefahr dem Titius 1000 als Darlehen, laß dir aber Pfand geben oder Bürgen bestellen, nur, falls der KrMar sich vom Schuldner hat angemessene Sicherheit geben lassen, l 7 Cod. de fid. 8, 40 (41): si creditor condicioni mandato adscriptae, cum pecuniam mutuam daret, in accipiendis hypothecis non paruit, frustra te iudicio mandati convenit, quando non alias te obligasse intelligaris, quam si pignoribus contraheretur obligatio, noch bestimmter l 59 § 6 D. h. t.: Paulus respondit non videri mandati condicioni paritum, cum in mandato adiectum sit, ut idonea cautio a debitore exigeretur, si neque fideiussor neque pignora accepta sint. Überhaupt ist die Zufügung von Nebenbestimmungen, wie Bedingungen jeder Art, eines dies, einer Frist, zu dem KrA wie bei jeder anderen Willenserklärung ohne Einschränkung zulässig, vgl. § 12 J. h. t., l 1 § 3 D. h. t.; ist die Bedingung nicht eingetreten, der Termin, die Frist nicht eingehalten, so haftet KrMt nicht, vorausgesetzt, daß er das Haftungsversprechen nur für den Fall des Eintritts der Bedingung oder der genauen Einhaltung von Termin und Frist erteilt hat. Selbstverständlich sind auch pacta adiecta gestattet, eins der wichtigsten, welches die Subsidiarität der Haftung des KrMt betrifft, s. unter III, S. 55.

Bemerkt sei noch, daß natürlich der KrA als solcher durch die tatsächliche Kreditgewährung nicht bedingt ist, da eine Bedingung ein accidentale negotii ist, während die Vornahme der Kreditgewährung eine Wesensvoraussetzung der konkreten Verbindlichkeit des KrMt darstellt.

c) Es bestehen nun für die Giltigkeit des KrA noch besondere sachliche Voraussetzungen, die ihm gerade als Mandat eigentümlich sind.

α) In erster Linie ist zu erwähnen, daß der Gegenstand des Mandats begrifflich stets eine zukünftige Handlung sein muß. Das Mandat verliert seinen Sinn, wenn das aufgetragene Geschäft bereits anderweit ausgeführt ist. Daher für den KrA die Regel der l 12 § 14 D. h. t.: si post creditam pecuniam mandavero creditori credendam, nullum esse mandatum rectissime Papinianus ait: es liegt Unmöglichkeit der Leistung vor. Diese Regel des römischen KrAsrechts lautet negativ ausgedrückt: Niemals kann durch KrA das Risiko einer bestehenden Forderung schlechthin von einem andern übernommen werden. Daß die Römer aufs strengste an dieser Regel festgehalten haben, beweist der 2. Satz der zit. Stelle, der den Tatbestand des Stundungsauftrags (s. o. S. 6) enthält. Die zukünftige Handlung, die bei diesem in Auftrag gegeben wird, ist die Stundungsbewilligung dem Schuldner gegenüber (sei es auf bestimmte oder unbestimmte Zeit) in Ansehung einer fälligen, noch nicht gestundeten Schuld. Fälligkeit der Schuld [1] muß vorliegen, da Stundung nichtfälliger Schulden begrifflich unmöglich ist; das Stundungsübereinkommen zwischen Gläubiger und Schuldner darf noch nicht abgeschlossen sein, da der Auftrag sonst gegenstandslos wäre. Ist also eine Schuld erst in zwei Jahren fällig, so kann für diese Zeit die Haftung für die Forderung durch KrA nicht übernommen werden: erst von der Fälligkeit an kann sich KrMt durch den Auftrag, weiter zu stunden, haftbar machen.

[1] Nicht nötig Verzug des Schuldners, da dazu Verschulden des letzteren gehört, ein Moment, das für die Möglichkeit einer Stundung gar nicht in Frage kommt. Dagegen darf nicht Annahmeverzug vorliegen, da dann allerdings die Möglichkeit einer Stundungsbewilligung logisch fehlt.

Nur wenn der Gläubiger die Stundungsbewilligung dem Schuldner erklärt und dieser sie angenommen hat, kann man ja von einer Kreditgewährung im weiteren Sinne sprechen, da der Begriff des Kreditierens verlangt, daß dem Schuldner die wirtschaftlichen Güter, die er dem Gläubiger schuldet, kraft Übereinkommens mit diesem auf bestimmte oder den Umständen nach angemessene Zeit über die Fälligkeit hinaus belassen werden. Also auch der Begriff des Kreditauftrags bedingt, daß die bloße Gefahrübernahme hinsichtlich einer Forderung in Form eines solchen nicht stattfinden kann, daß vielmehr eine Handlung des Gläubigers vorliegen muß, die dem Schuldner den Genuß der geschuldeten wirtschaftlichen Güter auf begrenzte Zeit weiter verschafft. Dazu genügt nicht, daß der Gläubiger dem Schuldner die geschuldeten Gegenstände tatsächlich über den Fälligkeitstermin hinaus beläßt, ohne den Willen zu haben, ihm Stundung zu gewähren, oder ohne den vorhandenen Willen zu erklären: dieses tatsächliche Belassen wäre das Gegenteil einer Kreditgewährung, da die Fälligkeit der Schuld bestehen bleibt und dieselbe jederzeit vom Gläubiger eingefordert werden kann. Erst die Stundungserklärung dem Schuldner gegenüber bez. die Annahme derselben durch diesen läßt ein Kreditieren im Rechtssinn zur Entstehung kommen.

In diesem Sinne ist die vielfach mißverstandene l 12 § 14 cit. zu verstehen. Die Stelle fordert, damit ein giltiger KrA erteilt werden könne, absolut nicht, daß der Gläubiger wirklich zur Zahlung dränge oder daß der Schuldner sich in Not befinde: das ist nur beispielsweise angeführt; ebensowenig macht sie die Haftung des KrMt davon abhängig, daß Gläubiger durch den KrA zur Stundung veranlaßt worden sei: die Motive, die den Gläubiger zur Kreditgewährung bestimmen, sind wie stets ganz gleichgültig. Die Stelle ist auch gerade nicht eine Ausnahme von der oben genannten Mandatsregel, sondern eine Bestätigung derselben.

β) Den andern bekannten Mandatsrechtssatz enthält l 1 § 4 D. h. t., § 13 J. h. t.: mandatum nisi gratuitum nullum est. Auch der KrMar vollzieht das ihm Aufgetragene unentgeltlich. Nicht als Gegenleistung ist die auf Grund des Haftungsversprechens erfolgende Zahlung des KrMt aufzufassen; eine Vergütung für die Kreditgewährung beim mand. ut sub usuris crederes sind auch nicht die Zinsen, die dem KrMar verbleiben: über beides näheres unten. Übrigens wäre ein besonderes Honorar für die Kreditgewährung gerade so zulässig und klagbar wie beim gewöhnlichen Mandat.

d) Ist Willensübereinstimmung und gegenseitige Willenserklärung vorhanden, so ist ein giltiger KrA zustande gekommen, vorausgesetzt, daß die übrigen obengenannten Bedingungen erfüllt sind. Von der tatsächlichen Kreditgewährung ist der KrA in seinem juristischen Bestande nicht abhängig; denn er ist Konsensualkontrakt und bindet daher vom Augenblick der Annahmeerklärung an, auch wenn diese vor Kreditgewährung besonders abgegeben wird: sonst hätte ja auch die Anwendung der Auftragsvorschriften über Kündigung und Widerruf auf den KrA gar keinen Sinn. Häufig wird allerdings Vertragsabschluß und Kreditgewährung zusammenfallen, da der Annahmewille häufig erst durch die letztere erklärt wird.

Natürlich erlangt der KrA, soweit das Haftungsversprechen des KrMt in Frage kommt, konkreten Inhalt in jedem Fall erst durch die tatsächliche Kreditierung: vordem sind Auslagen des KrMar nicht vorhanden, erst von dem Zeitpunkte an, in dem die wirtschaftlichen Güter dem Dritten kreditweise übergeben und von diesem kreditweise angenommen worden sind, bez. beim Stundungsauftrag, mit dem das Stundungsübereinkommen durch Abgabe und Annahme der Stundungserklärung zustande gekommen ist, ist das Objekt, an dem sich das Haftungsversprechen betätigen will und kann, die Kreditschuld, gegeben.

2. Die aus dem KrA entspringenden Rechte und Verbindlichkeiten, zu deren Besprechung nun übergegangen werden kann, sind mit den unter III. zu behandelnden Modifikationen nach römischem Recht dieselben wie die aus dem Auftrag für gewöhnlich entspringenden.

a) Im Vordergrund steht beim KrA die Verpflichtung des KrMt.

α) Die Römer fassen sie durchaus als die normale, durch die actio mandati contraria gesicherte Verpflichtung des Mandanten zum Ersatz der Auslagen, die dem KrMar infolge der Kreditgewährung erwachsen sind, vgl. l 1 Cod. h. t.

Was ist zu leisten? Grundlegend ist die Regel der l 20 pr. D. h. t.:

ex mandato apud eum qui mandatum suscepit nihil remanere oportet, sicuti nec damnum pati debet, si exigere faeneratam pecuniam non potuit; der KrMar darf durch die Kreditgewährung keinen Schaden leiden, oder, was dasselbe ist, KrMt hat zu ersetzen id quod abest [1] (sc. mandatario), vgl. l 26 § 2, l 47 pr. D. h. t., l 27 (28) i. f. D. de neg. gest. 3, 5. Insbesondere kommt das in unmittelbarer Ausführung des Auftrags vom KrMar Aufgewendete in Betracht: die Darlehnssumme — wenn vom Dritten Zinsen bedungen sind, samt den vom Dritten geschuldeten Zinsen, vorausgesetzt, daß die Haftung für diese vom KrMt mit übernommen wurde, l 9 (8) Cod. quod cum eo 4, 26 „si te his omnibus obligasti", l 10 Cod. de fid. 8, 40 (41) „mandator si in usuras quoque obligatus est"; ferner sind alle weiteren Vermögensminderungen, die dem KrMar auf Grund der erfolgten Kreditgewährung, z. B. durch Mahnung des Dritten, Beitreibung der Schuld entstehen, sowie etwaiger durch Verzug des Dritten oder Zahlungszögerung ohne dessen Verschulden [2] erwachsener Schaden (vor allem stets die vom Dritten seit seinem Verzug geschuldeten gesetzlichen Verzugszinsen) zu ersetzen [3]: natürlich alles nur, soweit es KrMar nicht bereits von seinem Darlehnsschuldner erhalten hat, vgl. l 27 § 5 i. f. D. h. t. in id dumtaxat tibi obligatus ero, quod a Titio servare non poteris. Die Schadenshaftung des KrMt besteht so lange und so weit, als eine Schadensmöglichkeit vorhanden ist: l 59 § 4 D. h. t. creditor pignus vendidit: quaero, an, si evicta sit possessio emptori, regressum creditor ad mandatorem habere possit et an intersit, creditoris iure vendiderit an communi iure promiserit. Paulus respondit, si creditor ex pretio pignorum debitum consecutus non sit, mandatorem liberum non videri. ex hoc responso apparet, si evictionis nomine non teneatur, proficere eam rem ad liberationem: hat der KrMar das Pfand creditoris iure veräußert, so haftet er nicht für Eviktion, mithin wird KrMt definitiv frei, falls der Gläubiger aus dem Erlös des Pfandverkaufs befriedigt ist:

---

1 Formelausdruck.

2 Näheres darüber im dogmatischen Teil S. 121f.

3 Über den Ersatz weiterer Auslagen, die mit der Kreditgewährung zusammenhängen, sowie über die Anwendung der Mandatsregel, daß bare Auslagen des Mar vom Mt zu verzinsen sind, vgl. u. S. 55f.

anders wenn der Verkauf communi iure erfolgte und dem KrMar auf Grund der Eviktionshaftung des Verkäufers der Pfanderlös ganz oder teilweise wieder entrissen wird.[1] Aus den besonderen Regeln über die Teilhaftung von Miterben erklärt sich l 24 D. de fid. 46, 1: Lucius Titius cum pro Seio fratre suo apud Septicium intervenire vellet, epistulam ita emisit: „si petierit a te frater meus, peto des ei nummos fide et periculo meo": post quam epistulam Septicius Seio pecuniam numeravit: deinde Titius inter reliquos et Seium fratrem pro tertia parte reliquit heredem. quaero, an, quia adversus Seium debitorem Septicii confusa sit actio pro tertia parte, qua Titio fratri suo heres exstitit, cum coheredibus eius agere in solidum possit. Marcellus respondit cum coherede Seii non pro maiore quam hereditaria parte mandati agi posse.

Natürlich kann KrMt bei Erteilung des KrA seine Haftung in sachlicher und zeitlicher Beziehung beschränken. Abgesehen von dem oben S. 12 Erwähnten kann KrMt insbesondere erklären: ich hafte aus dem KrA lediglich so, daß ich dir höchstens 1000 M. zahle, dann kann, auch wenn dem KrMar aus der auftragsgemäß vollzogenen Kreditgewährung ein höherer Schaden erwachsen ist, nicht mehr als jener Betrag gefordert werden; oder der KrMt kann sagen: für den aus einer Zahlungszögerung des Dritten etwa erwachsenden besonderen Schaden hafte ich nicht. Eine zeitliche Begrenzung der Haftung ist in der Weise möglich, daß KrMt nur denjenigen aus der Kreditgewährung erwachsenden Schaden zu ersetzen verspricht, der während einer bestimmten Zeit entsteht, l 59 § 5 D. h. t. „ille illi salutem. mando tibi, ut Blaesio Severo adfini meo octoginta credas sub pignore illo et illo: in quam pecuniam et quidquid usurarum nomine accesserit indemnem rationem tuam me esse ex causa mandati in eum diem, quoad vixerit Blaesius Severus, praestaturum". postea saepe conventus mandator non respondit: quaero, an morte debitoris liberatus sit. Paulus respondit mandati obligationem perpetuam esse, licet in mandato adiectum videatur indemnem rationem tuam me esse ex causa mandati in eum diem, quoad vixerit Blaesius Severus, praestaturum. Paulus' Entscheidung fußt hier offenbar darauf, daß der

[1] Vgl. Dernburg, Pand. I S. 692ff.

Schaden, also die Voraussetzung der Haftbarkeit des KrMt, der Indemnität versprochen hatte, bereits zu Lebzeiten des Blaesius eingetreten war, dann ist mandati causa perpetua; nicht würde dagegen KrMt haften, wenn der Schaden erst nach dem Tode des Bl. eingetreten wäre. Vgl. auch l 7 Cod. de loc. et cond. 4, 65, die allerdings nicht von einem KrA spricht, aber einen analogen Fall behandelt.

Zu betonen ist schon jetzt, daß der Inhalt der Ersatzpflicht des KrMt juristisch durchaus vom Inhalt der Darlehnsforderung des Dritten zu sondern ist, wie ohne weiteres aus der Verschiedenheit der Natur der Darlehnsobligation und des Auftrags erhellt. Der KrMt hat es nur mit dem KrMar als seinem Vertragsgegner zu tun; ob auch der Dritte dem KrMar für Ersatz aller Vermögensminderungen, die derselbe auf Grund der Kreditgewährung erlitten hat, haftbar ist, ist eine Frage, die das Verhältnis zwischen KrMt und KrMar unmittelbar gar nicht berührt: der Inhalt der Verpflichtung des Dritten kann größer oder kleiner sein als derjenige der Ersatzpflicht des KrMt. Bei normalem Entwicklungsgang beider Obligationen wird allerdings ein wesentlicher Unterschied nicht zu Tage treten.[1]

Wann ist zu leisten? Darüber unten in anderem Zusammenhang (S. 52 ff.).

Wo ist zu leisten? Im Zweifel da, wo dem KrMar der Schaden entstanden ist, l 61 D. de fid. 46, 1: si, ut proponitur, cum mutua pecunia daretur, ita convenit, ut in Italia solveretur, intelligendum mandatorem quoque simili modo contraxisse. Ist natürlich ein besonderer Leistungsort zwischen KrMt und KrMar ausgemacht, so gilt dieser.

β) Mehrere KrMten, die — gleichviel, ob getrennt oder verbunden — dem KrMar die gleiche Kreditgewährung an einen bestimmten Dritten in Auftrag gegeben haben, haften dem KrMar solidarisch, l 59 § 3 D. h. t. Paulus respondit unum ex mandatoribus in solidum eligi posse, etiamsi non sit concessum in mandato[2];

---

[1] Irrig Brinkmann a. a. O. S. 245, Esmarch, Grundsätze des Pandektenrechts S. 131, Michels a. a. O. S. 57, die lehren, der KrMt hafte für das Gleiche, was der Dritte schulde. Vgl. dazu S. 26 f. und § 4 S. 121 ff.

[2] Der Schlußsatz der Stelle: post condemnationem autem in duorum

l 41 § 1 D. de fid. 46, 1 „si in solidum condemnatus est unus ex mandatoribus"; vgl. l 21 i. f. D. h. t. „quemadmodum, si duo mihi mandassent ut tibi crederem, utrumque haberem obligatum". Nicht Litiskontestation des KrMar mit einem von ihnen befreit die andern, nicht einmal freisprechendes Urteil in Ansehung eines von ihnen, sondern erst die Zahlung[1] eines von ihnen an den KrMar, l 52 § 3 D. de fid. 46, 1 plures eiusdem pecuniae credendae mandatores, si unus iudicio eligatur, absolutione quoque secuta non liberantur, sed omnes liberantur pecunia soluta, vgl. l 23, l 28 pr. Cod. de fid. 8, 40 (41).

b) Von den Vertragspflichten des KrMar ist als wichtigste für den KrA die zur Herausgabe des aus dem Auftrage Erlangten hier zu besprechen, vgl. l 20 pr. D. h. t.

α) Sie wird aktuell, wenn der KrMt vom KrMar zur Zahlung des Ersatzbetrages angehalten wird. Dann kann der zahlende KrMt verlangen, daß ihm der KrMar die diesem gegen den Dritten zustehende Darlehnsforderung abtritt, l 28 D. h. t. Papinianus libro tertio quaestionum ait mandatorem debitoris solventem ipso iure reum non liberare (propter mandatum enim suum solvit et suo nomine) ideoque mandatori actiones putat adversus reum cedi debere; l 95 § 10 D. de solut. 46, 3 si mandatu meo Titio pecuniam credidisses, eiusmodi contractus similis est tutori et debitori pupilli: et ideo mandatore convento et damnato, quamquam pecunia soluta sit, non liberari debitorem ratio suadet, sed et praestare debet creditor actiones mandatori adversus debitorem, ut ei satisfiat, etc.; l 27 § 5 D. h. t. Si mandatu meo Titio credideris et mecum mandati egeris, non aliter condemnari debeo, quam si actiones tuas, quas adversus Titium habes, mihi praestiteris etc.; ebenso l 13 D. de fid. 46, 1, vgl. l 95 § 11 D. de solut. 46, 3. Die Abtretung kann nicht nur exzeptionsweise (exceptio doli, Retentionsrecht), sondern auch klageweise[2] gefordert werden, und zwar mit der actio mandati

---

personam collatam necessario ex causa iudicati singulos pro parte dimidia conveniri posse et debere, wird jedenfalls auf das beneficium divisionis zu beziehen sein, dessen S. 60 Erwähnung getan werden wird.

[1] Vgl. Ribbentrop, Zur Lehre v. d. Corr.-Obl. S. 90 A. 1.

[2] Nur das erstere gesteht merkwürdigerweise trotz l 28 cit. Gesterding, Ausbeute von Nachforschungen Bd. I S. 301 A. 13 zu.

directa, die dem KrMt auch nach geleisteter Zahlung noch zusteht.[1] Die Abtretung wird nach allgemeinen Grundsätzen erst mit der Denuntiation voll wirksam. Über den Fall der Unmöglichkeit dieser Zession s. unter c).

Mit der Forderung sind alle sichernden Rechte, Pfandrechte, Bürgschaften, überhaupt omne ius, quod ex causa obligationis creditori competit, abzutreten, ohne Unterschied, ob sich KrMt im Hinblick auf diese Sicherungen verpflichtete oder ob sie erst nachträglich ohne Wissen des KrMt begründet worden sind[2], l 21 Cod. de fid. 8, 40 (41) sicut eligendi fideiussores creditor habet potestatem, ita intercessorem postulantem sibi cedi hypothecae sive pignori obligata iure non prius ad solutionem, nisi mandata super hac re fuerit persecutio, convenit urgueri (das „intercessor" dürfte auch auf den KrMt zu beziehen sein), vgl. l 2 pr. Cod. eod., l 6, l 23 pr. D. de hered. v. a. v. 18, 4.

Sind mehrere KrMten vorhanden, so kann der zahlende KrMt außer der Abtretung der Klage gegen den Dritten auch Abtretung der Forderungen gegen die Mit-Mten fordern, l 41 § 1 D. de fid. 46, 1 idem (scil. Modestinus) respondit, si in solidum condemnatus est unus ex mandatoribus, cum iudicati conveniri coeperit, posse eum desiderare, ut adversus eos, qui idem mandaverunt, actiones sibi mandentur. Freilich diese Abtretung kann nur vor oder bei Zahlung — nicht mehr nach Zahlung — und auch insoweit nur auf Grund der Fiktion gefordert werden, daß die Forderungen, die gemäß l 52 § 3 D. de fid. 46, 1 mit der solutio ipso iure erlöschen, weiter bestehen.[3]

β) Mehrere KrMare haften für die Erfüllung ihrer mandatlichen Pflichten solidarisch, l 60 § 2 D. h. t., eine Stelle, die für das Mandat im allgemeinen, also mangels besonderer Bedenken auch für den KrA gilt.

c) Die Verpflichtungen der KrAskontrahenten sind nach bona

---

[1] Ausdrücklich ist das übrigens in den Quellen nicht gesagt; es folgt zwar nicht aus l 13 cit., aber aus l 28 cit. Vgl. Gesterding am vor. Anm. ang. O.

[2] Vgl. darüber des näheren S. 22.

[3] Vgl. § 3 S. 114. Vor allem betont bei Brinz a. a. O. S. 88.

fides zu erfüllen, die den Mandatskonkrakt überhaupt beherrscht.[1] Jede Partei hat omnis culpa zu vertreten.

α) Der KrMt ist hiernach nur zum Ersatz der Auslagen verpflichtet, die der KrMar nicht selbst schuldhaft veranlaßt hat; er ist überhaupt nicht verpflichtet, wenn der KrMar seine Nichtbefriedigung durch den Schuldner selbst verschuldet hat, l 203 D. de div. reg. i. a. 50, 17: Quod quis ex culpa sua damnum sentit, non intellegitur damnum sentire. Das Mandat, das Beobachtung der bona fides fordert, erlegt damit dem KrMar eine „Diligenzpflicht"[2] auf, die sich auf die gesamte Behandlung der Darlehnsforderung gegen den Dritten — welche ja, wie unten ausgeführt werden wird, seine Forderung ist — erstreckt. Der KrMar hat wie ein bonus pater familias für seine Befriedigung aus der Kreditgewährung Sorge zu tragen; es widerspräche der bona fides, wollte KrMar vom KrMt etwas ersetzt verlangen, was er bei Anwendung gehöriger Sorgfalt vom Dritten selbst erlangt hätte, etwas, dessen Verlust er also bei nichtfahrlässigem Verhalten hätte vermeiden können.

Seine Nichtbefriedigung kann der KrMar ebensowohl durch Handlungen als durch Unterlassungen verschulden; die Unmöglichkeit der Befriedigung, deren Eintritt dem KrMar zur Schuld zuzurechnen ist, kann sowohl auf Rechtsgründen beruhen als in den faktischen Verhältnissen begründet sein. Auf Rechtsgründen beruht die Unmöglichkeit der Befriedigung z. B. im Falle der l 95 § 11 D. de solut. 46, 3: si creditor a debitore culpa sua causa ceciderit,

---

[1] Der Begriff bona fides ist hier und stets nicht i. e. Sinne, in dem er nur Prästation von dolus und culpa lata (vgl. Puchta, Just. III S. 128 A. f) fordert, sondern im weiteren Sinn gebraucht, im Sinn von „Treu und Glauben", in welchem er allen bonae fidei negotia, allen actiones bonae fidei eigen ist. Daß der Mar diligentia diligentis patris familias zu beobachten hatte, sagt l 13, 11, 21 Cod. h. t.

[2] Ebenso Österley a. a. O. S. 29f., Sokolowski a. a. O. S. 112ff., Mode, Befreiung des Bürgen, S. 102f., mit größter Klarheit Mühlenbruch, Lehre v. d. Cession d. Forderungsrechte S. 431f., vgl. Hasenbalg, Bürgschaft des gemeinen Rechts S. 406f., Puchta, Pand. S. 578. Über das Wort „Diligenzpflicht" vgl. S. 122f. Wenn Hauser im Centralorgan d. deutschen Hand.- u. Wechselrechts Bd. 4 (Neue Folge) S. 379 A. 2 leugnet, daß die Diligenzpflicht aus dem KrA als Mandat folge, so hat er vom dogmatischen Standpunkt aus ganz recht — vgl. die Ausführungen unten unter § 4 —, aber für das römische Recht ist sie zweifellos aus dem Mandate abzuleiten.

prope est, ut actione mandati nihil a mandatore consequi debeat, cum ipsius vitio acciderit, ne mandatori possit actionibus cedere. Neben diesem causa cadere, das nach § 33a J. de act. 4, 6 infolge einer pluris petitio re, tempore, loco, causa geschehen kann, kommen auch noch andre prozessualische Fehler, wie Versäumnisse von Fristen oder Terminen, in Frage. Insbesondere wird der KrMt auch frei, wenn KrMar seine Forderung gegen den Dritten hat schuldhaft verjähren lassen. Wenn der Grund der mangelnden Befriedigung in der Zahlungsunfähigkeit des Dritten liegt, kann KrMt mit Erfolg Zahlung weigern, wenn KrMar z. B. solange mit Klagerhebung gezögert hat, bis vom Dritten bei der Vollstreckung nichts mehr zu holen war, wenn er die ungünstige Vermögenslage des Dritten selbst verschuldet, wenn er Bürgen zu spät belangt, Pfänder zu billig verschleudert hat usw.[1] Der KrMar hat jeden Augenblick auf die Wahrung seiner Rechte gegen den Dritten bedacht zu sein und jeder Möglichkeit faktischer oder rechtlicher Entwertung seines Anspruchs vorzubeugen; daher wird KrMt insbesondere frei, wenn KrMar für die Forderung bestellte Sicherungen, vor allem Pfänder oder Bürgschaften, aufgiebt, gleichgiltig, wann diese Rechte — ob bei oder nach Kreditgewährung, ob mit oder ohne Wissen des KrMt — entstanden sind, sofern der Verlust beim Bestehenbleiben dieser Rechte nicht eingetreten wäre. Es ist fahrlässig, sichernde Rechte vor der Befriedigung aufzugeben, das Verschulden des KrMar bleibt aber dasselbe, ob sich KrMt mit Rücksicht gerade auf die aufgegebenen Sicherungen verbindlich gemacht hat oder ob es sich um solche handelt, die erst nachträglich bestellt worden sind und von denen KrMt keine Kenntnis hat: ausschlaggebend ist, daß KrMar in beiden Fällen durch ihre Aufgabe seine Nichtbefriedigung selbst verschuldet hat.[2]

Im Anschluß hieran sind zwei wichtige Fragen zu erörtern.

Welches ist das Verhältnis zwischen Diligenz- und Zessionspflicht des KrMar? Fast die gesamte Literatur formuliert: Der KrMt braucht nur zu zahlen, wenn ihm der KrMar die Forderung gegen den Dritten in intaktem Zustande abtreten

---

[1] Vgl. Sokolowski a. a. O. 113f.

[2] Ebenso Mode a. a. O. S. 103, a. M. Sokol. a. a. O. S. 114f., Knorr, Arch. f. civ. Pr. Bd. 28 S. 175.

kann. Dagegen ist zu sagen: einmal kann KrMt sehr wohl für Ersatz haften, obwohl ihm die Forderung gegen den Dritten nicht oder nicht in intakter Verfassung abgetreten werden kann: sie ist nach ihrer Begründung ohne Verschulden des KrMar in ihrem rechtlichen Bestande vernichtet oder durch Einrede entwertet worden. Wie sollte der KrMt in diesem Falle von seiner Auslagenersatzpflicht frei werden, da doch KrMar die bona fides in keiner Weise verletzt hat? In l 95 § 11 D. cit. ist aufs schärfste das „vitio creditoris" betont, vgl. auch die vom gewöhnlichen Mt handelnde l 67 D. de fid. 46, 1, die die Haftung des Mt ebenfalls davon abhängig macht, ob Verschulden des Mar vorliegt oder nicht: scilicet si culpa tua iniustae damnationis causam praebuisti. Sodann kann KrMt sehr wohl haftfrei werden, obwohl ihm eine intakte Forderung abgetreten werden kann: die Forderung ist faktisch infolge Zahlungsunfähigkeit des Dritten durch Verschulden des KrMar wertlos geworden. Die Abtretung des Forderungsrechts ist dann durchaus möglich, trotzdem haftet KrMt nicht. Endlich sei auf den Fall hingewiesen, daß aus der Kreditgewährung eine Forderung gegen den Dritten überhaupt nicht entsteht (vgl. S. 28 ff.): hätte hier KrMar eine Diligenzpflicht überhaupt nicht zu beobachten? Müßte KrMt stets zahlen, ohne aus Nachlässigkeiten des Gläubigers Einwendungen herleiten zu können? Unmöglich. — Man sieht, die Diligenzpflicht beruht auf selbständiger Basis; sie hängt mit der Zession, die dem KrMt lediglich ein Regreßmittel verschaffen soll, gar nicht zusammen: die Abtretung der Forderung ist zur Haftbarmachung des KrMt weder unter allen Umständen erforderlich noch genügend, und KrMt kann auch haften, wenn von vornherein eine abtretbare Forderung nicht entstanden ist.

Die meist falsch verstandene l 27 § 5 D. h. t (ebenso l 13 D. de fid. 46,1) sagt weiter nichts, als daß die vorhandene Klage (actiones . ., quas . habes), so, wie sie vorhanden ist, abzutreten ist und daß KrMt nicht eher zu zahlen braucht, als bis ihm diese vorhandene Klage abgetreten wird: die Stelle behandelt also das reine Zurückbehaltungsrecht. Nicht entfernt wird die Zession mit der Diligenzpflicht in Verbindung gebracht und etwa gelehrt: nur wenn die Forderung abgetreten werden kann, ist KrMt haftbar.

Die einzige Stelle, auf die sich die Anhänger der bekämpften

Meinung stützen können, ist l 95 § 11 D. cit. Aber sehe man näher zu: ist nicht das Primäre, wodurch die bona fides verletzt und KrMt frei wird, der Umstand, daß KrMar durch eigenes Verschulden seine Nichtbefriedigung herbeigeführt hat? Ist es nicht lediglich sekundär, daß er infolge dieses schuldhaften Verhaltens außerstande ist, dem KrMt dem Regreßzweck zu liebe die Klage in intaktem Zustande zu zedieren? Ist nicht jenes erste Moment allein genügend, vermöge der mandatsmäßigen bona fides die Befreiung herbeizuführen, das zweite als Folge des ersten also unwesentlich? Dem steht auch nicht entgegen, daß bei den Römern, wie ohne weiteres zuzugeben ist, in die Frage der Diligenzpflicht die Rücksicht auf die Vereitlung des Regresses mit hereinspielt. Wenn die Römer sagen: Du hast dem KrMt die Regreßmöglichkeit entzogen, das widerspricht der bona fides des Mandats, also wird jener frei, so dachten sie praktisch; der Regreß war ihnen die Hauptsache, so bezogen sie, was praktisch näher lag, die Diligenzpflicht in jener lex auf die Zession, anstatt dem theoretischen Grund der Befreiung des KrMt nachzugehen. Daß dies juristisch haltlos ist, erhellt schon daraus, daß das in der zit. Stelle angeführte Argument für die Befreiung des KrMt, die Vereitlung des Regresses und die dadurch begründete Verletzung der bona fides, nur dann in Frage kommen kann, wenn der KrMt ohne die actio cessa nicht Regreß nehmen könnte: gerade das ist aber durchaus nicht der regelmäßige, sondern ein Ausnahmefall (vgl. unten S. 33ff.). Der Befreiungsgrund ist vielmehr einzig und allein der, daß KrMar sich durch eigene Nachlässigkeit seine Befriedigung unmöglich gemacht hat: dadurch verletzt er die den KrA beherrschende bona fides. Dieser Grund allein trifft in allen obenerwähnten KrAsfällen als Befreiungsgrund zu, sei es, daß eine Forderung überhaupt von vornherein nicht vorhanden, sei es, daß sie nachträglich rechtlich oder faktisch wertlos geworden ist, mag der KrMt eine andre Regreßmöglichkeit außer auf Grund der actio cessa besitzen oder nicht.[1]

---

[1] Die vorstehend behandelte, nicht leichte Frage kann erst im dogmatischen Teil voll befriedigend beantwortet werden, wenn Wesen der Zession und des Auslagenersatzes beim KrA richtig erkannt sind.

Die zweite Frage ist: Hat KrMt die Einreden des Dritten? — Daß diese Frage strikt zu verneinen ist, folgt schon aus dem bisher Gesagten. Neben denjenigen Einwendungen des Schuldners, die allen Obligationen gemeinsam sind (Zahlung usw., Verjährung der eigenen Schuld), stehen dem KrMt nur Einwendungen aus der durch den Mandatskontrakt gebotenen bona fides, soweit der Gläubiger sie verletzt hat (s. S. 21f.) bez. daraus zu, daß Auslagen, die der KrMar ersetzt verlangen könnte, nicht mehr vorhanden sind (z. B. KrMar hat dem Dritten die Schuld z. T. erlassen). Niemals hat der KrMt die Einwendungen und Einreden des Schuldners aus dessen Rechtsverhältnis mit dem Gläubiger[1]: das ist ausdrücklich nirgends in den Quellen gesagt, ergibt sich aber für das römische Recht als selbstverständliche Folge daraus, daß der KrA. im römischen Recht ein Mandat, also eine Obligation mit selbständigem Vertragsinhalt ist, und wird durch die Tatsache bestätigt, daß nach den Quellen die Schuld des KrMt und die des Dritten gerade nicht in solidarischem oder korrealem Verhältnis stehen.[2] Natürlich können die Einreden des Dritten mittelbar für den KrMt von Bedeutung sein. Hat KrMar die Forderung gegen den Dritten verjähren lassen, so hat KrMt der actio contraria gegenüber nicht etwa die Einrede der Verjährung — denn seine Verbindlichkeit braucht ja keineswegs verjährt zu sein —, sondern eine Einrede ex bona fide, soweit die Verjährung ipsius vitio des KrMar eingetreten ist, also eine Einrede aus dem Mandatskontrakte. Dasselbe gilt von allen anderen Einreden, die der Dritte gegen den KrMar hat: insoweit sie dem Dritten auf Grund eines Verschuldens des KrMar zustehen, soweit kann auch der KrMt ex bona fide die Ersatzleistung verweigern. Scheinbar abweichend spricht l 58 § 1 D. h. t. davon, daß eine exceptio des Schuldners auch dem KrMt zustehe: Lucius Titius

---

[1] Ebenso Holzschuher a. a. O. S. 884, v. Wening-Ingenheim, Lehrbuch d. gem. Civilrechts 2. Bd. S. 417, Valett, Ausführl. Lehrb. des prakt. Pandektenrechts 2. Bd. S. 181, Schweppe, Röm. Privatrecht 3. Bd. S. 353, Mühlenbruch, Cession S. 431, Pagenstecher, Pand.-Prakt. S. 594; mittelbar, aber ebenso deutlich: Brinz a. a. O. S. 195, Keller, Pand. S. 593. Merkwürdig Bekker, Prozessualische Konsumption S. 200.

[2] Vgl. besonders die trefflichen Ausführungen von Brinz a. a. O. (vorige Anm.).

creditori suo mandatorem dedit: deinde defuncto debitore maiore parte creditorum consentiente a praetore decretum est, ut portionem creditores ab heredibus ferant, absente eo creditore apud quem mandator exstiterat: quaero, si mandator conveniatur, an eandem habeat exceptionem quam heres debitoris. respondi: si praesens apud praetorem ipse quoque consensisset, pactus videtur iusta ex causa eaque exceptio et fideiussori danda esset et mandatori. sed cum proponas eum afuisse, iniquum est auferri ei electionem (sicut pignus aut privilegium), qui potuit praesens id ipsum proclamare nec desiderare decretum praetoris. nec enim si quis dixerit summovendum creditorem, heredi consulitur, sed mandatori vel fideiussori, quibus mandati iudicio eandem partem praestaturus est plane si ab herede partem accepisset, an in reliquum permittendum esset creditori fideiussorem convenire, dubitatum est: sed videbitur consentire decreto conveniendo heredem. Aber genauer besehen, hat KrMt die exceptio nicht, weil der Dritte d. h. der Erbe des Dritten sie hat, sondern weil der KrMar, falls er dem Beschluß der Majorität der übrigen Gläubiger beigetreten ist, freiwillig auf den einen Teil seiner Forderung verzichtet hat, also insoweit Auslagen nicht mehr vorhanden sind. Auch l 12 Cod. de non num. pec. 4, 30: tam mandatori quam fideiussori non numeratae pecuniae exceptio exemplo rei principalis competit erklärt sich auf Grund ähnlicher Erwägungen. l. 10 Cod. h. t. spricht, wenn es von einer exceptio redet, nicht entfernt davon, daß dies eine Einrede sein müsse, die auch dem Dritten zugestanden habe. Eine einzige Ausnahme von der von uns aufgestellten Regel werden wir am Schlusse dieses Paragraphen bei Besprechung der l 9 § 3 D. de SC. Mac. 14, 6 kennen lernen.

β) Der KrMt haftet dem KrMar gleichfalls für jede Verschuldung: insbesondere haftet er dann ohne Rücksicht auf ein Verschulden des KrMar, wenn er selbst an der Unmöglichkeit der Beitreibung der Schuld vom Dritten Schuld trägt.

3. Scharf zu scheiden, wie schon im Vorhergehenden mehrfach angedeutet wurde, ist das Verhältnis zwischen KrMt und KrMar von dem Verhältnis zwischen KrMar und Drittem einer- und dem zwischen KrMt und Drittem andererseits.

a) Daß die Verpflichtung des KrMt eine durchaus andere als die des Dritten und von dieser an sich total unabhängig ist, ist durch die natürliche Verschiedenheit der Mandats- von der Darlehnsobligation bedingt: der KrMt schuldet dem KrMar nicht ein Darlehen (condictio certi ex mutuo), sondern Auslagenersatz (actio mandati contraria): l 28 D. h. t. . . . propter mandatum enim suum solvit et suo nomine . . . . Folgerichtig ist im römischen Recht von einer Solidarität oder Korrealität beider Obligationen nicht die Rede.[1] So wenig der Dritte durch Litiskontestation zwischen KrMar und KrMt (aa) oder KrMt durch solche zwischen KrMar und Drittem (bb), so wenig wird der Dritte durch Zahlung des KrMt befreit (cc); dagegen wird KrMt durch Zahlung des Dritten im Umfang der geleisteten Zahlung frei (dd). Zu aa siehe l 60 pr. D. h. t. creditor mandatorem convenit: is condemnatus provocavit: quaerendum est, an manente appellatione debitor a creditore conveniri potest. respondi posse. l 23 Cod. de fid. 8.40(41) reos principales vel mandatores simpliciter acceptos eligere vel pro parte convenire vel, satis non faciente contra quem egeras primo, post ad alium reverti, cum nullus de his electione liberetur, licet. vgl. l 13 D. de fid. 46, 1 = l 27 § 5 D. h. t., l 95 § 10 D. de sol. et lib. 46, 3, l 28 § 1 Cod. de fid. 8, 40 (41). Zu bb siehe l 13 D. de fid. 46, 1, l 27 § 5 D. cit., l 71 pr. D. de fid. 46, 1, l 28 § 1 Cod. cit., Pauli S. R. II. 17 § 16. Zu cc siehe l 95 § 10 cit., zu dd l 71 pr. cit. Hiernach kann man insbesondere von einer Akzessorietät[2] der Obligation des KrMt im Verhältnis zu der des Dritten nicht sprechen, da nicht einmal Zahlung des KrMt die Schuld des Dritten tilgt und bei Zahlung des Dritten die Verbindlichkeit des KrMt nur deshalb erlischt, weil die gehabten Auslagen dem KrMar nun wieder zugeflossen sind, also die Verbindlichkeit des KrMt gegenstandslos wird. Gerade

---

[1] Vgl. Savigny, Obl.-Recht 1. Bd. S. 208, System Bd. 5 S. 222.

[2] Wenn auch der KrA in l 71 pr. cit. als accessio bezeichnet ist. Das Wort ist hier offenbar in einem weiteren Sinne und zwar dahin zu verstehen, daß sich der KrA auf ein andres Schuldverhältnis tatsächlich bezieht, nicht im technischen Sinn der l 32 D. de fid. 46, 1, vgl. l 43 D. de fid. et lib. 46, 3. Von Accessorietät kann nicht die Rede sein, wenn die beiden Obligationen sich ihrem Rechtsinhalte nach völlig indifferent zueinander verhalten, beim KrA umsoweniger, als dieser zu seiner Giltigkeit gar nicht rechtsgiltige Verbindlichkeit des Dritten voraussetzt. Daß KrA nicht accessorisch, betonen besonders Keller a. a. O. S. 593 u. Wächter a. a. O. S. 453.

der Satz, daß durch Zahlung des KrMt die Schuld des Dritten nicht getilgt wird, ermöglicht ja erst die Zession bei und nach Zahlung des KrMt. Solange dem KrMar die Forderung gegen den Dritten nach der Zahlung des KrMt noch zusteht, kann der Dritte ihrer etwaigen Geltendmachung natürlich die exceptio doli entgegensetzen.

Wie verschieden und unabhängig voneinander die beiden Verhältnisse des KrMar zum Dritten einer-, zum KrMt andererseits sind, lehrt weiter die schon erwähnte Tatsache, daß nach römischem Recht der KrMt auch dann haftet, wenn aus der Kreditgewährung eine Verbindlichkeit für den Dritten nicht entsteht. Diese Tatsache ist zu beweisen.

α) Daß eine solche Haftung des KrMt überhaupt konstruierbar ist, folgt daraus, daß der Gegenstand eines römischen Mandats auch eine tatsächliche Handlung sein kann, l 16 D. h. t. Es widerspricht also keineswegs dem Mandatscharakter, wenn der KrMt dem KrMar aufträgt, dem geschäftsunfähigen (wahnsinnigen, unter 7 Jahre alten) Titius 1000 zu leihen, er stehe für die Rückgewähr des Geldes ein. Hier wird die Vornahme tatsächlicher Kreditgewährung aufgetragen: dieselbe bedingt, daß Auslagen gemacht werden, ihr Ersatz kann nach Mandatsrecht gefordert werden.

β) Weiß nun KrMt um die persönlichen Eigenschaften des Dritten, die die Entstehung einer giltigen Kreditverbindlichkeit verhindern, so haftet er ohne Frage kraft der bona fides-Natur des Mandats; es wäre gegen alle bona fides, wollte er sich nachträglich auf das Fehlen der Verbindlichkeit des Dritten berufen und daraus seine Nichthaftung ableiten. Das Gleiche hat zu gelten, wenn ihm die in Frage kommenden persönlichen Eigenschaften des Dritten auf Grund eigenen Verschuldens unbekannt geblieben sind. Aber mehr: der KrMt haftet im Zweifel, auch wenn ihm diese Eigenschaften bei aller Sorgfalt nicht bekannt gewesen sind, da der Wille des KrMt im Zweifel (d. h. wenn nicht eine gegenteilige Absicht besteht, geäußert und in ihrem Inhalt vom anderen Teil akzeptiert worden ist) dahin geht, zu haften, gleichgiltig, ob eine Verbindlichkeit des Dritten entsteht oder nicht. Der KrA wird eben normal nicht so erteilt: gib dem Titius ein rechtsgiltiges Darlehen usw., sondern er lautet nur: gib dem Titius kreditweise 1000, mit dem Sinne: verschaffe ihm vor allem den wirtschaftlichen Genuß der 1000, gib ihm Kredit im ökonomischen Sinne. Kreditvermittlung im ökonomischen Sinn ist der Zweck des KrA. Von den Quellenbeispielen konkreter KrAe ist in dieser Beziehung besonders l 59 § 5 D. h. t. interessant: mando tibi, ut Blaesio Severo . . . octoginta credas, interessant, weil sie uns die Form überliefert, in der ein römischer KrA gewöhnlich erteilt wurde. Obwohl nach dem Sinn der Stelle juristisch nur ein Darlehen in Frage kommen kann, ist das Wort credere gebraucht. Dasselbe ist also weder in seiner systematischen Bedeutung (als eines alle Kreditgeschäfte zusammenfassenden Wortes) noch in seiner spezifischen Bedeutung, in welcher es den Gegenstand des „creditum" bezeichnet, verwendet, sondern ohne Zweifel in seiner ökonomischen: credere = dasjenige wirtschaftliche Kreditgeschäft vornehmen, das einem Darlehensrechtsgeschäft zugrunde liegt. In der Regel kommt es dem KrMt nicht darauf an, daß dem Dritten ein rechtsgiltiges Darlehen gewährt werde, sondern darauf, daß er faktisch Kredit erhalte, daher will er auch ohne Rücksicht auf die persönlichen Eigenschaften des bestimmten Dritten dem KrMar gutstehen.

Der KrA ist, so dürfen wir wohl sagen, von Natur unabhängig davon, ob die Kreditgewährung in Form eines giltigen Rechtsgeschäftes erfolgt oder nicht. Also auch an Stellen, wo eine konkrete Form des KrA nicht genannt ist, ist credere stets zu interpretieren als: ein wirtschaftliches Kreditgeschäft vornehmen, das einem Darlehens-, Kauf-, Tauschgeschäft auf Kredit usw. zugrunde liegt. Selbstverständlich kann der Wille des KrMt auf Haftung nur im Falle des Entstehens einer Verbindlichkeit gerichtet sein: ist solches aber nicht besonders zum Ausdruck gebracht, so gilt Haftung in jedem Falle, immer vorausgesetzt, daß KrMar selbst von den die Ungiltigkeit begründenden persönlichen Eigenschaften des Dritten keine Kenntnis gehabt hat. (Näheres über diesen Punkt s. § 4 S. 132f.)

γ) Für den quellenmäßigen Beweis kommen 3 Stellen in Betracht: l 12 § 13 D. h. t., l 8 Cod. h. t., l 13 pr. D. de min. 4, 4. Wenn die Quellen auch keinen Fall des KrA aufweisen, bei dem zufolge der persönlichen Eigenschaften des Dritten von vornherein Nichtigkeit der Kreditverbindlichkeit desselben vorhanden wäre

(Wahnsinniger, Unmündiger), so drücken die genannten Stellen gleichwohl das oben aufgestellte Prinzip so deutlich aus, daß ihrer analogen Anwendung auf Fälle der eben bezeichneten Art vermöge der allgemeinen juristischen Struktur des Mandatskontrakts nichts im Wege steht.

l 12 § 13 cit. lautet: si quis mandaverit filio familias credendam pecuniam non contra senatus consultum accipienti, sed ex ea causa, ex qua de peculio vel de in rem verso vel quod iussu pater teneretur, erit licitum mandatum. hoc amplius dico, si, cum dubitarem, utrum contra senatus consultum acciperet an non, nec essem daturus contra senatus consultum accipienti, intercesserit qui diceret non accipere contra senatus consultum, et ‚periculo meo crede' dicat, ‚bene credis': arbitror locum esse mandato et mandati eum teneri. KrMt haftet hier secundum bonam fidem, weil er die Haftung ausdrücklich für den Fall übernommen hatte, daß das Darlehen contra S. C. abgeschlossen würde. KrMt trägt, genauer betrachtet, sowohl die Gefahr, daß der Haussohn unter Berufung auf das S. C. Macedonianum nicht zahlen will, als die Gefahr, daß er nicht zahlen kann: daß KrMt, wenn sich nachher herausstellt, daß das Darlehen non contra S. C. empfangen ist, frei werden soll, will die Stelle wohl nicht sagen; ‚periculo meo crede', ‚bene credis' heißt zweifellos: KrMt übernimmt die gesamte Gefahr der Kreditgewährung nach jeder Richtung; indes bei entsprechender Vereinbarung wäre es wohl möglich, daß KrMt im genannten Falle frei würde. Natürlich haftet der KrMt im vorliegenden Falle gemäß der Regel der l 71 § 2 D. de fid. 46, 1 auch dann, wenn der KrMar dem Dritten das Geld auch ohne das Mandat, aus freien Stücken, geliehen hätte, obwohl die Stelle ausdrücklich hervorhebt: nec essem daturus contra senatus consultum accipienti. Der Sinn dieses Zusatzes ist der: wenn KrMt bei Abschluß des KrA eine Erklärung derartigen Inhalts abgibt, so bekräftigt er damit einerseits seinen Annahmewillen, andererseits schützt er sich vor etwaigen Einwendungen des KrMt in der Richtung: KrMar selbst habe die mandatsmäßige bona fides verletzt, indem er gewußt habe oder hätte wissen müssen (schuldhafterweise nicht gewußt habe), daß das Darlehen contra Sc. Mac. gewährt worden sei. Durch eine Erklärung der bezeichneten Art lehnt KrMar jede eigene Verantwertung für die zukünftige Kreditgewährung und deren Folgen ab; KrMt übernimmt, wenn er zu der Erklärung schweigt, zugleich die Haftung für die wirtschaftlichen Folgen der Kreditgewährung schlechthin unter stillschweigendem Verzicht auf die oben genannten Einwendungen.[1] Da das Risiko dasselbe ist, würde ein giltiger KrA übrigens auch möglich sein, wenn von vornherein feststeht, daß das Darlehen contra S.C. gegeben und empfangen wird uud die Parteien gerade im Hinblick auf diese Sachlage den KrA abschließen.

l 8 Cod. h. t.: Si tibi pupillorum pater, ut pecuniam in rem suam servis eius crederes, mandavit et in hanc rem aeque ipso praecipiente pignora sunt obligata, et mandati actione pupillos post mortem patris convenire et exsequi ius obligationis pignorum poteris, si in solutione cessabitur spricht von einem echten KrA, einer actio mandati, nicht einer actio praetoria (quod iussu, de in rem verso), und bezeugt wie l 12 § 13 D. h. t., daß ein giltiger KrA existieren kann, auch wenn aus der Kreditgewährung nur eine naturalis obligatio des Dritten entspringt.

Einen anders gearteten Fall behandelt l 13 pr. D. de min. 4, 4[2]: in causae cognitione versabitur, utrum soli ei succurrendum sit, an etiam his qui pro eo obligati sunt, ut puta fideiussoribus. itaque si cum scirem minorem et ei fidem non haberem, tu fideiusseris pro eo, non est aequum fideiussori in necem meam subveniri, sed potius ipsi deneganda erit mandati actio. in summa perpendendum erit praetori, cui potius subveniat, utrum creditori an fideiussori: nam minor captus neutri tenebitur. facilius in mandatore dicendum erit non debere ei subvenire: hic enim velut adfirmator fuit et suasor, ut cum minore contraheretur. unde tractari potest, minor in integrum restitutionem utrum adversus creditorem an et adversus fideiussorem implorare debeat. et puto tutius adversus utrumque: causa enim cognita et praesentibus adversariis vel si

[1] Um deswillen ist jener Zusatz offenbar sehr häufig gemacht worden. Die entsprechenden Redewendungen in l 6 § 5 D. h. t., § 6 J. i. f. h. t. sind in demselben Sinne zu verstehen, s. über diese Stellen des weiteren S. 88ff.

[2] Vgl. über diese Stelle Burchardi, Die Lehre von der Wiedereinsetzung S. 576f.

per contumaciam desint in integrum restitutiones perpendendae sunt. Hier haftet KrMt für den Schaden, der dem Gläubiger aus dem Ungiltigwerden — sagen wir z. B. — einer Darlehensverbindlichkeit erwächst und zwar der eines homo minor viginti quinque annis, dem vom Prätor propter aetatem auf sein Ansuchen gegen den Gläubiger restitutio in integrum erteilt wird. Die Darlehensverbindlichkeit wird durch den Restitutionsbescheid ungiltig; der minor haftet dem Gläubiger zwar immer noch für Rückgewähr des aus dem Darlehen Erlangten, aber was er davon während der minor aetas durch Leichtsinn oder Unerfahrenheit verloren hat, braucht er nicht zu erstatten, l 27 § 1 D. eod.: insoweit kommt also die Haftung von Bürgen und Mandatoren in Frage. Nur der erste Teil unseres Zitats handelt wie oben von einem Falle, in dem die Haftung gerade mit Rücksicht auf die Möglichkeit einer Restitution propter aetatem übernommen war. Dann aber spricht der Jurist allgemeiner: in summa . . . d. h. meint offenbar alle Fälle der Bürgschaft für minores. Und während er hier für den fideiussor zweifelt und die Entscheidung nach den Umständen des einzelnen Falles gefällt haben will, spricht er für den KrMt entschieden ans, daß seine Verhaftung dem Gläubiger gegenüber unter allen Umständen bestehen bleibt. Denn der mandator sei ja quasi suasor und adfirmator gewesen, d. h. er wollte gerade diesem bestimmten Dritten ohne Rücksicht auf dessen persönliche Eigenschaften den Kredit gewährt haben, ohne Rücksicht insbesondere auf juristische Giltigkeit oder Ungiltigkeit der Kreditschuld; ihm war es ganz natürlich nur um Zuwendung der wirtschaftlichen Vorteile an den Dritten, an dessen Fortkommen er Interesse nahm, zu tun. Unsere Stelle unterscheidet nicht, ob KrMt den Restitutionsgrund gekannt hat oder nicht: sie läßt den KrMt schlechthin haften [1] mit der charakteristischen Begründung: suasor erat et adfirmator, einer Begründung, die, in solcher Allgemeinheit ausgesprochen, zu dem Schlusse berechtigt, daß es nach römischem Rechte für die Haftung des KrMt gleichgiltig war, ob für den Dritten aus der Kreditgewährung eine Verbindlichkeit entstand oder nicht. — Die selbstverständliche Tatsache, daß die Restitution

[1] Ebenso Wächter a. a. O. S. 454.

eines KrMt, der minor XXV annis ist, auf die Schuld des Dritten keinen Einfluß hat, bezeugt Paulus in S. R. I tit. 9 § 5: minor se in his quae fideiussit vel fidepromisit vel spopondit vel mandavit in integrum restituendo reum principalem non liberat.

δ) Der Inhalt der Haftung ist in allen Fällen derselbe wie oben bei giltiger Verbindlichkeit, Auslagen sind hier wie dort entstanden; also steht der KrMt, es sei denn, der Dritte erfülle die nichtige oder naturale Kreditschuld freiwillig, für das geliehene Kapital samt Zinsen und Kosten — einschließlich der durch einen etwa versuchten Rechtsstreit über die Schuld entstandenen, sofern derselbe nicht als offenbar aussichtslos von vornherein zu erkennen war — ein. Der KrMar haftet gerade so wie oben für omnis culpa bei der Behandlung seiner Kreditforderung, insbesondere bei der Beitreibung. Der KrMt kann event. Abtretung der naturalen, und, wenn etwa auf Grund der Kreditgewährung dem KrMar ein Bereicherungsanspruch gegen den Dritten entstanden ist, dieser Forderung verlangen, wenn er zahlt.

b) Das, was der KrMt dem KrMar aus dem Mandat schuldet, ist nun auch juristisch gänzlich verschieden von dem, was der Dritte dem KrMt im Regreßwege schuldet. Ob und wie sich der KrMt beim Dritten erholen wird und kann, ist für das Verhältnis zwischen den KrA-Parteien, insbesondere für den Anspruch des KrMar ganz ohne Belang: hat dieser die Diligenzpflicht nicht verletzt, so haftet KrMt, auch wenn es ihm offenbar niemals — sei es faktisch, sei es rechtlich — möglich ist, sich beim Dritten seinerseits wieder schadlos zu halten; Beispiele sind, da oben angeführt, entbehrlich.

Im Normalfall wird der KrMt allerdings Regreß gegen den Dritten nehmen können, l 18 Cod. h. t.: post solutionem a se factam, qui dari mutuo mandavit, ab eo, pro quo intercessit, vel successoribus eius quod solutum est etiam cum usuris post moram recte reddi postulat, und zwar ohne Rücksicht auf ein besonderes Regreßverhältnis auf Grund der zedierten Forderung des KrMar gegen den Dritten, die mit allen Rechten, aber auch mit allen Einreden versehen, auf ihn übergegangen ist. Näher auf den Inhalt dieses Regreßanspruchs, der eigentlich kein echter ist, einzugehen, ist unnötig, die bekannten Zessionsgrundsätze sind maßgebend. Selbst wenn KrMt den KrA invito Titio erteilt hat[1], kann er mittels der actio cessa Regreß nehmen.

Nun kann auch ein besonderes Regreßverhältnis zwischen KrMt und Drittem bestehen. Nach römischem Rechte kann der KrA im Auftrag des Dritten erteilt sein: l 10 § 11 D. h. t.: fideiussores et mandatores et si sine iudicio solverint, habent actionem mandati, vgl. l 9 § 3 D. de S. C. Mac. 14, 6, l 18 Cod. h. t., l 58 § 1 D. h. t.[2]; oder seine Erteilung kann sich mit Beziehung auf das Vermögen des Dritten als negotiorum gestio darstellen: l 20 § 1 D. h. t., die wohl ohne weiteres auch auf den KrA bezogen werden kann. Dann hat KrMt außer der actio cessa noch die actio mandati contraria bez. die actio neg. gest. contraria auf Erstattung seiner Verwendungen d. h. dessen, was er bezahlt hat.[3] Alle Mandats- und Gestionsrechtsätze finden auf diese Rechtsverhältnisse Anwendung: nach dem Gesichtspunkt der bona fides bez. der Nützlichkeit der „Auslagen" bemißt sich der Inhalt des Regreßanspruches.[4] Das Wertvolle dieser Regreßarten besteht darin, daß sie dem KrMt auch im Falle der Unmöglichkeit einer Zession zustehen,[5] ihr Nach-

---

[1] In welchem Fall ihm nach l 24 pr. § 1 Cod. de neg. gest. 2, 18 (19) eine contr. neg. gest. a⁰ nicht zusteht. Vgl. l 40 D. h. t.

[2] Mandatorem dedit i. e. er beauftragte einen andern, zu seinen Gunsten seinem creditor einen KrA zu erteilen. Vgl. auch den vorletzten Satz der Stelle.

[3] Und nur, wenn er bezahlt hat, nicht eher: l 10 Cod. h. t. Si pro ea contra quam supplicas fideiussor seu mandator intercessisti et neque condemnatus es neque bona eam dilapidare postea coepisse comprobare possis, ut iustam metuendi causam praebeat, neque ab initio ita te obligationem suscepisse, ut eam possis et ante solutionem convenire, nulla iuris ratione, ante quam satis creditori pro ea feceris, eam ad solutionem urgueri certum est. Wegen der Ausnahmen von dieser Regel vgl. auch die auf den fideiussor bezügliche l 38 § 1 D. h. t.

[4] Außer dem an den KrMar Gezahlten kann KrMt vom Dritten auch Zinsen „post moram", sc. des Dritten dem KrMt gegenüber, fordern, l 18 Cod. h. t.

[5] Merkwürdigerweise versagt Gesterding, Irrtümer, S. 189 f., dem KrMt den Mandats- und Gestionsregreß völlig, was den Quellen widerspricht. Irrig auch Weiske, Rechtslexikon, Bd. 7 S. 31. Gegen Gesterding: Zimmern, Röm. rechtl. Untersuch. Bd. 1 S. 264, Seuffert, Lehrb. d. Pandektenrechts 2. Bd. S. 272. Auch die Hypothese Sokolowskis a. a. O. S. 88 ff., der Mandats- und Gestionsregreß sei dem KrMt erst später analog dem fide-

teil darin, daß der Inhalt der Ansprüche wieder auf ganz neue Basis gestellt ist. Der Dritte kann auf Grund des Mandats oder der neg. gestio gegen den KrMt Einreden vorbringen, die er gegenüber der actio cessa, wenn diese das einzige Regreßmittel des KrMt im einzelnen Falle wäre, nicht hätte: denn Inhalt und Umfang der bona fides, die der Dritte von seinem Mandatar, dem KrMt, verlangt, bestimmt sich natürlich wieder ganz selbständig nach den besonderen Umständen des zwischen dem KrMt und Dritten bestehenden Mandatskontraktes.[1] Charakteristisch ist, daß die Römer die actio mandati contraria dem KrMt schon dann gaben, wenn der Dritte zur Erteilung des KrA an den KrMar geschwiegen hatte.[2] Davon, daß diese actio mandati contraria infamierenden Charakter gehabt hätte, wie SOKOLOWSKI a. a. O. S. 90ff. behauptet, steht nichts in den Quellen.[3]

Über das Verhältnis des Zessionsregesses zu den anderen zwei Regreßarten ist zu bemerken:

α) Hat der KrMt, dem sowohl der Mandats- oder Gestions- als der Regreß mittels der actio cessa zusteht, von einem Regreßmittel erfolgreich Gebrauch gemacht, so steht der Geltendmachung des anderen insoweit eine exceptio doli entgegen.

β) Der actio cessa gegenüber kann der Dritte, gegen den KrMt auch Mandatsregreß hat, auch Einreden aus dem Mandatsverhältnis

---

iussor zugestanden worden, findet keinen Anhalt in den Quellen. Gegen ihn auch KRÜGER, Krit. Vierteljahrsschrift Bd. 15 N. F. S. 540f.

[1] Insbesondere wird hier in Frage kommen, ob der KrMt dem KrMar gegenüber, als er von diesem belangt wurde, alle ihm gegen ihn zustehenden Einreden vorgeschützt hat, l 10 Cod. h. t., 2. Satz. Daß die Regreßforderung gegen den Dritten aus dem Mandat ganz unabhängig von den zwischen dem Dritten und seinem Gläubiger bestehenden Vereinbarungen ist, betont auch l 71 § 1 D. de fid. 46, 1.

[2] l 60 D. de div. reg. iur. 50, 17, l 6 § 2, l 18, l 53 D. h. t., l 6 Cod. h. t., vorausgesetzt natürlich, daß der KrA in seiner Gegenwart oder überhaupt unter Umständen erteilt worden ist, bei denen er hätte widersprechen müssen und können. Daß die Römer durchaus nicht immer mandatliche Haftung des Dritten annahmen, beweisen l 53, l 21, l 40 D. h. t.

[3] l 1 D. de his qui not. inf. 3, 2. Vgl. über die Frage und l 6 § 5 D. eod. KRÜGER a. a. O. S. 540f. und den daselbst zitierten EISELE sowie MODE a. a. O. S. 102.

entgegensetzen, da ja KrMt gemäß diesem auch von der actio cessa nur unter Beobachtung der bona fides Gebrauch machen darf.

Für alle drei Regreßarten — andere sind nicht denkbar — gilt, daß der Regreßanspruch, wenn der KrA vom KrMt ‚donandi animo' erteilt war, an sich bestehen bleibt; dem Dritten steht nur die exceptio doli bei Geltendmachung des Regreßanspruchs zu. Es dürfte insbesondere nicht zweifelhaft sein, daß der KrMt bei Befriedigung des KrMar auch bei Schenkungsabsicht die Zession der Forderung gegen den Dritten verlangen kann:[1] denn einmal ist KrMar dazu mandatsmäßig verpflichtet — das Verhältnis des KrMt zum Dritten geht ihn gar nichts an —, und andererseits ist der KrMt sie deshalb zu fordern berechtigt, weil gerade bei Schenkungsabsicht ihm daran liegen wird, den Dritten davor zu schützen, daß der KrMar von der ihm an sich trotz Zahlung des KrMt verbleibenden Forderung nochmals gegen den Dritten Gebrauch mache. Von der Realisierung der Schenkungsabsicht kann selbstverständlich erst die Rede sein, wenn der KrMt zahlt: eher gibt KrMt ja nichts aus seinem Vermögen auf, die bloße Haftungsübernahme zwecks Sicherstellung einer anderen Obligation ist noch keine Vermögensminderung. Aber auch die Zahlung des KrMt ist an sich nicht geeignet, die Schenkungsabsicht zu verwirklichen, denn durch solche wird das Vermögen des Dritten rechtlich nicht berührt, insbesondere vermehrt, da dieser nach wie vor dem KrMar verhaftet bleibt. Die Schenkung vollzieht sich juristisch erst mit dem Erlaß der mit der Zahlung entstehenden Regreßansprüche, der von dem Dritten angenommen wird: so kann stets geschenkt werden in Ansehung der auf einem Mandat oder einer neg. gestio beruhenden Regreßansprüche, denn diese entstehen spätestens — und zwar ipso iure — mit der Zahlung des KrMt, sowie im Falle der vollzogenen Zession der Darlehensforderung des KrMar. Wie aber, wenn KrMt darauf verzichtet, sich diese Forderung abtreten zu lassen, und die actio cessa sein einziges Regreßmittel wäre? In diesem Fall ist die Schenkungsabsicht überhaupt unrealisierbar, denn jener Verzicht bedeutet zwar Vermögensminderung für den KrMt, aber keine Ver-

---

[1] Ebenso Hauser a. a. O. S. 370, a. M. Windscheid, Pand. II S. 1034 u. Anm. 7. Beide sprechen von der Bürgschaft; für KrA und Bürgschaft gelten jedoch im vorliegenden Punkte gleiche Prinzipien.

mögensvermehrung für den Dritten, und vor allem fehlt der Schenkungsvertrag zwischen KrMt und Drittem, da der Verzicht auf die actio cedenda sich lediglich zwischen KrMt und KrMar vollzieht. Die rechtliche Unmöglichkeit, in diesem Falle zu schenken, erklärt sich daraus, daß die Darlehensforderung bei Zahlung nicht von Gesetzes wegen übergeht, sondern nur kraft Abtretungsgeschäfts; wäre jenes der Fall, so wäre stets Schenkung möglich.[1]

Das im vorstehenden über Regreß Gesagte gilt nur, wenn KrMt bei der Zahlung seine eigene — KrAs- — Schuld tilgen will. Er kann ja auch für den Schuldner an dessen Stelle ohne Rücksicht auf seine Mandatsschuld zahlen, also nur dessen Schuld tilgen wollen. Was in solchem Fälle gilt,[2] richtet sich nach den für die Zahlung an Stelle eines Dritten im allgemeinen bestehenden Normen und gehört nicht in unsere Erörterungen. Normalerweise will KrMt bei Zahlung nur seine eigene Mandatsschuld tilgen.

4. Es erübrigt, die Endigungsgründe des KrA, insbesondere die der Obligation des KrMt, zu betrachten. Sie lassen sich nach drei Gruppen sondern.

a) Die Haftung des KrMt erlischt wie jede andere obligatorische Haftung nach allgemeinen Grundsätzen mit der solutio der Mandatsschuld oder was dem gleichsteht: datio in solutum, compensatio, acceptilatio, auch durch confusio — sowohl wenn der KrMt Rechtsnachfolger des KrMar, als wenn dieser Rechtsnachfolger des KrMt wird —. Letzteres ist selbstverständlich, da Forderung und Schuld in derselben Person zusammen kommen, niemand aber ein Recht gegen sich selbst haben kann. Die Haftung des KrMt erlischt auch mit der Unmöglichkeit des Aufgetragenen, z. B. der Dritte stirbt vorher.

b) Vermöge der Beziehung des KrA auf ein anderes Obligationsverhältnis[3] ergeben sich weitere Aufhebungsgründe für die

[1] Diese Erörterungen sind übrigens zugleich eine starke Stütze für die oben verteidigte Behauptung, Zession könne ohne Rücksicht auf eine etwa bestehende Schenkungsabsicht gefordert werden. Es wäre ohne Sinn, bei Zessionsregreß überhaupt von Schenkungsabsicht zu sprechen, wenn die actio cedenda nicht gefordert werden dürfte.

[2] Eine Schenkung ist in diesem Falle jedenfalls stets möglich, sie geschieht per liberationem.

[3] Nach S. 28ff. natürlich cum grano salis zu verstehen. Der Einfachheit

Haftung des KrMt aus dem Wegfall, überhaupt den Veränderungen jener anderen Obligation. Von der Wirkung der solutio der Darlehensschuld durch den Dritten — das gleiche gilt von der datio in solutum und compensatio[1] — sowie eines mit Beziehung auf diese abgeschlossenen Erlaßvertrags auf die Verbindlichkeit des KrMt ist schon oben die Rede gewesen. Daß novatio der Kreditschuld des Dritten den KrMt befreit, ist natürlich, da mit der novatio Auslagen aus dem früheren Geschäft nicht mehr vorhanden sind, und wird besonders hervorgehoben in l 4 Cod. de fid. 8, 40 (41): Novatione legitime perfecta debiti in alium translati prioris contractus fideiussores vel mandatores liberatos non ambigitur, si modo in sequenti se non obligaverunt.[2] Auch confusio zwischen KrMar und Drittem — sowohl wenn KrMar Rechtsnachfolger des Dritten wird, als im umgekehrten Falle als auch, wenn ein und dieselbe Person Rechtsnachfolger beider wird — befreit den mandator, l 71 pr. D. de fid. 46, 1: Granius Antoninus pro Julio Pollione et Julio Rufo pecuniam mutuam accipientibus, ita ut duo rei eiusdem debiti fuerint, apud Aurelium Palmam mandator exstitit: Julii bona ad fiscum venerunt: similiter et creditori fiscus successerat. mandator allegabat se liberatum iure confusionis, quia fiscus tam creditori quam debitori successerat. et quidem si unus debitor fuisset, non dubitabam sicut fideiussorem, ita et mandatorem liberatum esse: quamvis enim iudicio convento principali debitore mandator non liberetur, tamen ubi successit creditor debitori, veluti solutionis iure sublata obligatione etiam mandator liberatur, vel quia non potest pro eodem apud eundem quis mandator esse. sed cum duo rei promittendi sint et alteri heres exstitit creditor, iusta dubitatio est, utrum alter quoque liberatus est, ac si soluta fuisset pecunia, an persona tantum exempta confusa obligatione. et puto aditione hereditatis confusione obligationis eximi personam: sed et accessiones ex eius persona liberari propter illam rationem, quia

halber soll jedoch — ebenso stets im folgenden, wenn nicht ausdrücklich etwas andres gesagt ist — angenommen werden, daß eine giltige Kreditschuld des Dritten existiert.

[1] Kompensiert KrMar nicht, obwohl eine kompensationsfähige Gegenforderung des Dritten besteht, so hat der belangte KrMt eine exceptio doli.

[2] Die Stelle spricht von einer Novation durch Expromission.

non possunt pro eodem apud eundem obligati esse, ut quemadmodum incipere alias non possunt, ita nec remaneant. igitur alterum reum eiusdem pecuniae non liberari et per hoc nec fideiussorem vel mandatorem eius. plane quia is mandati iudicio eligere potest vel creditorem, competituram ei exceptionem doli mali, si coeperit conveniri. cum altero autem reo vel in solidum, si non fuerit societas, vel in partem, si socii fuerunt, posse creditorem agere. quod si creditor fideiussori heres fuerit vel fideiussor creditori, puto convenire confusione obligationis non liberari reum. Wie man sieht, entscheidet der Jurist (Paulus) anders in dem Falle, wenn zwei in solidum haftende Darlehensschuldner vorhanden sind und die confusio zwischen KrMar und Drittem nur in Ansehung eines Schuldners eintritt. Da die aditio hereditatis durch den Gläubiger in Ansehung des einen Schuldners, wie der Jurist sagt, nur die persona dieses Schuldners, aber nicht den Bestand der Obligation überhaupt berührt, d. h. da in der confusio hier nicht eine solutio zu sehen ist, haftet Granius Antoninus, der KrMt, bezüglich des zweiten Schuldners, der dem Gläubiger verbleibt, weiter. Freilich kann der KrMt dem klagenden Gläubiger eine exceptio doli entgegensetzen und zwar deshalb, weil der in der Person des Gläubigers vereinigte Schuldner dem mandator gegenüber, wenn er zahlen müßte, juristisch noch existierte; denn der mandator hatte die Haftung für zwei Personen übernommen, er kann also, vorausgesetzt, daß er einen Regreß kraft Mandatsrechts hat (s. o.), mittels der actio mandati contraria beide Schuldner als seine Regreßschuldner in Anspruch nehmen, mithin auch seinen KrAs-Gläubiger: .... eligere.... Es ist aber dolos, etwas einzuklagen, was einem selbst auf anderem Wege wieder abgenommen werden kann.[1]

Tritt während des Bestehens der beiden Obligationen eine confusio zwischen dem KrMt und dem Dritten ein, so erlischt, wenn dieser Rechtsnachfolger des ersteren wird, nach l 24 D. de fid. 46, 1 die Haftung des KrMt; über den Fall des Vorhandenseins mehrerer Erben des KrMt vgl. die zitierte l 24 und oben S. 17. Wird der KrMt Rechtsnachfolger des Dritten, so gilt Entsprechendes.

---

[1] Gleiche Auslegung des sehr interessanten Falles bei SIEBENHAAR, Korrealobligationen S. 53 ff. Vgl. WINDSCHEID a. a. O. S. 193 A. 9.

c) Endlich sind als dem KrA wie jedem Mandat eigentümliche Endigungsgründe zu erwähnen: Tod eines Kontrahenten (vgl. § 10 J. h. t., l 27 § 3, l 58 pr. D. h. t., l 26 pr. eod.), Widerruf des KrMt (vgl. § 9 J. h. t., l 12 § 16 D. h. t.), Kündigung des KrMar (vgl. § 11 J. h. t., l 22 § 11 D. h. t.). Alle drei kommen nur in Frage, wenn die Kreditgewährung noch nicht erfolgt, d. h. wenn res integra ist (vgl. §§ 9—11 J. h. t., l 26 pr., l 22 § 11, l 27 § 3, l 12 § 16 D. h. t.); nach Ausführung des Aufgetragenen gehen Rechte und Pflichten auf die Erben der Kontrahenten über bez. ist Widerruf und Kündigung ausgeschlossen, l 24 D. de fid. 46, 1, l 8 Cod. h. t. Bezüglich des Widerrufs wird das Gesagte für den KrA ausdrücklich bestätigt in l 1 § 2 D. quod iussu 15, 4: sed ego quaero, an revocare hoc iussum antequam credatur possit: et puto posse, quemadmodum si mandasset et postea ante contractum contraria voluntate mandatum revocasset et me certiorasset. Im übrigen sprechen sich die vom Tode der Mandatsparteien und dem Kündigungsrecht des Mar handelnden Stellen (vgl. noch insbesondere l 15 Cod. h. t.) so allgemein aus, daß man nicht zweifeln kann, daß diese allgemeinen Mandatsregeln auch für den KrA als eine Art des Mandats gelten.[1] Was für das Mandat im allgemeinen bezüglich der etwaigen Haftung trotz Todes, Widerrufs, Kündigung — wenn Mar diese Tatsachen nicht kennt — gilt, findet auch auf den KrA Anwendung.[2]

III. Es fällt auf, daß man im Corpus iuris so häufig den KrA betreffenden Quellenstellen begegnet, die mit der Voraussetzung operieren, daß dem KrMar eine unbeschränkte Verfügungsmacht über die infolge des Auftrags begründete Darlehensforderung zusteht: Der KrMar klagt die Forderung selbständig ein, er erläßt, noviert sie usw., gerade als ob nicht — wie sonst der Mt stets — der KrMt, sondern e r Herr der Darlehensobligation wäre. Diese merkwürdige Beobachtung, der sich die andere anschließt, daß der KrMt in den Quellen öfters mit dem fideiussor zusammengestellt

---

[1] Der Fall im 2. Satz der l 19 § 3 D. de don. 39, 5 bezieht sich nicht auf einen KrA, sondern auf einen Auftrag, nach welchem der Mar dem Dritten in Vertretung des Mt ein direktes Geschenk machen soll.

[2] Über Tod, Widerruf usw. beim KrA vgl. Ladenburg, Arch. f. deutsches Wechsel- und Handelsrecht Bd. 16 S. 3ff.

wird und überhaupt nicht als Hauptgläubiger des Mandatskontrakts, sondern in der Hauptsache als Mandatsschuldner in einer Nebenstellung hinter dem Dritten auftritt, führt uns hinüber zu der zweiten Gruppe von Rechtssätzen, die für den KrA im römischen Rechte gelten, nämlich derjenigen, die die Besonderheiten des KrA gegenüber dem allgemeinen Mandatsrecht enthält und deren Besprechung uns nun tiefer in das juristische Wesen des KrA einführen soll. Wir widmen uns zunächst den Besonderheiten, die in der innersten Natur des KrA begründet sind.

1. Alle führen sie auf das eine Begriffsmoment des KrA zurück, das bisher außer Betracht gelassen wurde. Vergegenwärtigen wir uns den Fall eines gewöhnlichen Mandats. Sempronius beauftragt z. B. Seius, ihm ein Haus für 1000 zu kaufen. Dann kauft Seius zwar das Haus auf seinen eigenen Namen, da das römische Recht nur indirekte Stellvertretung kennt, er nimmt vielleicht auch das Geld zunächst von dem seinigen, aber natürlich ist Sempronius der wahre dominus negotii, der gesamte rechtliche und wirtschaftliche Effekt des Kaufvertrags soll auf ihn übertragen werden, insbesondere will Mt den Kaufpreis aus seiner Tasche bezahlen und das etwa ausgelegte Geld dem Mar sofort ersetzen. Beim KrA beauftragt Sempronius den Seius, dem Titius 1000 zu leihen. Er will dem Titius die 1000 verschaffen, die dieser vielleicht notwendig braucht, aber selbst will oder kann er das Geld nicht geben, das soll Seius aus eigenem Beutel und auf — zunächst — eigene Gefahr tun. Das ist das Entscheidende. Rechtlich wie dem wirtschaftlichen Effekt nach sollen die aus der Kreditgewährung entspringenden Verhältnisse lediglich Seius zum Subjekte haben, Sempronius will den eigentlichen Gläubiger nur sichern. Der KrMar handelt nicht als indirekter Stellvertreter des KrMt, er führt nicht ein alienum negotium, sondern vollzieht mit der Kreditgewährung ein proprium negotium, das den KrMt weder rechtlich noch wirtschaftlich direkt angeht. Daß das römische Recht den KrA in dieser Weise faßt, ergeben die Quellen mit wünschenswerter Deutlichkeit.

a) Wir weisen hier zunächst nochmals auf jene Stellen hin, die vom Klagrecht des KrMar handeln (z. B. l 13 D. de fid. 46, 1, l 7 Cod h. t.). Obwohl der KrA weiter nichts enthält als die Aufforderung, zu kreditieren, hat der KrMar, wie diese Stellen beweisen, ohne weiteres, insbesondere ohne daß ein neuer Auftrag nötig wäre, die Befugnis, die Darlehensforderung gerichtlich geltend zu machen. Dieses Klagrecht, das vermöge seiner Selbständigkeit eine ganz ungewöhnliche Erscheinung im Mandatsrecht ist, nötigt zu der Annahme, daß das ganze Darlehensgeschäft rechtlich ausschließlich dem KrMar zugehört; diese Selbständigkeit besagt: KrMar klagt aus eigenem, nicht aus fremdem Rechte.

b) Allen Mandatsregeln widerspricht der KrAs-Rechtssatz, daß im Falle verzinslicher Darlehensforderung die Zinsen dem KrMar, nicht dem KrMt gebühren. Der Beweis für diesen Satz ergibt sich aus l 2 § 5 D. h. t. Hier ist das mandatum ut sine usuris credas als mandatum aliena gratia, dagegen das mandatum ut cum usuris credas als mandatum tua et aliena gratia bezeichnet: was heißt dies anders, als daß bei dem letzteren KrA die Zinsen dem KrMar zufallen? Weiteren Beweis liefern die sogleich zu besprechende l 48 §§ 1, 2 D. h. t., sowie l 10 § 8 i. f. D. eod. Wie stimmt das zu der für das normale Mandat geltenden Regel der l 20 pr. D. h. t., wonach der Mar aus dem Mandat keinen Vorteil ziehen darf? Ist dagegen die Darlehensforderung formell und materiell eine eigene des KrMar, so ergibt sich das Recht desselben auf die Zinsen ganz von selbst. Die Zinsen behält der KrMar nicht kraft besonderer Vereinbarung — etwa als Honorar, sondern sie stehen ihm eo ipso auf Grund des KrA zu.

c) Ein vollständiger Beweis für die an die Spitze gestellten Behauptungen liegt in der rechtlichen Konstruktion des römischen Stundungsauftrags, l 12 § 14 D. h. t. Diese Art des KrA bezieht sich ja begriffsmäßig auf die einem andern als Gläubiger gegen einen Dritten zustehende Forderung, die auf Gefahr des KrMt gestundet werden soll. Hier ist offensichtlich, daß der KrMt an der Forderung selbst gar keinen Teil hat; die Vorteile der Forderung ebenso wie das Klagrecht hat natürlich der KrMar als ursprünglicher und einziger Gläubiger selbständig. Der Stundungsvertrag wird ebenfalls nur zwischen KrMar und Drittem abgeschlossen, auch nicht im Namen des KrMt: wie sollte dieser als der Forderung völlig Fremder eine Stundung dieser Forderung vornehmen können?

Nichts anderes kann vom normalen KrA gelten, denn dieser und der Stundungsauftrag sind ganz analog gebaut.

d) l 48 § 1 D. h. t.: Cum mando tibi, ut credendo pecuniam negotium mihi geras mihique id nomen praestes, meum in eo periculum, meum emolumentum sit, puto mandatum posse consistere. Hier ist die Rede von einem Mandat, Geld an einen Dritten zu leihen. Dies Kreditierungsgeschäft soll aber auf Rechnung des Auftraggebers geschlossen werden (neg. mihi geras), die aus dem Geschäft gewonnene Forderung gegen den Dritten soll an den Mt abgetreten werden (mihique id nom. praest.), die Gefahr des Geschäfts wie dessen Vorteile d. h. besonders die Zinsen sollen allein dem Mt zuteil werden (meum peric., meum emolum.). Der Jurist, Celsus, glaubt, daß in dieser Weise ein giltiges Mandat geschlossen werden könne. Zweifellos! Und zwar ist das ein ganz gewöhnliches Mandat, gerichtet auf Besorgung eines Geschäfts für den Auftraggeber. Der Mt ist z. B. auf Reisen, er kann das Darlehen selbst nicht geben, er beauftragt deshalb einen Bekannten, das Geschäft für ihn abzuschließen. Vielleicht schickt er den Betrag des zu gewährenden Darlehens gleich selbst mit, oder er bittet den Bekannten, das Geld einstweilen für ihn auszulegen. Später läßt er sich die erworbene condictio certi abtreten, zahlt nötigenfalls dem Bekannten die verlegte Summe aus, und, wie von vornherein beabsichtigt, geht rechtlich und wirtschaftlich das ganze Kreditierungsgeschäft auf den Mt als eigentliches Subjekt über, der Bekannte, der lediglich provisorischer Gläubiger gewesen war und als Mittel zum Zweck gedient hatte, scheidet spurlos aus. Genau derselbe Fall findet sich in l 10 § 8 D. h. t.: Si mandavero procuratori meo, ut Titio pecuniam meam credat sine usuris, isque non sine usuris crediderit, an etiam usuras mihi restituere debeat, videamus. et Labeo scribit restituere eum oportere, etiamsi hoc mandaverim, ut gratuitam pecuniam daret, quamvis, si periculo suo credidisset, cessaret, inquit Labeo, in usuris actio mandati. Hier wird ausdrücklich gesagt: das eigene Geld des Mt wird als Darlehen gegeben, der Mar ist procurator des Mt. Es handelt sich um die Frage, ob Mar die Zinsen, die er sich auftragswidrig vom Dritten ausbedungen hat, an den Mt mit herausgeben muß (außer der condictio certi: „etiam"). Die Antwort fällt natürlich bejahend aus.[1]

Nun fährt der Jurist im § 2 der l 48 cit. fort: ceterum ut tibi negotium geras, tui arbitrii sit nomen, id est ut cuivis credas, tu recipias usuras, periculum dumtaxat ad me pertineat, iam extra mandati formam est, quemadmodum si mandem, ut mihi quemvis fundum emas. Man braucht nicht im Auffinden von Interpolationen geübt zu sein, um augenblicklich zu erkennen, daß wir in diesem § 2 eine interpolierte Stelle vor uns haben.[2] Ausschlaggebend ist der Mangel der Beziehung der Schlußworte quemadmodum etc. und der Worte id est etc. zum Inhalt des § 1. § 1 spricht offenbar von einem völlig bestimmten[3] Mandat von der und der Beschaffenheit, einem Mandat der in l 10 § 8 cit. bezeichneten Art, in § 2 soll ein Mandat entgegengesetzter Beschaffenheit gegenüber gestellt werden; äußerlich liegt in beiden Fällen der gleiche Tatbestand vor: B soll im Auftrage des A dem C ein Darlehen von 1000 geben. Nur wie das Darlehen gegeben wird, ist in § 1 und § 2 unterschieden, und in diesem Wie hat der Jurist die Gegenüberstellung vornehmen wollen. Und nun auf einmal kommen die oben herausgehobenen Worte, die den ganzen Tatbestand ändern, während dieser voraussetzlich derselbe wie in § 1 sein soll. Jetzt soll das Mandat plötzlich unbestimmt sein und deshalb der Natur des Mandats entbehren. Das ist nach dem Zusammenhang sinnlos und unverständlich.[4] Die Interpolation

---

[1] Im übrigen vgl. über die Stelle Windscheid S. 329 A. 12.

[2] Vgl. über die Frage Holzschuher a. a. O. S. 539 A. **, Eisele, Haftung des Mt für Schaden des Mar, Arch. f. civ. Pr. Bd. 84 S. 324, v. Thur, Actio de in rem verso, S. 20 A. 3.

[3] Irrig Gesterding, Irrtümer S. 200f.

[4] Wollte der Jurist in § 2 den Fall eines unbestimmten Mandats behandeln, so wäre auch der Ausdruck iam extra mandati formam est unbegreiflich. Ein unbestimmtes Mandat wäre zweifellos überhaupt nichtig, während der Jurist mit jenem Ausdruck augenfällig gerade nicht sagen will, daß Nichtigkeit vorliege (extra mandati formam), sondern nur, daß ein derartiger Tatbestand eigentlich kein Mandat sei, unter den Rechtsbegriff des Mandats nicht gehöre. Celsus stellt in l 48 cit. theoretische Erörterungen über den Mandatsbegriff an; Rechtssätze praktischer Natur über Giltigkeit oder Ungiltigkeit eines konkreten Mandats darf man in dieser lex nicht suchen. S. zu der Stelle noch S. 95.

ist offenbar: der Passus id est ut cuivis credas ebenso wie die Worte quemadmodum bis zum Schluß sind Zusätze der Kompilatoren.[1] Ebenso offenbar ist, daß in § 2 der Jurist den KrA vor Augen hat, denn er spricht davon, daß die emolumenta der Forderung, die usurae, dem Mar gehören sollen. Jetzt wird die Stelle und der Gegensatz verständlich: in § 1 normales Mandat, in § 2 bei gleichem äußerlichen Tatbestand mit bestimmtem Dritten, wie CELSUS sagt, kein echtes Mandat, weil die Zugehörigkeit der Darlehensforderung zum Mt fehle, weil der Mar der ausschließliche Herr der Forderung sei. Hier sagt CELSUS klipp und klar, daß beim KrA das aufgetragene Geschäft weder wirtschaftlich noch rechtlich ein negotium proprium des Mt, sondern ein negotium proprium des Mar ist.

e. Nach dem Gesagten verstehen wir nun auch die eigentümliche l 6 § 4 D. h. t.,[2] in der ULPIANUS CELSUS zitiert und in der das mandatum ad credendum schlechthin als mandatum, quod mea non intererat, bezeichnet wird. Der zitierte Ausspruch des CELSUS über den KrA hat in CELSUS' Werken offenbar unmittelbar hinter den Sätzen der l 48 §§ 1, 2 gestanden (libro septimo digestorum). Der Jurist sagt, bei einem KrA fehle das mea interest (sc. mandantis) stets. Das non intererat will deshalb offenbar weder besagen, daß dem KrMt unter allen Umständen das Interesse an der Darlehensgewährung fehle: denn mindestens ein Affektionsinteresse wird immer vorhanden sein,[3] da solche Haftungen nie ohne Grund und Zweck übernommen werden, wenn anders keine Scherzerklärung vorliegen soll, noch daß dem KrMt das wahre Interesse stets deshalb fehle, weil man daran, daß einem anderen gegeben werde, niemals Interesse habe. Über diesen letzteren Standpunkt, wie ihn l 38 § 17 D. de v. o. 45, 1 enthält, ist das römische Recht frühe hinausgeschritten, insbesondere bei den contractus bonae fidei, wie

---

[1] Innerhalb des Passus quemadmodum etc. liest MOMMSEN — m. E. richtig — mihi statt tibi. A. M. z. B. v. THUR a. a. O. S. 20 A. 3 a. E.

[2] Die Literatur über diese, ebenso wie l 6 § 5, viel umstrittene Stelle s. S. 95f., wo auch die Gesamtbesprechung derselben, die hierher noch nicht gehört, zu finden ist.

[3] Und das ist ja beim Mandat als genügendes Interesse anerkannt. Die gesamten Ausführungen von MICHELS a. a. O. S. 6ff., 48f. fallen damit zusammen.

l 38 § 20 D. eod., § 20 J. de inut. stip. 3, 19, noch mehr l 54 pr. D. h. t. beweisen. Vielmehr bedeutet das mea non intererat — ein anderer Sinn scheint im Hinblick auf die Celsusstelle l 48 cit. nicht möglich, da die Zusammengehörigkeit beider Stellen unverkennbar ist —, daß dem KrMt das unmittelbare eigene Interesse und zwar dasjenige, welches das normale mandatum kennzeichnet, das Interesse des dominus negotii, fehlt. Mea non intererat heißt: es fehlte das negotium meum.[1] Der KrA ist mandatum tua gratia, d. h. das Kreditierungsgeschäft wird als negotium tuum aufgetragen. Ein anderes ideelles oder materielles Interesse des KrMt an der Kreditgewährung ist dadurch nicht ausgeschlossen, sondern sogar stets vorhanden, aber weder rechtlich noch wirtschaftlich sollen die Folgen des Kreditgeschäfts unmittelbar das Vermögen des KrMt betreffen.

Es ist nach dem Ausgeführten nicht schwer, die Definition des KrA in wichtiger Beziehung zu ergänzen: Das Darlehen wird vom KrMar auf eigene Rechnung gewährt. Die Definition des römischen KrA gestaltet sich demnach so: KrA ist der Auftrag, einem bestimmten Dritten auf eigene Rechnung und im eigenen Namen, aber auf Gefahr des Auftraggebers in bestimmter Höhe Kredit zu gewähren. Der Wille des KrMt ist darauf gerichtet, daß die gesamten, mit der Kreditierung entstehenden wirtschaftlichen und rechtlichen Beziehungen dauernd in der Person des KrMar als ihres wahren Subjekts konzentriert bleiben, daß er nur vom Augenblick des Gefahreintritts für den drohenden Schaden einsteht. Von der größten Wichtigkeit ist, daß nach römischem Rechte kein KrA ein Auftrag zur Darlehnsgewährung an einen Dritten im Sinne der l 48 § 1, l 10 § 8 D. h. t., also ein Auftrag, das Darlehen in indirekter Stellvertretung des Mt auf dessen Rechnung zu gewähren, ist: ein solcher Auftrag gehört in die Reihe der normalen Mandate und hat nicht das geringste Besondere an sich.[2]

---

[1] So schon die Glosse, die allerdings daneben noch andre Interpretationsmöglichkeiten zuläßt: ... vel dic non intererat ratione dominii vel quasi ... Vgl. Michels a. a. O. S. 49 Anm. 61. Weiteres über die ebenso interessante als komplizierte Interesselehre S. 89 ff.

[2] Ganz verfehlt Girtanner a. a. O. S. 541, der den „Auftrag, auf Rechnung des Mt zu kreditieren", als „regelmäßigen Fall" im Auge hat, und

2. Dieses Begriffsmoment „auf eigene Rechnung" bedingt mannigfache Abweichungen von den normalen Mandatsrechtssätzen. Diese äußerst bedeutsamen spezifischen Sätze des römischen KrAs-Rechts[1] seien nun aufgeführt.

a) Beim KrA fehlt die actio mandati directa auf Ausführung bez. Schadensersatz bei Nichtausführung. Hierüber wird in der gemeinrechtlichen Literatur lebhaft gestritten. Am bequemsten machen es sich die, welche sagen: Die Frage nach der actio directa erledige sich meist durch Ausführung.[2] Andere haben gelehrt: wenn KrMt Interesse an der Kreditierung habe, stehe ihm die directa auf Ausführung zu;[3] wieder andere: je nachdem die Parteien eine Verpflichtung des KrMar zur Ausführung des Auftrags begründen wollten oder nicht, habe KrMt die actio dir. auf Ausführung oder nicht.[4] Endlich gibt es auch zahlreiche Vertreter der extremen Ansichten: Der KrMt hat wie der gewöhnliche Mt stets die actio dir. auf Ausführung,[5] oder: Der KrMt hat sie niemals.[6]

Thöl, Handelsrecht § 302 S. 422. Überhaupt leidet die ganze Literatur an der ungenügenden Scheidung der beiden Auftragsarten. Dagegen wird der Unterschied sehr gut betont bei Hauser (Centralorgan f. d. deutsche Handels- u. Wechselrecht v. Löhr, Neue Folge Bd. IV, 1868, S. 335 ff.), und in Endemanns geistvollem — leider im übrigen dem juristischen Wesen des KrA allzuwenig gerecht werdenden — Aufsatz „Der Kredit als Gegenstand von Rechtsgeschäften" (Zeitschr. f. d. ges. Handelsrecht v. Goldschmidt, Bd. IV, 1861, S. 222 ff.). Endemann nennt den Auftrag, ein Darlehen auf Rechnung des Mt zu gewähren, ein „Zahlungsmandat": wohl wenig glücklich, dagegen auch Hauser a. a. O. S. 337 Anm. 1. Die Quellen selbst scheiden die beiden Arten aufs schärfste; sie meinen, wenn sie schlechthin vom mandatum ut credas sprechen, stets den echten KrA, andernfalls fügen sie, wie in l 48 § 1, l 10 § 8 cit., den genauen konkreten Tatbestand hinzu.

[1] Analoges gilt vom Stundungsauftrag.

[2] So die meisten älteren Pandektisten.

[3] So Österley a. a. O. S. 6 für das römische Recht, Kritz, Pandektenrecht Bd. 1 S. 3 ff., Müller, Lehrbuch der Institutionen S. 476 Anm. 25, Hauser a. a. O. S. 338, Rosshirt, Gemeines deutsches Civilrecht 2. Bd. S. 531, Girtanner a. a. O. S. 61, Michels a. a. O. S. 44 ff. (vgl. aber S. 93), Puchta Vorlesungen üb. d. heut. röm. Recht 2. Bd. S. 172.

[4] So Österley a. a. O. S. 31 für das moderne Recht, Stammler, Der Garantievertrag, Arch. f. civ. Prax. Bd. 69 S. 120, Unger a. a. O. S. 302 Anm. 7.

[5] So Jakoby, Die Krediterkundigung, S. 92, Brinkmann a. a. O. S. 243, Krüger a. a. O. S. 535, Mode a. a. O. S. 5, Ladenburg in der S. 40 Anm. 2 zit. Abhandlung S. 2, S. 22.

[6] So Unterholzner, Recht der Schuldverhältnisse 2. Bd. S. 838 Anm. c,

Maßgebend ist, daß beim KrA ein negotium proprium des KrMt nicht vorliegt, daß diesem in bezug auf das vorzunehmende Kreditgeschäft jedes Bestimmungsrecht mangelt. Die actio mandati directa auf Ausführung, die Hauptklage des normalen Mandats, setzt aber gerade proprium negotium des Mt, die dominus-Stellung desselben in bezug auf das aufgetragene Geschäft voraus: sie ist gerade Ausdruck und Ausfluß des Herrschaftswillens des Mt und nur aus diesem erklärbar.[1] Mithin fehlt beim KrA, der die selbständige Handlung eines anderen, die dieser auf eigene Rechnung unter — zunächst — eigener rechtlicher und wirtschaftlicher Verantwortung als alleiniger und dauernder wahrer Gläubiger vornehmen soll, zum Gegenstand hat, jeder Boden für eine actio directa auf Ausführung. Demgegenüber kommt gar nicht in Frage, ob und welches Interesse KrMt an der Ausführung des KrA hat.[2] Als ob das Vorhandensein noch so lebhaften Interesses genügen könnte, eine actio mandati directa zu erzeugen! Interesse ist bloß die allgemeine, nach römischem Rechte für alle Klagen geltende Voraussetzung einer klagbaren Obligation; damit aber eine bestimmte Kontraktsklage entstehe, muß die spezifische Voraussetzung, die diese Kontraktsklage von anderen unterscheidet, vorhanden sein, beim Mandat also ein proprium negotium des Mt: wäre zur Begründung einer actio mandati directa auf Ausführung weiter nichts nötig als eben Interesse an dieser, so wäre für diese Klage als Mandatsklage nichts Besonderes verlangt. Dadurch aber, daß KrMt an der Vornahme einer fremden Handlung, der Kreditgewährung durch den KrMar, ein Interesse hat, wird dessen Handlung nicht zur eigenen des KrMt. — Über den Parteiwillen beim KrA kann erst im dogmatischen

---

Schilling, Lehrbuch der Institutionen u. Gesch. des röm. Privatrechts 3. Bd. S. 555 f., Sokolowski a. a. O. S. 3. — Ausgezeichnet bereits Weber, Erläuterung der Pandekten nach Hellfeld, Leipzig 1820, 1. Theil S. 442, wo das mandatum qualificatum als Rechtsgeschäft definiert wird, wodurch man jemanden berechtigt, daß er sich auf unsere Gefahr mit einem andern einlassen könne.

[1] Vgl. S. 67 ff.

[2] Ein solches Interesse ist, wie ausgeführt, stets vorhanden; schon insofern irren die in Anm. [3] S. 47 Zitierten, die sagen: „wenn Interesse da ist, dann actio dir.“ Wäre der Gesichtspunkt des Interesses maßgebend, so müßte demnach stets eine actio dir. vorhanden sein.

Teil gehandelt werden; jedenfalls ist er regelmäßig ganz und gar nicht darauf gerichtet, den KrMar zur Kreditgewährung zu verpflichten.[1]

Was die quellenmäßigen Beweise für das Fehlen der actio mandati directa auf Ausführung beim römischen KrA anlangt, so ist

α) zunächst die Tatsache zu konstatieren, daß außer der l 6 § 4 D. h. t. keine einzige KrAs-Stelle von einer directa actio des KrMt spricht. Alle Stellen behandeln nur die contraria actio und alle, die von Rechten des KrMt reden, haben ausschließlich das Zessionsrecht im Auge. Das Gleiche gilt von allen in den Quellen erwähnten Mandaten, die einen Garantievertrag enthalten (s. u. § 6). Einen indirekten Beweis liefern hingegen Gaius, Inst. III, 156 und § 6 J. h. t.[2] Unmittelbar vorher wird bei beiden Stellen vom Rate gehandelt. Nun ist klar, daß, wenn beim Rat überhaupt diskutiert werden kann, ob er Verbindlichkeiten erzeuge, es sich nur um etwaige Haftung des Ratgebers handeln kann; daß der Beratene niemals zur Ausführung des Angeratenen verpflichtet ist, ist selbstverständlich. So steht denn auch beim KrA für die Juristen der Sabinuszeit nur in Frage, ob der KrMt haften soll, nur um die contraria geht der Sabinusstreit, nur um der contraria willen wird der KrA als gültiges Rechtsinstitut anerkannt: „et adeo haec ita sunt, ut quaesitum sit, an mandati teneatur, qui mandavit tibi ut pecuniam Titio foenerares . . . (§ 6 J. h. t.). Die zitierten Stellen beweisen zwingend, daß es den Römern nicht in den Sinn gekommen ist, dem KrMt eine Klage auf Ausführung zu geben.

β) l 6 § 4 D. h. t. lautet: si tibi mandavero quod mea non intererat,[3] veluti ut pro Seio intervenias vel ut Titio credas, erit

[1] Es ist schon deshalb unzulässig — wie die oben in Anm. [4] S. 47 Genannten tun —, zu formulieren: „je nachdem Verpflichtung zur Ausführung von den Parteien gewollt ist, entsteht oder fehlt die actio dir." Über den rechtlichen Charakter einer durch ausdrückliche Vereinbarung der KrAs-Parteien begründeten Verbindlichkeit zur Kreditgewährung s. S. 77f.

[2] Abgedruckt S. 88f.

[3] Diese Worte scheinen ein billiges Argument zu bieten, wenn man sie mit l 8 § 6 D. h. t. vergleicht. Man könnte folgern: nach l 6 § 4 cit. ist der KrA ein mandatum, quod mea non intererat, nach l 8 § 6 cit. cessat mandati actio (sc. directa), si nihil interest; folglich entfällt die actio directa mandati auf Ausführung beim KrA stets. Man würde mit solcher Folgerung

mihi tecum mandati actio, ut Celsus libro septimo digestorum scribit, et ego tibi sum obligatus.[1] Da die Stelle von Celsus herrührt, der im selben 7. Buche seiner Digesten an anderer Stelle (l 48 §§ 1, 2 D. h. t.) den Tatbestand des KrA überhaupt zum Mandat zu rechnen Bedenken trägt, so ist von vornherein ausgeschlossen, daß mit den Worten: erit mihi tecum mandati actio die directa auf Ausführung des Auftrags gemeint sei. Celsus hat vielmehr die auf Zession der Darlehensklage bei der Zahlung gerichtete directa actio im Auge: seine Worte setzen bereits erfolgte Darlehensgewährung voraus.[2] Das Wort ‚erit' kann bei der juristischen und sprachlichen Schärfe eines Celsus nicht ohne weiteres als „so habe ich gegen dich eine Klage" übersetzt werden; nicht ohne Absicht ist dem erit mihi... das ego tibi sum obligatus gegenübergestellt. Celsus will sagen: ich bin dir sofort verhaftet auf Grund der contraria actio, während mir erst später eventuell eine Klage gegen dich (sc. auf Abtretung der Darlehensklage bei Zahlung) zustehen wird. Man erwäge dazu folgendes: Das ego tibi sum obligatus kann nicht bloß bedeuten: ich bin dir verhaftet im Sinne des Gebundenseins durch das mit dem KrA erteilte Haftungsversprechen, das schon vor der Kreditgewährung besteht; denn Celsus spricht von den actiones, die dem KrA eignen. Also heißt ego tibi sum obligatus: dem KrMar steht gegen den KrMt die actio contraria zu; das ist aber nur möglich, wenn der Kredit bereits gewährt ist, da eher nicht Auslagen entstanden sind. Ist bewiesen, daß ego tibi sum obligatus = teneor tibi mandati actione contraria ist, so ist das erit mihi tecum actio nicht anders erklärbar, als daß man es auf die Zession bezieht; nach der Kreditgewährung kann ja von der Klage auf Ausführung

---

in mehrfacher Weise Fehler begehen. Einmal hat in l 6 § 4 das mea non intererat, wie nachgewiesen, durchaus nicht die Bedeutung, daß beim KrMt das Interesse an der Ausführung überhaupt fehle. Sodann bezieht sich auch l 8 § 6, wie aus den dort angeführten konkreten Beispielen erhellt, zunächst nur auf den Fall der Unmöglichkeit der Ausführung des Mandats. Die beiden Stellen laufen also aneinander vorbei.

[1] Zur Literatur dieser Stelle vgl. Girtanner a. a. O. S. 63 ff., Gesterding, Irrtümer S. 197—207, Sokolowski a. a. O. S. 71 ff. Weitere Literatur ist u. S. 96 Anm. [1] angeführt, sie ist sehr reichhaltig.

[2] Ebenso Girtanner a. a. O. S. 65 f.

keine Rede mehr sein.[1] Da die Stelle die aus dem KrA entspringenden Klagen ex cathedra erörtert, ist anzunehmen, daß sie dieselben vollständig aufzählt, und damit als erwiesen anzusehen, daß dem römischen KrAsrecht eine actio mandati directa auf Ausführung fremd ist.

Wir haben es also mit einem negotium claudicans zu tun; das Fehlen der Mandatshauptklage in ihrer prinzipalen Funktion hat die Römer nicht gehindert, den KrA als im übrigen giltiges Mandat zu fassen und aufrecht zu erhalten. Der Grund dafür ist, daß in Wahrheit der KrA eine selbständige juristische Grundlage hat, die von der des Auftrags wesentlich verschieden ist. Näheres darüber im dogmatischen Teil.[2] [3]

b) Eine andere Abweichung betrifft die zweite Funktion der actio m. dir., die auf Herausgabe des vom Mar infolge des Auftrags Erlangten. Die actio dir. in dieser Funktion steht dem KrMt in solcher Allgemeinheit nicht zu.[4]

Daß der KrMt die Darlehenszinsen nicht zu beanspruchen hat, ist bereits ausgeführt worden. Das, was der KrMar beim KrA hauptsächlich erlangt, ist die Darlehensforderung gegen den Dritten. Gerade diese aber soll, wie oben erörtert, KrMar dauernd als wahrer und einziger Gläubiger behalten und nicht abtreten, denn es ist

---

[1] Wäre die Ansicht der Interpretatoren richtig, die in der Stelle eine actio directa auf Ausführung beim KrA bezeugt sehen (Stammler, Michels, Ihering), so müßte es heißen: e s t mihi tecum actio, et ego tibi e r o obligatus. Denn nach dem Sinne der Stelle heißt obligatus esse unzweifelhaft actione teneri — die Gegenüberstellung beweist das —, eine actio gegen KrMt hat der KrMar aber jedenfalls erst nach der Kreditgewährung!

[2] Weil die directa auf Ausführung fehlt, deshalb kann auch die Ausführung derjenigen bei Erteilung des KrA vom KrMt geäußerten Wünsche, die er als Bedingung seiner Haftung angesehen wissen will, nicht als Mandatspflicht des KrMar erachtet werden, l 7 Cod. de fid. 8, 40 (41), l 59 § 6 D. h. t. Er muß sie nicht befolgen, wird nicht haftbar, wenn er sie nicht befolgt. Die einzige Folge ihrer Nichtbefolgung ist, daß KrMt nicht haftet.

[3] Nach dem Gesagten völlig haltlos ist die Behauptung mehrerer Schriftsteller, beim KrA könne KrMt auf Ausklagung des Dritten gegen den KrMar klagen. So Holzschuher a. a. O. S. 884, Wening a. a. O. S. 417, Schweppe a. a. O. S. 353, Valett a. a. O. S. 181. Dagegen auch Michels a. a. O. S. 59.

[4] Mit dem Folgenden offensichtlich übereinstimmend Michels a. a. O. S. 57f.

sein Geschäft, dem sie entspringt; er hat die Darlehensklage nicht für den KrMt als dessen indirekter Stellvertreter, sondern für sich erworben. Die actio dir. auf Herausgabe wird vielmehr im Unterschied zum gewöhnlichen Mandat erst bei der Zahlung des KrMt wirksam, dieser kann keineswegs jederzeit — vom Augenblick ihrer Begründung ab — Abtretung der Darlehnsklage gegen Zahlung des Darlehensbetrags fordern, wie es z. B. der Fall wäre bei dem in l 48 § 1 D. h. t. bezeichneten Auftrage. Nicht als prinzipales Recht kann also die Zession mittels der directa gefordert werden, die Verpflichtung des KrMt heißt lediglich: Zahlen; nur die ausgleichende Gerechtigkeit billigt ihm zur Erleichterung des Regresses das Zessionsrecht zu.[1]

c) Auch die Fälligkeit der mit der actio mandati contraria vom KrMar geltend gemachten Auslagenersatzforderung ist beim KrA abweichend vom allgemeinen Mandatsrecht geregelt. Hierbei ist zweierlei auseinanderzuhalten: Hat KrMar die contraria schon vor Fälligkeit des Darlehens, also schon bevor der Dritte zur Zahlung verpflichtet ist? Und: wie steht es mit der Fälligkeit der durch die contraria geltend zu machenden Forderung nach eingetretener Fälligkeit der Darlehensschuld?

Auf die erste Frage findet sich nirgends in den Quellen eine ausdrückliche Antwort.

α) Aber wenn von einer libera electio zwischen den Klagen gegen den Dritten und den KrMt, die dem KrMar zustehen soll (l 19, l 23 Cod. de fid. 8, 40 [41]), von eligi (l 56 pr. D. h. t.), malle (l 7 D. quod cum eo 14, 5) gesprochen wird, so muß vorausgesetzt werden, daß der Dritte selbst belangt werden kann, mithin daß seine Schuld fällig ist; denn ich kann nicht von libera electio zwischen zwei Klagen reden, deren eine einstweilen nur potentiell vorhanden ist. Überdies zwingen in l 56 pr. cit. die Worte omisso reo promittendi et pignoribus non distractis zu dieser Interpretation; insbesondere die voraussetzlich angenommene Möglichkeit, die für die Schuld des Dritten bestellten Pfänder zu veräußern, bedingt

---

[1] Vgl. l 48 §§ 1, 2 D. h. t. Im übrigen erwähnen die Quellen die Zessionspflicht stets nur im Zusammenhang mit der Zahlung des KrMt.

nicht nur Fälligkeit der Forderung, sondern sogar Verzug des Titius.[1]

β) Vor allem aber steht einer Bejahung der gestellten Frage hemmend die ganze Natur des KrA entgegen, bei welchem KrMt für das periculum der Darlehensforderung einzustehen verspricht.[2] Zwar wirtschaftlich sind Auslagen des KrMar im Moment der Hingabe des Darlehens an den Dritten entstanden, jedoch erwirbt KrMar im gleichen Moment ein vollwertiges rechtliches Äquivalent, nämlich die Darlehensforderung. Vollwertig zu sein hört dasselbe erst im Augenblick der Fälligkeit des Darlehens auf; normalerweise erfolgt dann die Tilgung der Schuld durch den Dritten und damit die Wiedererlangung der aufgewendeten wirtschaftlichen Werte; erfolgt sie nicht, so besteht sofort die Gefahr der Nichterfüllung überhaupt, das Vermögen des KrMar ist von nun an um diese Gefahr *vermindert*. Deshalb wird jetzt erst das Schadlosversprechen des KrMt aktuell, und die drohende Gefahr wird rechtlich paralysiert durch die Möglichkeit, gegen den KrMt vorzugehen.

Natürlich ist das unter β) Gesagte nicht so zu verstehen, als ob die Geltendmachung der contraria rechtlich von der Fälligkeit der Darlehensschuld abhängig wäre. Nur weil normal erst mit dieser Fälligkeit von einem periculum geredet werden kann, kommt dieselbe in Betracht. Gerät aber z. B. der Darlehensempfänger vor Fälligkeit in Vermögensverfall, so haftet KrMt schon vor Fälligkeit, denn dann ist nicht nur die Gefahr, sondern die Gewißheit eines Verlustes vorhanden, die Auslagen sind erstattungsfähig geworden.[3] Wann in Fällen mangelnder Darlehens*verbindlichkeit* des Dritten die contraria geltend gemacht werden kann, richtet sich jederzeit

[1] l 60 pr. D. h. t. läßt nichts davon durchblicken, daß die Fälligkeit der Schuld des Dritten erst während des Prozesses mit dem KrMt eingetreten ist. Nicht entgegen auch l 7 Cod. h. t. — l 22 pr. § 1 D. h. t. schlägt für unsre Frage nicht ein.

[2] Derselben Ansicht Girtanner a. a. O. S. 69f. A. M. Michels a. a. O. S. 51f., Österley a. a. O. S. 9f.

[3] Es wird betont, daß das Gesagte nur für das römische Recht gilt: Schon mit dem Eintritt des periculum konnten sämtliche „Auslagen“, die sich nach den oben S. 15f. entwickelten Grundsätzen bestimmen, vom KrMt erstattet verlangt werden. Anders vom dogmatischen Standpunkt aus (S. 125).

unter Berücksichtigung der konkreten Umstände nach dem Eintritt eines periculum.

Während also nach gemeinem Mandatsrecht[1] die Erstattung der Auslagen vom Augenblick ihrer Entstehung an (z. B. mit der Bewirkung der baren Aufwendungen zur Erfüllung des Auftrags) gefordert werden kann, ist der KrMar zur Anstellung der contraria erst beim Eintritt eines weiteren Umstandes, des periculum, berechtigt.

Die 2. oben aufgeworfene Frage ist in den Quellen präzis dahin entschieden, daß der KrMar nach eingetretener Fälligkeit der Darlehensschuld freie Wahl hat, ob er zuerst den Hauptschuldner oder den KrMt belangen will. l 56 pr. D. h. t.: qui mutuam pecuniam dari mandavit, omisso reo promittendi et pignoribus non distractis[2] eligi potest: quod uti liceat si litteris exprimatur, distractis quoque pignoribus ad eum creditor redire poterit: etenim quae dubitationis tollendae causa contractibus inseruntur, ius commune non laedunt. Vgl. l 60 pr. D. h. t. l 7 D. quod cum eo 14, 5, ferner l 19 Cod. de fid. 8, 40 (41): si alienam reo principaliter constituto obligationem suscepisti vel fideiussorio sive mandatorio vel quocumque alieno nomine pro debitore intercessisti, non posse urgueri creditorem, eum qui mutuam accepit pecuniam quam te convenire, scire debueras, cum, si hoc in initio contractus specialiter non placuit, habeat liberam electionem. Vgl. l 23 Cod. eod., l 7 Cod. h. t. Ob mit der Fälligkeit für den KrMar auch wirtschaftlich ein periculum in Ansehung der Darlehensforderung entstanden d. h. ob der Dritte zahlungsfähig ist oder nicht, darauf kommt nichts an. Insoweit bleibt also der Mandatscharakter des römischen KrA gewahrt, obwohl dem KrA unverkennbar auch im römischen Rechte die Tendenz nach vollständiger Subsidiarität innewohnt. Die Ansicht eines Puchta u. A.,[3] die für das römische Recht eine derartige Subsidiarität der Haftung des KrMt als Regel behaupten, ist

---

[1] Ebenso im Fall der l 48 § 1 D. h. t.

[2] Wegen der pignora vgl. noch l 8 Cod. h. t., l 8 Cod. de pign. 8, 13 (14).

[3] Puchta, Inst. III S. 48, ebenso Wendt, Pand. S. 639f., Hasenbalg, Beiträge zur Lehre v. d. Intercess., S. 85, gegen sie Endemann a. a. O. S. 227 Anm. 12, Girtanner a. a. O. S. 70, Windscheid a. a. O. S. 1022 Anm. 1, Hauser a. a. O. S. 340 Anm. 2.

zweifellos irrig.[1] Immerhin ist dem KrA — besonders in der späteren Zeit — sehr häufig als pactum adiectum die Indemnitätsklausel hinzugefügt worden, vgl. l 19 Cod. de fid. 8. 40 (41)[2]: Der KrMt hatte dann den KrMar nur schadlos zu halten, er haftete erst, wenn demselben wirklich ein Verlust erwachsen war, nicht schon bei Verlustgefahr, also in der Regel erst nach erfolgloser Ausklagung des Dritten. Fehlte aber ein solches pactum, so haftete KrMt auch in späterer Zeit noch nach dem Grundsatz der libera electio.

d) Die beim gewöhnlichen Mandat bestehende Auslagenvorschußpflicht des Mt (vgl. l 12 § 17 D. h. t.[3]) ist beim KrA ausgeschlossen. Eine solche hat nur dann Sinn, wenn die wirtschaftlichen und rechtlichen Vorteile des Geschäfts auf den Mt übertragen werden sollen, kurz, wenn indirekte Stellvertretung vorliegt. Beim KrA ist aber, da es sich um ein negotium proprium des KrMar handelt, gerade Voraussetzung, daß KrMar das Darlehen aus eigenen Mitteln gewährt.

e) Ebensowenig kann beim KrA eine Verpflichtung des KrMar zur Rechnungslegung anerkannt werden. Eine solche Pflicht hat zur Voraussetzung, daß der Verpflichtete fremde Geschäfte zu führen hat. Das ist hier nicht der Fall.

f) Nach gemeinem Mandatsrecht kann Mar Zinsen von den baren Auslagen von dem Zeitpunkt an, in dem sie gemacht werden, verlangen. Kann KrMar, dem die Gewährung zinslosen Darlehens aufgetragen worden ist, wenn er nach den Regeln des KrAs-Rechts den Darlehensbetrag usw. erstattet verlangt, zugleich Zinsen der als Auslagen geforderten Summe vom KrMt beanspruchen? Die Frage ist zu verneinen. Die Versinsungspflicht beruht darauf, daß der Mar zur Führung fremder Geschäfte Vermögensmittel aufwendet,

---

[1] Vielleicht ist sie veranlaßt durch l 20 pr., l 27 § 5 D. h. t., die aber, richtig verstanden, über die Subsidiarität als Prinzip gar nichts enthalten. Dagegen vor allem l 56 pr. cit.

[2] Beispiel eines Schadlos-KrA l 59 § 5 D. h. t. vgl. oben S. 17f. Auch l 62 § 1 eod. ist heranzuziehen, wenn es auch von einem mand. ut fideiubeas handelt.

[3] Über diese Stelle und die Frage, ob der Vorschuß im römischen Rechte eingeklagt werden konnte, s. v. Thur a. a. O. S. 32f. Anm. 30.

die, in eigenem Interesse anderweit benützt, ihm mindestens die gesetzlichen Zinsen eingebracht hätten, der Mar somit grundlos einen Schaden erleiden würde. Der KrMar aber gewährt das Darlehen auf eigene Rechnung; will er es verzinst haben, so braucht er sich vom Dritten nur Zinsen auszubedingen — wenn auch KrMt für diese nicht gutsteht —, unterläßt er es, so schadet er sich selbst.

g) Endlich dürfte der KrMar, was den Inhalt der actio contraria anlangt, nicht Erstattung derjenigen Auslagen fordern können, die er vor der Kreditgewährung zum Zwecke des Zustandekommens derselben gemacht hat. Diese Auslagen hat KrMar in eigener Sache zu eigenem Nutzen gemacht, und KrMt hat sich nur für den Ersatz des aus der Kreditgewährung selbst entstehenden Schadens verpflichtet.[1]

IV. Eine dritte Gruppe von Rechtssätzen, die das positive überlieferte Recht des KrA enthält, ist nicht aus seiner Mandats- oder besonderen KrAs-Natur zu erklären, sondern von außen aufgepfropft und zwar auf Grund einer Wesensverwandtschaft, die nach Ansicht der Römer zwischen KrA und Bürgschaft besteht. An sich ist ja der KrA (formloser bonae fidei-Konsensualkontrakt, Mandat) von der fideiussio (einseitig-strikte Verbalobligation) so verschieden als möglich, aber sachlich ist allerdings eine Ähnlichkeit der beiden Rechtsinstitute insofern unverkennbar, als auch beim KrA gewissermaßen eine Hauptschuld (die Darlehensschuld des Dritten) vorhanden ist, zu deren Sicherung ein zweiter Schuldner (der KrMt) dem Gläubiger haftet. In beiden Fällen tritt dieser zweite Schuldner auf Grund besonderen Vertrags mit dem Gläubiger, der dessen

---

[1] Ebensowenig kann — dies schon nach allgemeinen Mandatsgrundsätzen nicht — Ersatz des zufälligen Schadens gefordert werden, den KrMar vor der Kreditgewährnng, z. B. auf dem Wege zum Dritten, dem er das Darlehen bringen will, erleidet: alles dies ist nicht „aus der Kreditgewährung entstandener Schaden". — Vgl. zum Text v. Holtzendorff, Encyklopädie S. 521, und Hasenbalg, Beiträge S. 83 Anm. 1. Natürlich können die bezeichneten Auslagen auch dann nicht gefordert werden, wenn die Kreditierung nachher gar nicht zustande kommt (z. B. KrMar entschließt sich, dem Dritten das Darlehen — nach eingezogener Erkundigung über dessen Vermögenslage — nicht zu geben, oder der Dritte nimmt das Darlehen nicht). — Anhangsweise sei bemerkt, daß davon, daß KrMar einen andern zur Ausführung des KrA substituieren dürfe, keine Rede sein kann, a. M. Pagenstecher a. a. O. S. 594.

Sicherung bezweckt, hinzu, und zwar ohne daß eine Gegenleistung bedungen wird; in beiden Fällen hat der Gläubiger die Wahl, ob er den eigentlichen Schuldner oder den zur Sicherung vorhandenen zuerst ausklagen will.

In vielen Quellenstellen sind KrMt und Bürge als juristisch verwandt nebeneinander gestellt, vgl. l 71 pr. D. de fid. 46, 1 (die die Obligationen beider als accessiones bezeichnet, s. S. 27), l 62 § 1 D. h. t. (ein mand. ut fideiubeas wird auch dadurch erfüllt, daß der also Beauftragte einen KrA erteilt), l 4, l 10 Cod. de fid. 8, 40 (41), l 8 Cod. de pign. 8, 13 (14), und die im folgenden unter 1. bis 5. zitierten Stellen.[1] Das Verwandtschaftsprinzip ist in l 32 D. h. t. aufgestellt: .... et in summa quicumque contractus tales sunt, ut quicumque eorum nomine fideiussor obligari posset, et mandati obligationem consistere puto: neque enim multo referre, praesens quis interrogatus fideiubeat an absens vel praesens mandet. Die Römer zogen nun aus der anerkannten Verwandtschaft von KrA und Bürgschaft auch positiv-rechtliche Konsequenzen und dehnten im Laufe der Zeit wichtige Rechtssätze der Bürgschaft, die an sich dem KrA ganz fremd waren, auf diesen aus.

1. Vor allem reihte man den KrA unter die Interzessionen ein.[2] Zwar ist im Digestentitel 16, 1 der KrA an keiner Stelle ausdrücklich als Interzession genannt,[3] aber das Prinzip der l 2 § 4 D. ad Sc. Vell. 16, 1: omnis omnino obligatio senatus consulto Velleiano comprehenditur, sive verbis sive re sive quocumque

---

[1] Ohne jeden inneren Grund dagegen werden Bürge und KrMt z. B. in l 12 Cod. de non num. pec. 4, 30, l 58 § 1 D. h. t., l 48 pr. D. de min. 4, 4, Pauli S. R. I 9, 4, zusammengestellt: die Übereinstimmung ist hier eine rein zufällige.

[2] Über Begriff und Literatur der Interzession vgl. Windscheid a. a. O. S. 1054 ff., Deurer Arch. f. civ. Pr. Bd. 28 S. 407 ff., Hasenbalg, Beiträge S. 1 ff., Michels S. 32 ff.

[3] Man könnte höchstens l 6, 7 D. ad Sc. Vell. 16, 1 heranziehen, die vom mand. ut pro Titio fideiubeas handeln und dieses deutlich als Interzession bezeichnen. Man könnte ferner auf die höchst interessante l 19 § 4 eod., über die S. 154 zu vergleichen ist, hinweisen, wo eine dem KrA sehr verwandte Gefahrübernahme mit Beziehung auf eine Forderung als intercessio bezeichnet wird. Die Hauptsache ist, wie auch l 6 pr. §§ 1, 2 Cod. ad Sc. Vell. 4, 29 klar zum Ausdruck bringt, daß der KrMt eine ihm materiell fremde Obligation auf sich nimmt.

alio contractu intercesserint, in Verbindung mit l 18 Cod. h. t. und besonders l 19, 22 Cod. de fid. 8, 40 (41), Nov. IV c. 1 (‚intercessores‘), l 10 Cod. h. t.[1] lassen keinen Zweifel über den Interzessionscharakter des KrA:[2] l 22 Cod. cit. sagt: si ultra hoc, quod accepit ea, pro qua te mandatorio nomine intercessisse commemoras, daturum te scripsisti, praeses provinciae ex hoc, quod ultra mandatum tuum numeratum est, a te nihil exigi patietur.[3] Dies mag zunächst befremden, wenn man der bekannten l 8 § 1 D. eod. (16, 1) gedenkt[4] und erwägt, daß die Quellen (vgl. besonders l 28 D. h. t.) die Obligation des KrMt ausdrücklich als neue, selbständige Verbindlichkeit bezeichnen. Aber es ist doch der KrA ganz offensichtlich insofern eine Interzession, als der KrMt, um einem Dritten ein Darlehen zu verschaffen, eine Verbindlichkeit übernimmt, die jene principale Obligation sicherzustellen bestimmt ist, eine Verbindlichkeit, von der der KrMt erhofft, daß er sie infolge Zahlung des Dritten nicht werde zu realisieren brauchen: das ist das Entscheidende.[5] Auf die Form, in der interzediert wird, kommt eben nach l 2 § 4 D. 16, 1 nichts an, das Prinzip des Sc. Vell. greift nach der erweiterten Auslegung, die dem Senatuskonsult im Fortgang der Zeiten mit Recht zuteil geworden ist (vgl. l 1 pr. eod. von Paulus und die zit. l 2 § 4 von Ulpianus) stets Platz, wenn

---

[1] Überall ist der Ausdruck intercedere für den KrA gebraucht. l 21 Cod. de fid. 8, 40 (41) wird wohl auch auf den mandator zu beziehen sein. Zweifelhaft ist, ob § 5 J. h. t. (‚intercedit‘) hierher gehört.

[2] Ebenso fast die gesamte Literatur. Vgl. Sintenis a. a. O. S. 835 und dessen Aufsatz „v. d. Intercessionen“ in d. Zschft. f. Civilrecht u. Proc. v. Linde Bd. 10 S. 82 ff.

[3] Über die merkwürdige Wortstellung dieser Stelle vgl. Mommsen, Cod. S. 353 Anm. 4. Man kann allen eben zitierten Stellen gegenüber nicht einwenden, der Begriff intercedere sei hier im weiteren Sinne gebraucht, in dem er in den Quellen ebenfalls vorkommt — vgl. l 30 pr., l 21 D. eod., Windscheid a. a. O. S. 1055 Anm. 2, Deurer a. a. O. S. 409 — und jede Übernahme fremder Verbindlichkeit schlechthin umfaßt, während der engere Sinn von intercedere bedeutet „in einer unter das Sc. Vell. fallenden Weise intercedieren“. Das ist unmöglich: die Parallelisierung des fideiussor und mandator in den genannten Stellen zwingt dazu, auch für den KrA den Begriff intercedere im engeren Sinne zu fassen.

[4] Auch l 13 pr. D. eod. kommt in Frage.

[5] Vgl. Windscheid, Pand. II S. 1055 Anm. 3 und die dort Zitierten, insbesondere Girtanner.

nur wirtschaftlich und faktisch fremde Verbindlichkeit übernommen wird.[1]

a) Somit wird zweifellos nach römischem Rechte die einen KrA erteilende Frau gegen die actio mandati contraria des KrMar durch die exceptio Sci. Velleiani, die nicht einmal eine naturalis obligatio übrig läßt, geschützt (l 1 pr., l 2 pr. § 1 D. eod.), und für die Ausnahmen von dieser Regel gilt dasselbe wie für alle Interzessionen (vgl. l 2 § 3, l 4 pr., l 6, 11, 16 pr., 21, 22, 27 pr., 28 § 1 D. eod., Dernburg, Pand. Bd. II. S. 227 ff.).

b) Justinian hat am Interzessionsrecht vieles geändert, was insgesamt auch den KrA betrifft. Es sei hier nur auf die einschlagenden Gesetze (l 22—28 Cod. ad Sc. Vell. 4, 29, Nov. 134 c. 8) verwiesen.

Übrigens kann man den KrA nicht schlechthin als Interzession bezeichnen. Ein KrA besteht auch schon vor erfolgter Kreditgewährung, wenn der Annahmewille des KrMar vorher erklärt ist: aber von einer Interzession kann natürlich erst nach Kreditgewährung die Rede sein.[2] Und dann ist der KrA niemals Interzession, wenn infolge der Kreditgewährung keine Verbindlichkeit für den Dritten entsteht, denn Interzession ist Haftungsübernahme für eine fremde Verbindlichkeit.[3]

2. Im Zusammenhang mit dem Sc. Velleianum ist einiger ähnlicher, gleichwie für den Bürgen, so auch für den KrMt geltender Vorschriften zu gedenken, die die persönliche Unfähigkeit (und zwar die absolute, nicht nur Einreden erzeugende) bestimmter

---

[1] Nur so ist die an sich eigentümliche l 19 Cod. de fid. 8, 40 (41) zu verstehen, die von einem alienam obligationem mandatorio nomine suscipere spricht: das suscipere ist nicht juristisch, sondern tatsächlich aufzufassen. Daß die Römer das alienam obl. suscipere in diesem freieren Sinne aufgefaßt haben beweist l 19 § 2 D. ad Sc. Vell. 16, 1, wo von einem dem KrA ähnlichen Fall gesagt ist: quasi quodammodo eorum obligationes mulier susceperit.

[2] Hasenbalg, Beitr. S. 83 Anm. 1 ebenso.

[3] Das ist der in Frage kommende Fall, nicht der von Michels a. a. O. S. 35 c. angeführte, der überhaupt gar kein KrAs-Fall ist. Außer jenem formellen Grunde wäre noch auf den tieferen hinzuweisen, daß beim Fehlen der Verbindlichkeit des Dritten der KrA ganz rein seine selbständige, vom Inhalt des Kreditgeschäfts unabhängige Natur zeigt: das suscipere al. obl. fehlt dann.

Personen, KrMt zu sein, statuieren: so können Soldaten und Kurialen einen KrA zugunsten von conductores nicht erteilen, siehe darüber l 30, 31 Cod. de loc. et cond. 4, 65.

3. Einen singulären Fall der Ungiltigkeit des KrA wie der fideiussio, die die Rückgewähr einer dos betreffen, unter bestimmten Voraussetzungen siehe in l 2 Cod. ne fid. v. mand. 5, 20.[1]

4. Die ursprünglich nur für mehrere Fidejussoren bestimmte[2] epistula divi Hadriani[3] wurde später auf mehrere mandatores angewendet und gewährte ihnen das Recht auf Teilung, d. h. der beklagte KrMt konnte verlangen, daß der Gläubiger seine Forderung unter alle zur Zeit der Klage solventen KrMten „teile", von jedem nur den sich hiernach berechnenden Teil fordere, gleichgiltig, ob sich die KrMten gemeinsam und gleichzeitig oder unabhängig voneinander[4] verpflichtet haben,[5] l 7 D. de fid. et nom.: si fideiussores, qui rem salvam fore pupillo caverant, tutorem adulescens ut ante conveniret petierant atque ideo stipulanti promiserunt se reddituros quod ab eo servari non potuisset: placuit inter eos, qui solvendo essent, actionem residui dividi, quod onus fideiussorum susceptum videretur: nam et si mandato plurium pecunia credatur, aeque dividitur actio: si enim quod datum pro alio solvitur, cur species actionis aequitatem divisionis excludit? l 3 Cod. de const. pec. 4, 18: Divi Hadriani epistulam, quae de periculo dividendo inter mandatores et fideiussores loquitur, locum habere et in his qui pecunias pro aliis simul constituunt necessarium est: aequitatis

---

[1] Darüber, daß solch ein Auftrag ein KrA ist, vgl. S. 5. Zweifelhaft ist, ob auch die singuläre Vorschrift der l 1 §§ 20, 19 D. siquid in fraud. 38, 5, den libertus, der als mandator auftritt, und die actio Faviana betreffend, aus einem Einfluß der verwandtschaftlichen Beziehungen von KrA und fideiussio zu erklären ist. Besonderes Interesse bietet übrigens diese Stelle ebensowenig als die zit. l 2 Cod. 5, 20.

[2] Justinian freilich behauptet in l 3 Cod. de const. pec. 4, 18, daß sie auch für Mit-Mandatoren erlassen worden wäre, ebenso Krüger a. a. O. S. 539, aber irrig. Dagegen auch Michels a. a. O. S. 75.

[3] § 4 J. de fid. 3, 20, Gaius Inst. III 121, 122, l 1 § 11 D. de tut. et rat. distr. 27, 3, l 10 pr., l 26, 27 § 1, § 4 i. f., l 48 § 1, 43, 51 § 2 D. de fid. 46, 1.

[4] Vgl. Girtanner, Arch. f. d. civ. Pr. Bd. 43 S. 275 ff., Brinkmann a. a. O. S. 246.

[5] Dieses Teilungsprinzip gilt auch im Verhältnis zwischen dem klagenden KrMt gegen seine Mit-KrMten, vgl. Knorr, — zit. Anm. 2 S. 22 — S. 174.

enim ratio diversas species actionis excludere nullo modo debet, vgl. l 59 § 3 D. h. t., Nov. 99. Bei Abwesenheit des Mit-KrMt, oder wenn der beklagte KrMt seine Verpflichtung leugnet, fällt das später sogenannte beneficium divisionis[1] weg. Dies beneficium bedeutet eine Abschwächung der Solidarität; das innere Verhältnis der mehreren KrMten untereinander berührt es natürlich in keiner Weise, soweit jenes auf besonderer Vereinbarung beruht.

5. Justinian greift wie in das Recht der Bürgschaft so in das des KrA tief ein durch Gewährung des beneficium excussionis an Fidejussoren, Mandatoren und Konstituenten, Nov. 4 c. 1, vgl. c. 2. Die contraria gegen den KrMt kann jetzt nur noch dann und insoweit geltend gemacht werden, wenn und soweit der Dritte bereits erfolglos durchexequiert ist. Das beneficium excussionis begründet allerdings lediglich eine Einrede, die Beweislast trifft aber den Gläubiger. Die Einrede entfällt bei Verzicht, bei Konkurs oder offenkundiger Insolvenz des Dritten, bei Abwesenheit desselben. Die Verbindlichkeit aus dem KrA ist jetzt von Gesetzes wegen eine subsidiäre geworden, eines pactum indemnitatis bedarf es insoweit nicht mehr,[2] vgl. jedoch hierzu S. 126.

V. Es bleibt ein weder dem gemeinen Mandats- noch dem besonderen KrAs- noch dem Bürgschaftsrecht entstammender singulärer Rechtssatz des KrA zu besprechen übrig; er ist aus der Rücksicht auf den im Sc. Macedonianum enthaltenen singulären Darlehenssatz zu erklären, l 9 § 3 D. de Sc. Mac. 14, 6: non solum filio familias et patri eius succurritur, verum fideiussori quoque et mandatori eius, qui et ipsi mandati habent regressum, nisi forte donandi animo intercesserunt: tunc enim, cum nullum regressum habeant, senatus consultum locum non habebit. sed et si non donandi animo, patris tamen voluntate intercesserunt, totus con-

---

[1] In den Quellen „auxilium divisionis", vgl. l 10 § 1 D. de fid. 46, 1.

[2] Die — richtig zu verneinende — Frage, ob nach justinianischem Rechte der Gläubiger auf Grund der beneficia excussionis und cedendarum actionum dem fideiussor gegenüber diligenzpflichtig sei, kann für den KrA nicht aufgeworfen werden, da die Diligenzpflicht aus der Natur desselben folgt und von vornherein vorhanden war. Es bedarf übrigens wohl kaum einer Erwähnung, daß das später sog. beneficium cedendarum actionum für den KrA keine Bedeutung hat, da die Zessionspflicht des KrMar ohnedies aus dem KrA folgt.

tractus a patre videbitur comprobatus. Zweierlei ist hieran auffällig: einmal wird in der Stelle dem KrMt wirklich eine Einrede gegeben, die sich nicht aus der Natur des KrA erklären läßt, sodann wird die Haftung oder Nichthaftung des KrMt vom Nichtbestehen oder Bestehen eines wirksamen Regreßverhältnisses abhängig gemacht, was nach dem oben (S. 33) Gesagten durchaus regelwidrig ist. Aus dem Wesen des KrA die Stelle zu begreifen, ist unmöglich, aber nur oberflächliche Betrachtung wird andererseits behaupten können, es liege einfach ein Einfluß des Bürgschaftsrechts vor, indem dem KrMt Einreden aus der gesicherten Obligation gegeben werden. Der Gesichtspunkt, mit dem die Stelle operiert, ist vielmehr lediglich der, daß durch Stellung eines KrMt die Vorschrift des Sc. Macedonianum nicht umgangen werden soll. Hätte KrMt die Einrede ex Sc.° Mac.° nicht, so müßte er zahlen und könnte dann, wenn er selbständigen [1] Regreß hätte, das Gezahlte vom Dritten, dem filius familias, wieder beitreiben. Gerade das muß aber verhindert werden, der Haussohn soll Gelddarlehen nie zu bezahlen haben — weder direkt noch indirekt —, soweit sie nicht unter Zustimmung oder Genehmigung des Hausvaters oder in dessen Interesse aufgenommen wurden. Der Regreßklage des KrMt gegenüber hätte der Haussohn die exceptio Sc.ⁱ Mac.ⁱ nicht, da nicht aus dem Darlehen, sondern einem Auftragsverhältnis, das an sich mit jenem gar nichts zu tun hat, geklagt wird. In diesem Falle muß also im Interesse des Dritten und des Sc. Mac. eine Ausnahme gemacht und dem KrMt eine Einrede aus der Person des Schuldners gegeben werden.[2] Wenn dagegen

---

[1] Der actio cessa hingegen steht eo ipso die exceptio Sc.i Mac.i als einer Darlehensklage entgegen.

[2] Man fragt: Warum nicht direkt dem Dritten die exceptio Sc.ⁱ Mac.ⁱ gegen die Mandatsregreßklage geben? Doch verbot dies 1. das Senatuskonsult selbst, das sich ausdrücklich nur auf Darlehensklagen, nicht auch andre Klagen bezog, 2. gebot die Rücksicht auf den Dritten, daß dieser durch Befreiung des KrMt überhaupt von Regreßklagen, gegen die er sich doch erst wehren müßte, befreit werde, 3. war die Rücksicht auf den KrMt maßgebend: hätte man dem Dritten die macedonianische Einrede für das Regreßverhältnis gegeben, so hätte der KrMt stets dem Gläubiger gehaftet und hätte stets allein den Schaden getragen, so hingegen, wie unsre Stelle vorschreibt, ist, wie noch im folgenden klar werden wird, eine weit billigere

der Drittschuldner anderweit gehörig geschützt ist, bleibt auch der KrMt in vollem Umfang verhaftet, so wenn KrMt den KrA donandi animo erteilt hat. Dann kann dieser mit Erfolg nicht Regreß nehmen, da ihm die Einwendung des Verzichts auf den Regreß entgegensteht. Nur deshalb ist das Regreßverhältnis in unserem Falle von entscheidender Bedeutung für die Haftung oder Nichthaftung des KrMt; hat er Regreß, so hat er die exceptio Sc.i und haftet nicht, hat er keinen Regreß (Fall des donandi animus), so hat er die Einrede nicht, haftet also. Es wird zugleich klar, daß Regreßnehmen im Sinne der Stelle nicht auch das Sicherholen des KrMt beim Drittschuldner leliglich auf Grund der actio cessa umfaßt. Denn der actio cessa gegenüber, der er ja stets die exceptio Sc.i entgegensetzen kann, ist der Dritte völlig geschützt, eine Ausnahmevorschrift ist hier überflüssig.[1] Kann sich also KrMt nur auf Grund der actio cessa erholen, so hat er die Einrede gegenüber dem klagenden KrMar nie, so wenig er sonst Einreden aus dem Schuldverhältnis des Dritten herleiten kann, er muß unweigerlich zahlen.[2]

Unwillkürlich fragt man sich nun nach dem Verhältnis zwischen l 9 § 3 cit. und l 12 § 13 D. h. t. Kommt nicht für die erstere Stelle in Frage, ob der KrMt bei Erteilung des KrA gewußt hat, daß das Darlehen dem Sc. Mac. zuwider gegeben werde oder nicht? Da l 12 § 13 cit. nicht unterscheidet, ob KrMt Regreß hat oder nicht, muß sie auch für den Fall gelten, daß der KrMt Regreß nehmen kann. Dann weicht sie aber von der Vorschrift der l 9 § 3 cit. insofern ab, als sie den KrMt auch bei Regreßmöglichkeit haften (teneri) läßt, d. h. ihm die exceptio Sc.i versagt, während an sich dann der KrMt nach l 9 § 3 cit. nicht haften würde. Hier macht sich aber unwiderstehlich die normale KrAs-Natur wieder geltend: versagt wird ihm die exceptio hier ganz

---

und individuellere Regelung getroffen, indem auch der Gläubiger in bestimmtem Falle von dem Schaden betroffen wird.

[1] Überdies umfaßt regredi nach dem Sprachgebrauch der Quellen auch nie das Zurückgreifen mittels der actio cessa, welches als echter Regreß gar nicht erachtet werden kann.

[2] Es kommt auch nichts darauf an, ob der KrA donandi animo erteilt war oder nicht, denn der Dritte haftet dem KrMt hier in keinem Falle.

natürlich deshalb, weil das Schadloshaltungsversprechen gerade für den Fall gegeben wird, daß das Darlehen in einer dem Sc. Mac. widersprechenden Weise gegeben werde: darin liegt ein Verzicht auf die exceptio Sc.i Mac.i, mindestens würde aber der Geltendmachung derselben eine replica doli entgegengesetzt werden können. Darum kann im Falle der l 12 § 13 cit., was das Verhältnis zwischen KrMt und KrMar anlangt, der in l 9 § 3 cit. aufgestellten Regel nicht nachgegangen werden. Aber natürlich kann der durch die l 9 § 3 cit. dem Dritten gewährleistete Schutz auch in solchem Falle diesem nicht verloren gehen. Man könnte ja folgern: da nun KrMt die exceptio Sc.i gegen den KrMar nicht hat vorschützen können, er aber den KrA auch nicht donandi animo erteilt hat, so kann er gegen den Dritten erfolgreich Mandats- oder Gestionsregreß nehmen. Das darf nicht sein. Dem Dritten gegenüber gilt der Sachstand so, als ob KrMt die exceptio Sc.i mit Erfolg gegen den Gläubiger vorgeschützt hätte: daß sie KrMt in concreto nicht hat geltend machen können, hat er — vermöge seines Wissens um die senatuskonsultswidrige Darlehensgewährung — selbst zu vertreten. Stets kann es sich nur darum handeln, ob, wenn das Sc. Mac. in Frage kommt, der KrMt oder der Darlehensgläubiger den Schaden zu tragen hat: der Dritte, der Haussohn, soll nie in Anspruch genommen werden können, weder direkt noch indirekt. Wer von den andern beiden in concreto den Verlust tragen soll, entscheidet sich nach dem konkreten KrAs-Verhältnis. Hat KrMt nichts von der Verletzung des Sc. Mac. gewußt, so ist es billiger — da nun einmal der Dritte geschützt werden muß —, ihm die exceptio zu geben, also ihn nicht haften zu lassen, sondern den, auf dessen Rechnung und unmittelbare Gefahr die Kreditierung ging und der vor allem die Pflicht gehabt hätte, sich über die Verhältnisse des Haussohns zu erkundigen. Im umgekehrten Falle, insbesondere wenn der KrA gerade mit Rücksicht auf das eventuelle Eingreifen der Macedonianischen Vorschrift erteilt war, verlangt die Billigkeit die umgekehrte Entscheidung.[1]

---

[1] Befremdlich bleibt die Nichthaftung des KrMt im ersten Falle jedenfalls, wenn man lediglich das KrAs-Verhältnis ins Auge faßt und erwägt, daß die Haftung des KrMt eine inhaltlich durchaus selbständige ist. Aber mildernd dürfte anzuführen sein, daß wohl in den allermeisten Fällen,

Fassen wir das Ausgeführte zusammen, so ist zu sagen: Von der KrAs-Regel, daß der KrMt nicht die Einreden des Dritten gegen KrMar hat, gibt es eine Ausnahme, und diese betrifft die exceptio Sc.i Mac.i Diese steht dem KrMt aber nur zu, wenn folgende drei Voraussetzungen vorhanden sind: der KrMt muß Mandats- oder Gestionsregreß gegen den Dritten haben, er darf den KrA nicht donandi animo erteilt haben, es muß ihm bei der Kreditgewährung unbekannt, auch darf es ihm nicht infolge von Fahrlässigkeit unbekannt gewesen sein, daß der Dritte das Darlehen contra Sc. Mac. empfing. Wie immer, bestätigt die Ausnahme die Regel: gerade der Grund, weshalb hier eine Ausnahme Platz greift, nämlich die Rücksicht auf das Sc. Mac., macht klar, daß die bezeichnete Regel dem Wesen des KrA entspringt. Aufs deutlichste geht zugleich aus dem Sinn und Zweck der l 9 § 3 cit. hervor, daß diese Stelle keinesfalls durch eine Einwirkung des Fidejussionsrechts auf den KrA zu erklären ist, denn selbst, soweit sie direkt vom Fidejussor spricht, hat sie mit dem Prinzip des Fidejussionsrechts: Einreden des Hauptschuldners sind auf Einreden des Bürgen, nicht das Geringste zu tun, da sie lediglich aus dem Geiste des Sc. Mac. heraus geboren ist. Und gar von einer Schlußfolgerung, wie sie in der oberflächlichsten Weise in der Literatur[1] mehrfach vorgetragen worden ist: aus der Stelle folge, daß alle Einreden des Dritten auch dem KrMt zuständen, kann nicht entfernt die Rede sein.

VI. Erwägen wir rückschauend, aus welch verschiedenartigen Rechtssätzen sich das Recht des römischen KrA zusammensetzt, so können wir uns des Eindrucks der willkürlichen Buntheit nicht erwehren. Die verschiedensten Rechtsnormengruppen haben zum Rechte des KrA Rechtssätze beigesteuert, und wenn auch die Mandatsauffassung in der Konstruktion des KrA bei weitem am tiefsten

wenn der Dritte ein Haussohn war, die Haftung gerade mit Rücksicht auf das Sc. Macedonianum übernommen wurde, ein Umstand, der die Nichthaftung des KrMt ausschließt. Auch der Satz, daß der KrMt stets haftet, wenn er nur die actio cessa zum Regredieren hat (was, wie erwiesen, indirekt aus l 9 § 3 cit. folgt), ist praktisch wenig bedeutsam, da das vollständige Fehlen des Mandats- oder Gestionsregresses wohl ziemlich selten war. Übrigens fordert gerade in diesem Falle die Strenge der Rechtslogik zwingend die Haftung des KrMt.

[1] Besonders bedauerlich BEKKER, Proz. Kons. S. 200.

wirksam gewesen ist, so finden wir höchst wichtige Sätze, die zwar der Natur des mit dem KrA verbundenen Zweckes, aber nicht dem Mandatsrecht gemäß sind (unter III.). Läßt sich dies Konglomerat von Rechtssätzen trotz seiner Buntscheckigkeit auf einen einfachen, einheitlichen Grundgedanken zurückführen? Das ist entschieden zu bejahen, es soll im folgenden versucht werden, die wahre Natur des KrA aus dem Geiste des römischen Rechtes dogmatisch zu entwickeln. Ein Exkurs über die geschichtliche Entwicklung des KrA und seine wahre systematische Stellung wird die Erörterungen des romanistischen Teiles beschließen.

II. Dogmatische Darstellung.

§ 2.

1. Der Kreditauftrag: kein Auftrag.

Die in der Überschrift gegebene präzise Behauptung bedarf des dogmatischen Nachweises. Die Argumente lassen sich nach drei Gesichtspunkten gruppieren; sie ergeben sich 1. aus dem Begriff des Mandatskontrakts, 2. dem Willen der KrAs-Parteien, 3. aus der Betrachtung der geschichtlichen Entwicklung des KrA.

I. Welches ist der normale Fall des Auftrags?

1. Sempronius will ein Rechtsgeschäft oder eine sonstige Handlung, deren Ausführung ihm mit Rücksicht auf seine Vermögensinteressen oder aus andern, in seiner gemütlichen Verfassung liegenden Gründen (Affektionsinteressen) notwendig oder nützlich scheint, vornehmen. Da äußere Umstände (Krankheit, längere Reise, geschäftliche Überlastung) oder mangelnde Sach- oder Rechtskenntnis (Viehkauf, Prozeßführung, Bankgeschäfte) ihm die persönliche Besorgung seiner Angelegenheit unmöglich machen, beauftragt er seinen Bekannten Titius, die Handlung für ihn, der verhindert sei, in freundschaftlicher Weise zu besorgen; er gibt ihm die näheren Anweisungen, indem er ihn mit den Interessen, die er bei Vornahme des Geschäfts verfolgt, bekannt macht, Titius soll in allem in Vertretung des Sempronius so handeln, als führe dieser das Geschäft selbst aus, er soll Sempronius' Interessen und

Intentionen zu den seinigen machen. Titius erklärt sich bereit, die Handlung aus Gefälligkeit für ihn auszuführen.

Dreierlei ist hiernach für den Auftrag, ob er nun Rechts- oder faktische Handlungen zum Gegenstande hat, charakteristisch: 1. Die aufgetragene Handlung wird auf Rechnung des Mt als dessen eigene Angelegenheit ausgeführt, deren Wirkungen auf ihn als rechtliches und wirtschaftliches Subjekt zu übertragen sind; 2. die Absicht des Mt ist ausschließlich auf Ausführung der aufgetragenen Handlung durch den Mar gerichtet; 3. die Ausführung des Auftrags ist ein Freundschaftsdienst, der unentgeltlich geleistet wird. Mit Rücksicht auf das letztere Wesensmoment ist es natürlich, daß dem Mar etwaige Auslagen, die er bei und in Ausführung des Geschäfts gehabt hat, erstattet werden müssen, denn der Mar ist nur Mittelsperson, den, so wenig ihm die Vorteile des Geschäfts zugute kommen, so wenig auch die zu seiner Vornahme notwendigen Aufwendungen treffen dürfen.

2. Es ist leicht nachzuweisen, daß der soeben geschilderte Mandatstypus auch der des römischen Rechts ist und daß der spezifische Gegenstand des römischen Auftrags das negotium proprium des Mt ist, d. h. ein Geschäft faktischen oder rechtlichen Inhalts, das auf Rechnung des Mt ausgeführt werden soll, dessen gesamter, sei es wirtschaftlicher, sei es rechtlicher Erfolg unmittelbar das Vermögen des Mt berühren soll.[1]

a) Die allgemeine konstruktive Gestaltung des römischen mandatum ist die getreue Widerspiegelung des unter 1. geschilderten Normalfalls des Auftrags. Das Fundament des Instituts ist die

---

[1] Die gemeinrechtliche Literatur freilich — vgl. nur Windscheid a. a. O. S. 744 und Dernburg a. a. O. S. 318 — verzichtet mit Rücksicht auf die konkrete Ausgestaltung des römischen Mandatsrechts meist vollständig auf eine Definition, um alle im römischen Recht als mandata bezeichneten Aufträge im Mandatssystem unterbringen zu können, und stellt gewöhnlich als einzige Schranke auf: der Auftrag dürfe nie im ausschließlichen Interesse des Beauftragten erteilt sein. Warum das römische Recht dem Mandatstypus fremde Geschäfte ins Mandatsrecht gestellt hat, s. S. 87. Aber es ist — im Interesse juristischer Schärfe und Klarheit — nötig, den bunten Inhalt des römischen Mandatsrechts kritisch zu sondern und den zufälligen vom natürlichen abzuscheiden. Das Prinzip des römischen Rechts in diesem Punkte ist unverkennbar.

actio mandati directa des Mt, ihre Hauptfunktion, den Mar zur Ausführung des Auftrags zu zwingen, ihre zweite Funktion, ihn zur Herausgabe des infolge des Auftrags Erlangten zu veranlassen. Ergänzend steht daneben die actio mandati contraria des Mar, mit welcher dieser etwaige Auslagen ersetzt verlangen kann. Das ganze Geschäft ist ein unvollkommen zweiseitiger Vertrag, wie dies eben schon in den Namen directa und contraria zum Ausdruck kommt: d. h. die Parteien stehen nicht in wechselseitigem Verpflichtungsverhältnis, sie sind nicht in der Weise beide Gläubiger und Schuldner zugleich, daß die Leistung des einen als Äquivalent der des anderen gegeben und gewollt wird, sondern berechtigt ist an sich allein der Mt, der Mar ist an sich nur verpflichtet: es kann ein Auftrag bestehen, ohne daß Mar vom Mt das Geringste zu fordern hätte (so wenn keine Auslagen entstanden sind); ob also eine contraria da ist, hängt von zufälligen Umständen ab.

Basiert ein derartig gebautes Mandat nicht deutlich auf dem proprium negotium des Mt? Haben wir in der Klage des Mt auf Ausführung und Herausgabe des Erlangten nicht den schlagenden Ausdruck des prinzipiell vorhandenen dominus-Willens des Mt?[1] Insbesondere die absolute Herausgabepflicht ist ja nur möglich, wenn dem Mt wirtschaftlich und rechtlich das aufgetragene Geschäft allein zugehört, nur dann ist sie juristisch erklärbar.[2] Ist das Ge-

[1] Dasselbe gilt auch von der Widerruflichkeit des römischen Mandats, solange res integra ist. Ein solches Widerrufsrecht ist nur denkbar, wenn dem Mt die absolute Herrschaft über das aufgetragene Geschäft zusteht. Die ganze Art, wie die Römer ihr Mandat als Rechtsinstitut konstruieren, beweist, daß sie als Voraussetzung desselben das neg. propr. des Mt fordern.

[2] Selbstverständlich kommt es nicht darauf an, daß bei jedem konkreten Mandat eine Herausgabepflicht bestehe, es sind auf die Besorgung tatsächlicher (nicht rechtlicher) Angelegenheiten gerichtete Mandate möglich, bei denen seitens des Mar nichts erlangt wird, also nichts herauszugeben ist. Aber darauf kommt es an, ob, wenn Mar etwas aus dem Mandat erlangt, dem Mar dies herauszugeben ist; darf Mar das Erlangte behalten, so fehlt echtes Mandat. Über eigentümliche Mandate, bei denen die Herausgabepflicht fehlt, vgl. Windscheid a. a. O. S. 753 ff. Solche Aufträge auf Erhebung einer Leistung bei einem Dritten erklären sich so: Bitte erhebe 100 Mark für mich bei C: gewöhnlicher Auftrag mit neg. propr. des Mt, dem C 100 Mark schuldet. Ich schulde dir 100 Mark, wir rechnen auf: du brauchst also nicht herauszugeben. Ebenso erklären sich die Aufträge auf Leistung an einen Dritten: Zahle an Dritten für mich 100 Mark:

schäft ausgeführt, so ist nach römischem Rechte der Mandatszweck erfüllt, sofort ist alles herauszugeben, sofort sind alle Auslagen zu erstatten. Wie bezeichnend auch die Klagen: actio directa und contraria! Auf jener ruht die Mandatsobligation, ihr Inhalt ist der Wesensinhalt der Obligation: also Ausführung und Herausgabe des aus dem Mandat Erlangten. Die contraria ist nur der Anhang, die eiserne Konsequenz davon, daß das Geschäft auf Rechnung des Mt ging, sie ist nur die nicht wesensnotwendige, von der Billigkeit geschaffene Ausgleichsklage. Wie deutlich kommt in diesem Verhältnis zum Ausdruck, daß die directa, wenn anders ein Mandat vorliegen soll, in ihren beiden Funktionen nie fehlen darf,[1] daß ein Geschäft, bei dem die actio mandati contraria die alleinige Klage wäre, vom Standpunkt des Mandats aus sinnlos und alles andere, nur kein Mandat ist![2]

b) Ganz in Kürze sei noch anderer Quellenzeugnisse für unsere Ansicht über den Typus des römischen Mandats gedacht:

α) Die bekannte Celsus-Stelle l 48 § 1 D. h. t. macht den Mandatsbegriff offensichtlich vom Vorhandensein eines negotium meum, d. h. eines Geschäfts auf Rechnung des Mt, abhängig.

β) In den Quellen wird der Mar, für den ein besonderer Name nicht existiert, mit Vorliebe als procurator, d. h. indirekter Stellvertreter, bezeichnet, l 10 § 7 D. h. t. (animo procuratoris), l 8 § 3, l 49, l 10 § 8 eod., l 62 (61) § 5 D. de furt. 47, 2, l 11, 12 Cod. h. t., Muster eines echten Mandats l 60 § 4 D. h. t.[3]

---

gewöhnliches Zahlungsmandat auf meine Rechnung, aus dem ich dir ersatzpflichtig bin. Du bist mir 100 Mark schuldig: Also rechnen wir deinen Regreß gleich auf. Man sieht: Herausgabe- bez. Ersatzpflicht ist in diesen Fällen echter Mandate vorhanden, nur wird aufgerechnet.

[1] A. M., was die directa auf Ausführung anlangt, z. B. Plucinsky, Zur Lehre von der Assignation und Delegation, Arch. f. d. civ. Pr. Bd. 60, S. 307, 331, Witte, Krit. Vierteljahrschrift f. Gesetzgebung u. Rechtswissenschaft Bd. 8 S. 350ff., vgl. Stammler a. a. O. S. 119f., bes. Anm. 257.

[2] Der dominus-Wille des Mt kann natürlich auch ein von einem anderen abgeleiteter sein, dessen indirekter Stellvertreter (Mar; nicht anders, wenn neg. gestio vorliegt) der Mt ist. Z. B. ich beauftrage einen anderen, die Geschäfte eines Dritten zu führen, und ich bin selbst mit diesem Auftrag von dem Dritten beauftragt. Diesen Fall eines echten Mandats haben im Auge §§ 3, 4 J. h. t., l 2 §§ 2, 3 D. h. t., l 8 § 3 eod., l 27 (28) D. de neg. gest. 3, 5.

[3] Vgl. auch den tit. Dig. de proc. et def. 3, 3, insbesondere l 1 pr.

γ) Die Stellen, in denen von der actio directa auf Ausführung die Rede ist, enthalten stets ein negotium proprium des Mt, vgl. l 62 (61) § 5 D. de furt. 47, 2, l 27 (28) D. de neg. gest. 3, 5, l 6 § 1, l 8 § 3, l 27 § 2 D. h. t., vgl. l 17 § 3 D. comm. v. c. 13, 6.

δ) Das Parallelinstitut des Mandats, die negotiorum gestio, hat zur Grundlage Führung von Geschäften für einen anderen, d. h. für einen, der dominus dieser Geschäfte sein, auf dessen Rechnung die Geschäfte gehen sollen[1]: daß nur der Auftrag fehlt, um die Geschäftsführung zum mandatum zu machen, sprechen die Quellen öfters indirekt aus, vgl. l 1—3 D. de neg. gest. 3, 5, § 1 J. de o. qu. e. c. 3, 27, l 5 pr. D. de o. e. a. 44, 7, also ist, wie zu schließen ist, das negotium meum Grundlage des Mandats.[2]

Man darf nach diesem Quellenstande den Auftrag des römischen Rechtes wohl definieren als „Vertrag, vermöge dessen sich jemand verpflichtet, ein Geschäft für einen anderen auf dessen Rechnung und Gefahr unentgeltlich auszuführen."[3] So erst erhält die Mandatsdefinition individuelle Färbung und das Mandat einen eigenartigen Inhalt: was jenseits der Definitionsgrenzen liegt, ist kein Mandat.

3. Wenn das grundlegende Moment, das den Auftrag erst zur eigentümlichen Geschäftsart erhebt, das neg. proprium des Mt ist, wie steht es dann mit dem als Auftragsrequisit so oft und ausschliesslich betonten Interesse des Mt an der Ausführung? Selbstverständlich muß zu dem dominus-Willen des Mt, damit ein giltiges

---

[1] Über die Definition des negotium alterius bei der neg. gestio vgl. Windscheid a. a. O. S. 853 Anm. 1.

[2] Vgl. über die neg. gestio Dernburg a. a. O. (Bd. 2) S. 331 ff.

[3] Diese materielle Definition des Auftrags als spezifischen Rechtsinstituts ist also wohl zu scheiden von jenem allgemeinen, systematisch-formalen Mandatsbegriff des römischen Rechts, unter dem dieses alle seine mandata einschließlich der fremdartigen Geschäfte in Mandatsform, die es herausgebildet hatte, zusammenfaßte und mit dem sich die Literatur bisher ausschließlich beschäftigt hat. Dieser letztere Begriff ist es, den man negativ — s. o. Anm. [1] S. 67 — definiert hat, weil man ihn positiv nicht definieren konnte, er hat Burchardi, Lehrb. d. röm. R. Bd. 2 S. 789 zu dem für die ganze Literatur typischen Ausspruch veranlaßt, der Gegenstand des Mandats brauche kein neg. meum des Mt zu sein. Ist der wahre Mandatstypus erkannt, so fällt dieser innerlich hohle Begriff in nichts zusammen. Vgl. Anm. [1] S. 76.

Mandat mit actio directa entstehe, Interesse des Mt an der Ausführung[1] hinzukommen, denn zur Begründung einer Obligation gehört stets Interesse des Gläubigers, sei es vermögensrechtliches[2] oder ideelles, welch letzteres im Mandatsrecht ja ausdrücklich vom römischen Recht anerkannt wird. Gerade deshalb aber gehört das Moment des notwendigen Interesses nicht in die Mandatsdefinition, wird doch auch bei anderen Forderungstatbeständen das Interesse als notwendige Voraussetzung nicht besonders betont. Wenn das römische Recht von einem mandatum mea, tua gratia spricht, so meint es damit auch keineswegs ein Mandat, an dem Mt oder Mar Interesse hat: denn wenn weiter nichts erforderlich wäre als Interesse an der Ausführung, so wäre über das Mandat als spezifische Obligationsart noch gar nichts gesagt. Zwar hat jeder Mt, der ein negotium proprium ausführen läßt, an der Ausführung ein Interesse, aber wer Interesse an der Ausführung hat, von dem ist noch gar nicht gesagt, daß die Handlung ein negotium proprium für ihn darstellt. Wäre nur Interesse erforderlich, so wäre der Auftrag: „Gib mir ein Darlehen" ein mand. mea gratia und echter Auftrag, während in Wirklichkeit davon nicht geredet werden kann, da ein negotium proprium des Mar vorliegt, zu dem aufgefordert wird. Mandatum mea gratia bedeutet vielmehr in den Quellen das Mandat mit neg. proprium des Mt, wie aus l 2 § 1 (si negotia mea geras), l 6 §§ 4, 5, l 48 §§ 1, 2 D. h. t. ersichtlich ist. Anderenfalls wäre auch die scharfe Gegenüberstellung von mand. mea gr. und tua gr. in den Quellen nicht recht verständlich. Denn letzteres kann unmöglich anders als mit „Mandat mit neg. proprium des Mar" wiedergegeben werden: einmal enthalten alle im römischen Mandatsschema für das mand. tua gr. angeführten Beispiele nur Fälle mit neg. proprium des Mar, sodann ist in allen diesen Fällen sehr wohl auch

[1] Dieses gewöhnliche Interesse verlangt sehr deutlich l 8 § 6 D. h. t. Dasselbe kommt als Maß für den Schadensersatz in Frage, wenn Mar das Aufgetragene nicht erfüllt: Mt klagt dann auf das quod sua interest, vgl. l 27 (28) D. de neg. gest. 3, 5. Man sieht, wie gänzlich verschieden dieses mea interest von dem mea interest im ‚mandatum quod mea interest' = mand. mea gratia (vgl. l 6 §§ 4, 5 D. h. t.) ist.

[2] Über die Frage des Vermögenswertes des Forderungsrechts vgl. Ihering, Rechtsgutachten, betr. die Gäubahn, Jahrb. f. Dogm. Bd. 18 S. 41 ff.

ein Interesse des Mt an der Ausführung der „Mandate" denkbar;[1] der wahre Grund der Ungiltigkeit des mand. tua gr. ist mithin der Mangel des neg. proprium auf Seite des Mt, nicht das Vorhandensein alleinigen Interesses des Mar.[2] Folglich kann auch mand. mea gr. nichts anderes bedeuten als „Mandat mit proprium negotium des Mt" (Gegensatz zum mand. tua gr.).[3]

Man darf sich freilich durch das verworrene Mandatsschema der Digesten, Institutionen und des Gaius,[4] das allerdings zwischen dem mand. mea und tua gratia als Polen eine Fülle heterogener „Mandats"fälle aufweist und alle diese mit Ausnahme des mand. tua tantum gratia für giltige Mandate — giltig allerdings in ihrer Weise[5] — erklärt, nicht irre machen lassen, sondern muß die Ausnahme- von den Regelfällen trennen. Äußerlich einheitlich, krankt das Mandatsschema innerlich an zwei Kardinalfehlern. Einmal werden Mandate mit neg. propr. und neg. alienum fortgesetzt durcheinander geworfen; so werden für das mand. al. gr. in l 2 §§ 2, 5 D. h. t. als Beispiele das mand. ut Titio fundum emeres und das mand. ut Titio sine usuris crederes angeführt: das 1. Beispiel ist echtes Mandat, bei dem der Kauf auf Rechnung des Mt geht, das andere KrA mit neg. propr. des Mar.[6] Sodann paßt das mand. aliena gratia als solches systematisch überhaupt nicht in das Schema. Denn der Name mand. al. gr. bringt nur zum Ausdruck, daß einem

---

[1] So daß es nicht angängig ist, das tua tantum gratia mit „lediglich in deinem Interesse liegend" zu übersetzen; die Fälle werden schlechthin als mand. tua tantum gr. bezeichnet, das „mea gr." wird also schlechthin verneint.

[2] Man darf natürlich den Grund für die Ungiltigkeit nicht in der Unbestimmtheit dieser Mandate suchen, sonst wäre unbegreiflich, warum sie als Beispiele für das „tua gratia" angeführt werden. Die Quellenbeispiele sind unglücklich gewählt, man hätte sie besser bestimmt fassen sollen: trotz völliger Bestimmtheit hätten dann immer noch ungiltige Mandate vorgelegen. Vgl. Anm. [1] u. [2] S. 90.

[3] Den eklatanten Beweis für unsre Auffassung liefert das Verhältnis des KrA mit seinem propr. neg. des Mar zum mand. tua gr., das unter IV behandelt wird.

[4] l 2 D. h. t., pr. §§ 1—6 J. h. t., Gaius Inst. III 155. 156.

[5] Vgl. IV, 1 S. 88.

[6] Über das Verhältnis des mand. ut pro me oder pro Titio fideiubeas l 2 §§ 1—3 D. h. t.) zum mand. mea gr. s. S. 158ff.

Dritten der wirtschaftliche Effekt des aufgetragenen Geschäfts zugute kommt, enthält aber, was gerade für die Einordnung ins Mandatssystem das Ausschlaggebende ist, keine Andeutung über die Beziehungen der Mandatsparteien zu dem aufgetragenen Geschäft. Das mand. al. gr. ist logisch stets entweder mand. mea oder mand. tua gr. (jenes: das echte Darlehensmandat im Sinne der l 48 § 1 D. h. t., dieses: der KrA[1]): ein reines mand. al. gr. kann also, da stets auch ein mea oder tua interest[2] der Mandatsparteien vorhanden sein muß, gar nicht existieren. Die Einfügung des mand. al. gr. in das Schema ist systematisch unhaltbar, sie erklärt sich historisch. Das Schema überhaupt ist materiell wertlos, es wird uns unter IV im Zusammenhang mit der KrAs-Lehre wieder beschäftigen.

II. Nun zurück zum KrA. Ziehen wir die Nutzanwendung für diesen. Ihm mangelt das rechtliche Fundament des Auftragskontrakts, das neg. proprium des Mt, denn die Kreditierung soll auf eigene Rechnung des KrMar geschehen, über das entstehende Kreditverhältnis soll dem KrMar die alleinige rechtliche Verfügungsmacht zustehen. Der KrA ist daher kein Auftrag, er ist eine ganz andere Geschäftsart.

1. Dadurch, daß die Kreditierung, wie oben S. 41 ff. bewiesen wurde, ein neg. proprium des KrMar darstellt, wird die Mandatsnatur des KrA nach zwei Richtungen hin verneint: Der KrMt hat weder originäre noch abgeleitete dominus-Stellung, d. h. das Geschäft, das in Gemäßheit des KrA ausgeführt werden soll, ist weder sein eigenes Geschäft noch das des Dritten. Über das Erstere ist kein Wort zu verlieren, da es S. 41 ff. genügend klargestellt

---

[1] Auch der KrA ‚sine usuris' ist ein mand. tua gr., da auch er ein negotium proprium des KrMar zum Gegenstande hat. Daß das sine oder cum usuris ein ganz irrelevantes Moment ist, vgl. o. Anm. [3] S. 7. Über die Bezeichnungen des KrA cum und sine usuris im Digestenschema s. S. 92, 100.

[2] Selbst wenn man mand. mea, tua, aliena gr. mit „Mandat, das mich, dich, einen Dritten interessiert", übersetzt, ist das reine mand. al. gr. vom Übel; denn stets hat auch nach allgemeinen Grundsätzen entweder KrMt oder KrMar an der Kreditgewährung ein echtes Interesse, vgl. S. 45, 48; das mand. al. gr. ist also stets, auch wenn man diese Bedeutung zugrunde legt, entweder ein mand. mea (et aliena) oder tua (et aliena) gratia.

worden ist; ob aber KrMt nicht die Geschäfte des Dritten führe, darüber könnte man bei oberflächlicher Betrachtung zweifelhaft sein. Aber sehe man tiefer zu: A sagt zu B: „Kaufe für C ein Grundstück" (NB. auf C's Kosten); vorher ist A selbst von C beauftragt worden, ihm ein Grundstück zu versorgen. C hätte dem B auch direkt den — echten — Auftrag erteilen können: „Kaufe mir ein Grundstück". Diese Möglichkeit muß bei jedem echten Mandat mit abgeleiteter dominus-Stellung des Mt vorhanden sein. Der Begriff des Auftrags setzt ja voraus — da der Beauftragte statt meiner handeln soll —, daß ich rechtlich[1] stets die Möglichkeit habe, das in Auftrag Gegebene selbst zu tun, wenn ich auch faktisch in concreto verhindert bin. Nun ziehe man vergleichend den Tatbestand des KrA heran: A beauftragt B: „Gib dem C ein Darlehen"; vorher hat C den A beauftragt, ihm durch Erteilung eines KrA ein Darlehen zu verschaffen. Hätte hier C den B direkt beauftragen können: „Gib mir ein Darlehen?" Durchaus nicht: Das wäre kein Auftrag, und wenn B diesen „Auftrag" angenommen, d. h. Gewährung eines Darlehens zugesagt hätte, so wäre das ein pactum de mutuando, ein Darlehensvorvertrag gewesen, aber nie ein Auftrag. Der KrA kann also nicht echter Auftrag sein, weil der Dritte den KrMar nicht direkt beauftrageu könnte, materiell: weil die Kreditierung auf eigene Rechnung des KrMar erfolgt und dessen negotium proprium ist. Dieser Beweis dürfte einleuchten.[2]

---

[1] Ausnahmen gehören dem öffentlichen Recht an: vgl. den Anwaltszwang, die Stellung des Gerichtsvollziehers.

[2] Man scheide aufs schärfste das Verhältnis zwischen C und A und das zwischen A und B. Ob das erstere beim KrA im allgemeinen ein Auftrag ist, steht hier nicht in Frage, darüber s. u. § 6. In dem Auftrage: „erteile zu meinen Gunsten einen KrA" liegt jedenfalls stets der echte Auftrag eingeschlossen: verschaffe mir ein Darlehen, d. h. wende in meinen Diensten deine Kräfte auf, um zu erreichen, daß mir ein andrer ein Darlehen gibt. Dieser Kräfteaufwand ist ein eigenes Geschäft des C von tatsächlicher Beschaffenheit, also führt der KrMt durch Erteilung des KrA allerdings ein neg. propr. des C. Aber darauf kommt es nicht an, wenn die Auftragsnatur des KrA in Frage steht: die Handlung der KrAs-Erteilung, sofern darin eine auf Verschaffung des Darlehens für den Dritten gerichtete tatsächliche Handlung enthalten ist, gehört als Ausführungshandlung zu dem zwischen C und A insoweit bestehenden echten Auftragsverhältnis, sie ist dessen Gegenstand. Die entscheidende Frage betrifft aber

2. Daß die Römer selbst sich über den Mangel der Auftragsnatur beim KrA, obwohl sie ihn äußerlich als Auftrag fassen, klar gewesen sind, beweisen mehrere Stellen.

a) Wir verweisen zunächst auf die schon besprochenen Stellen 1 48 § 2 und 1 6 § 4 D. h. t. Erstere, die nur auf den KrA bezogen werden kann, sagt von ihm ausdrücklich: iam extra mandati formam est und betont mit Schärfe die absolute rechtliche Verfügungsmacht des KrMar über das ihm aufgetragene Geschäft der Kreditgewährung.[1] 1 6 § 4 cit. nennt den KrA ein mandatum, quod mea non intererat, also ein Mandat, dessen Gegenstand nicht ein negotium proprium des Mt ist,[2] und bringt durch diese Negie-

den Gegenstand des KrA, d. i. des zwischen A und B bestehenden Verhältnisses, nämlich die Darlehensgewährung an den Dritten als das im KrA zur Ausführung aufgetragene Geschäft. Ist dieses Geschäft ein neg. propr. des C? Das ist eben zu verneinen. Wenn A den B beauftragt: gib dem C ein Darlehen, so mangelt der Auftragscharakter in derselben Weise, wie er fehlen würde, wenn C zu A gleich gesagt hätte: gib mir ein Darlehen, statt: verschaffe mir eins. Daß mir ein Darlehen gewährt wird, ist nie ein neg. propr. von mir, solches ist nur die anstrengende Tätigkeit, die ich aufwenden muß, um eins zu bekommen. Jenes ist ein fremdes Geschäft, dessen wirtschaftlicher Effekt mir nur zugute kommt, nämlich des Darlehensgläubigers. Der Auftrag: „gib dem C ein Darlehen" ist nur dann echter Auftrag, wenn das Darlehen auf Rechnung des A gegeben werden soll, also Darlehensauftrag im Sinne der l 48 § 1 D. h. t. vorliegt.

[1] Schon daß dem KrMar die Zinsen der Darlehensforderung gebühren, schließt die Mandatsnatur des KrA vollständig aus: wie stimmte mit dem KrA sonst die l 62 (61) § 5 D. de furt. 47, 2 überein: ... aequius esse nemini officium suum, quod eius, cum quo contraxerit, non etiam sui commodi causa susceperit, damnosum esse ..., dabei vom Auftrag sprechend.

[2] Ganz gleichgiltig also die Interessefrage. Ein sehr interessanter weiterer Beweis dafür, daß das non intererat in l 6 § 4 cit. nicht auf das Interesse bezogen werden kann, sondern, wie im Text geschehen, zu übersetzen ist, ergibt sich übrigens aus l 27 (28) D. de neg. gest. 3, 5, die von einem Mt (Titius) mit abgeleiteter dominus-Stellung sagt: Titii autem interest quantum is Seio praestare debet, cui vel mandati vel negotiorum gestorum nomine obligatus est. Hiernach hat also nach römischem Recht auch der KrMt ein „Interesse" an der Ausführung des KrA stets, wenn er diesen im Auftrag oder als negotiorum gestor. des Dritten erteilt hat, ein Fall, den die Quellen ja selbst beim KrA häufig erwähnen, vgl. auch MICHELS a. a. O. S. 11f. Dazu aber würde l 6 § 4 cit. einen unlösbaren Widerspruch bilden, da sie vom KrMt ein absolutes non intererat eius behauptet: folglich kann dieses non intererat unmöglich den Interessebegriff meinen, es nur mit: „es fehlt das neg. propr." übersetzt werden.

rung des Fundaments des römischen Auftragsbegriffs unverkennbar zum Ausdruck, daß im KrA ein echter Auftrag nicht gesehen werden könne.

b) Der Standpunkt der Quellen in dieser Frage erhellt besonders auch aus der zwar nicht den KrA, aber ein ganz ähnliches Geschäft behandelnden l 1 § 14 D. dep. v. c. 16, 3: idem Pomponius quaerit, si apud te volentem me deponere iusseris apud libertum tuum deponere, an possim tecum depositi experiri. et ait, si tuo nomine, hoc est quasi te custodituro, deposuissem, mihi tecum depositi esse actionem: si vero suaseris mihi, ut magis apud eum deponam, tecum nullam esse actionem, cum illo depositi actio est: nec mandati teneris, quia rem meam gessi. sed si mandasti mihi, ut periculo tuo apud eum deponam, cur non sit mandati actio, non video. Der Auftrag: jemand solle bei einem Dritten eine Sache deponieren, hat also nach dem Ausspruch der Quellen ein neg. progr. des Mar zum Gegenstand: er ist darum kein Auftrag, und es entspringt keine actio mandati contraria aus ihm. Diese soll nur entstehen, wenn der Auftrag so erteilt war: deponiere die Sache bei dem Dritten auf meine Gefahr; als ob der abzuschließende contractus depositi dadurch zum eigenen Geschäft des Mt würde, daß dieser für die Gefahr des Schadens, der dem Deponenten aus dem depositum möglicherweise erwächst, einstehen will! Die Stelle ist ein vorzüglicher Beweis, daß die Römer das Wesen des Mandats im Vorhandensein eines neg. proprium des Mt gesehen haben; nur um eines S. 87 zu besprechenden Notstandes willen haben sie — und das gilt gerade so von dem mandatum, ut periculo meo Titio credas — den Fall: si mandasti mihi, ut periculo tuo apud eum deponam unter die Mandate eingereiht.[1]

---

[1] Aufs energischste muß gegen den Begriff der sog. „Garantiemandate" Front gemacht werden. Nur mit dem neg. propr. des Mt als Gegenstand hat der Mandatsbegriff eine innere Berechtigung und einen selbständigen Wert. Höchste Pflicht des Juristen ist, Wesensverschiedenes klar zu trennen: nicht aber, tiefgegründete Konstruktionsunterschiede durch äußerliches Vereinen zu verwischen. Ein Mandat kann nie und nimmer zu Garantiezwecken, sondern allein zu Mandatszwecken gebraucht werden, wenn auch zehnmal im römischen Rechte sog. „Garantiemandate" vorkommen. Ein Garantiemandat ist begrifflicher Widersinn, Verschmelzung von Unverschmelzbarem. Fassen wir z. B. l 32 D. h. t. ins Auge: die Aufforderung

3. Dem KrA mangeln denn auch, da die mandatliche Grundlage fehlt, sämtliche Eigenschaften und Rechtssätze des echten Auftrags. Auch die oben als dem normalen Mandatsrecht gemäß bezeichneten Rechtssätze des römischen KrAs-Rechts sind — dogmatisch betrachtet — auf ganz anderer Basis fundamentiert als auf mandatlicher. Widmen wir als dem Wichtigsten den Funktionen der actio directa und contraria beim KrA in dieser Beziehung eine nähere Erörterung.[1]

a) Die actio directa auf Ausführung muß fehlen, weil das negotium proprium des KrMt fehlt. Nun ist zweifellos möglich, daß die KrAs-Parteien bei Abschluß des KrA eine ausdrückliche Vereinbarung treffen können, wonach sich KrMar dem KrMt gegenüber zur Kreditgewährung bez. zur Stundung verpflichtet, es besteht auch kein Zweifel, daß der KrMt in solchem Fall auf Vor-

---

an jemanden, eine Erbschaft anzutreten, kann niemals Mandat sein. Denn nicht die Auffordernden treten die Erbschaft an, sondern der Aufgeforderte in seiner Person: also liegt neg. propr. des Mar vor. Was aber wollen die Auffordernden lediglich? Nur Gefahrübernahme, nur garantieren wollen sie, daß einem andern eine eigene Handlung nicht zum Schaden gereichen werde, von Herausgabe der Erbschaft an sie ist nicht die Rede. Was ist das aber für eine Art Mandat, bei der nur Schadensersatz, d. h. Ersatz der „Auslagen" bezweckt wird? Der Begriff des Mandats ist hier umgekehrt, dieses ist doch kein Institut, um jemanden schadlos zu halten, sondern um Geschäften des Auftraggebers zur Ausführung zu verhelfen. Hier liegt eine ganz andre Geschäftsart vor, die mit dem Mandat so wenig zu tun hat als ein Sicherungsvertrag. Die begriffliche Reinlichkeit verlangt, „auf meine Rechnung" und „auf meine Gefahr" aufs schärfste auseinanderzuhalten; ein Geschäft auf meine Gefahr kann ein Geschäft auf fremde Rechnung sein: wie sollte so Heterogenes sich unter einem Begriff — des Mandats — vereinigen lassen? Wenn schon das römische Recht, das nur aus historischen Gründen seine Mandatsgruppe von den fremden Elementen nicht reinigen konnte, im Prinzip den begrifflichen Unterschied von echtem und unechtem Mandat erkannt hat, müssen wir — auch äußerlich — nicht um so radikaler scheiden, da unser Obligationssystem uns keinerlei Hindernisse in den Weg legt?

[1] Auf die allgemeinen Voraussetzungen des KrA, die er mit jedem Vertrag gemeinsam hat, braucht natürlich dabei nicht eingegangen zu werden, ebenso ist der Unentgeltlichkeit des KrA nicht besonders zu gedenken, da diese auch bei andern Kontrakten (z. B. der fideiussio) begegnet. Die dogmatische Wertung des S. 13f. behandelten römischen KrA-Rechtssatzes siehe aus systematischen Gründen erst S. 119f.

nahme der versprochenen Handlung klagen kann.[1] Würde sich bei einer solchen Vereinbarung der KrA nicht in echten Auftrag verwandeln, da ja auf Ausführung des Aufgetragenen geklagt werden kann? Niemals! Auch würde diese actio auf Ausführung niemals eine echte Mandatsklage werden. Die spezifische Mandatsklage auf Ausführung setzt echtes Mandat voraus, da sie organischer Ausfluß des dominus-Willens des Mt ist. Hier aber fehlt die mandatliche Grundlage, und jene Verpflichtung zur Ausführung ruht auf einem vom KrA selbst, der nur Haftungsversprechen (periculo meo) ist, scharf zu sondernden, selbständigen, auf facere gerichteten Vertrag. Nur äußerlich ähnelt das entstehende Vertragsgebilde einem einheitlichen Mandat; in Wahrheit besteht ein Vertragskonglomerat, nämlich ein KrA — also unechter Auftrag — mit angeschlossenem Verpflichtungsvertrag bezüglich der Ausführung des KrA. Es ist wichtig, zu betonen, daß die actio mandati directa beim KrA stets und ganz unabhängig vom Parteiwillen fehlt, mag dieser auf Verpflichtung zur Kreditgewährung gerichtet sein oder nicht[2]; sie fehlt stets, weil die Mandatsvoraussetzungen fehlen.

b) Das Recht des KrMt, bei Zahlung seiner Schuld Abtretung der dem KrMar wider den Dritten zustehenden Forderung zu verlangen, wird nach römischem Rechte mit der actio mandati directa in ihrer Funktion auf Herausgabe des Erlangten geltend gemacht. Bei näherer Betrachtung des Zweckes jener Zession ergeben sich jedoch als ihr rechtlicher Grund keineswegs das natürliche Recht des Mt, Zession der — eigentlich ihm als dominus negotii gehörenden — Forderung zu verlangen, sondern drei andere Momente, die mit Mandatsgedanken gar nichts zu tun haben: nämlich einmal die Rücksicht auf den vom KrMt befriedigten Gläubiger; für diesen hat ja nun die ihm an sich noch zustehende Darlehensklage gegen den Dritten keinen Wert mehr, immerhin könnte er diese — trotz erlangter Befriedigung durch den KrMt — gegen den Dritten noch-

---

[1] Ebenso nach römischem Rechte, das Klagen auf facere sehr wohl kannte, vgl. Ihering a. a. O. Die Römer würden eine solche Klage des KrMt auf Ausführung auch ohne Bedenken als directa mandati actio gegeben haben, da der KrA nun einmal bei ihnen als Mandat auftrat.

[2] Über die normale Richtung des Parteiwillens beim KrA vgl. S. 83ff.

mals anstrengen; wenn dieser versäumte, die exceptio doli vorzuschützen, könnte der Gläubiger[1] noch ein zweites Mal den Darlehensbetrag kassieren: Die Beseitigung einer solchen Möglichkeit ist rechtlich wünschenswert; sodann die Rücksicht auf den zahlenden KrMt; wenn KrMt gegen den Dritten keinen Regreß nach Mandats- oder Gestionsrecht hat, so würde er zahlen müssen, ohne die Möglichkeit einer Wiedererlangung des Gezahlten von demjenigen, zu dessen Gunsten er gezahlt hat, zu besitzen; hier kann allein die in der Hand des KrMar nutzlose Klage dem KrMt den ihm billigerweise zuzugestehenden Rückgriff verschaffen: unbillige Verluste muß aber das Recht nach Kräften zu verhüten suchen; drittens die Rücksicht auf den Dritten; im Falle, wenn KrMt regreßlos zahlt, würde der Dritte von seiner Vertragsleistung überhaupt frei werden vermöge der ihm gegen die Darlehensklage seines Gläubigers nunmehr zustehenden exceptio doli; das wäre erträglich, wenn KrMt donandi animo gezahlt hat, aber im höchsten Grad unbillig in anderen Fällen; z. B. KrMt hat den KrA dem Verbot des Dritten zuwider erteilt: hat der Dritte das Darlehen nachträglich doch genommen und verwendet, so hat er doch den Vorteil davon gehabt, ist also von der Zahlung des KrMt ab in einem gewissen weiteren Sinne „auf dessen Kosten" bereichert, wenn dem KrMt der Regreß fehlt; diese nicht gerechtfertigte Bereicherung des Dritten kann das Recht nicht dulden, es muß dafür sorgen, daß im schließlichen Effekt derjenige zur Zahlung angehalten werde, der die wirtschaftlichen Vorteile der Kreditierung genossen hat: auch insofern gewinnt also die an sich mit der Zahlung inhaltslos werdende Darlehensklage in den Händen des KrMt wieder Bedeutung.

Der Inhalt vorstehender Erwägungen läßt keinen Zweifel darüber, daß lediglich Gesichtspunkte der Billigkeit, der ausgleichenden Gerechtigkeit den Grund der Zessionspflicht bilden. Als mandatliche Herausgabepflicht kann sie nicht konstruiert werden[2], da das Recht auf Herausgabe des Erlangten Ausfluß des dominus-Willens des Mt ist, also neg. proprium desselben voraussetzt. Wir dürfen

[1] Da eine von Amts wegen zu berücksichtigende „Einwendung" nicht vorliegt.

[2] Vgl. dazu Hauser a. a. O. S. 368.

somit konstatieren, daß der KrA eine Klage im Sinne der actio mandati directa überhaupt nicht besitzt, da die Hauptfunktion der letzteren völlig fehlt und die andere, soweit sie vorliegt — das Zessionsrecht wird ja nicht schon mit der Entstehung der Darlehnsklage, sondern erst bei der Zahlung wirksam —, ihr Dasein dem Mandatsrecht gänzlich fremden Zwecken verdankt.

c) Die Römer bezeichnen die Aufwendungen, die der KrMar zum Zwecke der Kreditgewährung aus seinem Vermögen macht, als Auslagen, deren Ersatz nach Art der Mandatsauslagen mit der actio mandati contraria gefordert wird. Wir haben aber schon oben gesehen, daß in Wirklichkeit „Auslagen", d. h. Vermögensminderungen mit der Kreditgewährung nicht entstehen, da der KrMar für die hingegebenen wirtschaftlichen Werte ein vollwertiges, ihm zustehendes rechtliches Äquivalent, die Darlehensklage, erlangt, und daß dem KrMar „Auslagen" erst im Augenblick des Eintritts eines periculum erwachsen. Aber auch diejenige Ersatzforderung, die KrMar nach diesem — wenn er z. B. den Dritten erfolglos ausgeklagt hat — geltend macht, entbehrt des Charakters einer „Auslagen"-Forderung. „Auslagen" sind begrifflich nicht nur Vermögensminderungen, sondern sie müssen auch in fremdem Interesse, in Wahrung nichteigener Angelegenheiten gemacht sein (so beim normalen Auftrag und bei allen Kontrakten mit actio contraria). Der KrMar aber hat diese „Auslagen" um eines eigenen Geschäfts willen gemacht, auf eigene Rechnung die Darlehensvaluta gewährt, auf eigene Rechnung die Zinsen bezogen, auf eigene Rechnung gegen den Dritten die Darlehensklage erhoben. Damit ist der Begriff der „Auslagen" negiert: was er jetzt vom KrMt begehrt, ist nicht Auslagen-, sondern Schadensersatz. Seinen Schaden kann er vom KrMt ersetzt verlangen, denn dieser hat ihm mit Erteilung des KrA ja ausdrücklich Schadloshaltung versprochen.

Schaden des KrMar liegt vor, denn die Darlehensverbindlichkeit ist vom Schuldner nicht oder nicht rechtzeitig erfüllt worden, der Gläubiger hat mithin unfreiwillig eine Vermögenseinbuße erlitten[1]: Auslagen hingegen werden freiwillig in Förderung fremder Interessen gemacht.

---

[1] Das gilt gerade so von dem Falle, wenn KrMar sich sofort nach

Der hier zutage tretende Gegensatz von KrA und Auftrag ist fundamental. Überdies ist eine „Auslagen"-Forderung stets undenkbar, wo eine Hauptforderung dessen fehlt, von dem die Auslagen begehrt werden. Zwar kann auch beim gewöhnlichen Mandat mit der contraria ausnahmsweise neben den Auslagen Ersatz des sonstigen Schadens gefordert werden[1], den Mar unfreiwillig infolge Ausführung des Auftrags erlitten hat, aber beim KrA ist die Schadensersatzforderung der einzige Inhalt der contraria.[2]

d) Die einzige Klage des KrA[3] ist die actio contraria auf Schadensersatz. Schon daß eine Klage, die beim gewöhnlichen Mandat die Rolle einer (entbehrlichen) Nebenklage spielt, hier prinzipale Bedeutung hat, genügt, die Behauptung zu stützen: ein solches Geschäft ist kein Mandat. Denn einziger Zweck und Inhalt solchen Geschäfts wäre „Auslagen"-Ersatz: wo bleibt da die Mandatsauffassung? Und weiter: die Funktion jener Klage ist ausschließlich, Schadensersatz zu fordern; also nicht nur der Charakter des Ergänzend-Nebensächlichen, sondern auch der eigenartige Zweck der mandatlichen actio contraria ist abgestreift. Aber der Unterschied der actio contr. des KrMar von der des echten Mar ist noch tiefer begründet.

Auf welchem Rechtsgrunde beruht eigentlich die actio contraria beim gewöhnlichen Mandat? Die Verpflichtung des Mt zum Ersatz der Auslagen liegt, wie schon oben ausgeführt, in der Natur und dem Zweck des Mandats. Sie entsteht nicht auf Grund besonderen Ersatzversprechens des Mt, das dieser etwa stillschweigend der Auftragserteilung hinzufügt, sondern, ohne daß Mt den Verpflichtungswillen zu haben braucht[4], ohne weiteres ipso iure mit

---

Eintritt des periculum, also ohne den Dritten zu mahnen oder auszuklagen, an den KrMt hält, S. 53.

[1] Vgl. Windscheid a. a. O. S. 750, Dernburg a. a. O. S. 323, Mode's zit. Diss., Unger a. a. O. (Iherings Jahrb. Bd. 33) S. 329.

[2] Ebenso Österley a. a. O. S. 23 u. S. 30, v. Thur a. a. O. S. 36 Anm. 36, vgl. Tewes, Arch. f. civ. Pr. Bd. 51 S. 47.

[3] Denn vom Zessionsrecht dürfen wir füglich absehen, da es mit dem KrA selbst gar nichts zu tun hat, sondern lediglich um des Regreßzwecks willen vorhanden ist.

[4] Er würde haften, selbst wenn er bei der Auftragserteilung den entgegengesetzten Willen gehabt hätte.

der Ausführung des Aufgetragenen und der faktischen Aufwendung der Vermögenswerte durch den Mt.[1] Es ist lediglich notwendig, daß der Wille des Mt auf Vornahme der als negotium proprium aufgetragenen Handlung gerichtet sei, die consequentia iuris bedingt dann seine Haftung für die Auslagen.

Ganz anders liegt der Fall beim KrA. Wie kann bei diesem die actio contraria ipso iure zuständig sein, da die Vorbedingungen für die ipso iure-Entstehung: eine Prinzipalverpflichtung des Mar zugunsten des Mt und die rechtliche Qualifikation der Vermögensaufwendungen als „Auslagen" fehlen?[2] Die contraria beim echten Mandat ist darin begründet, daß Mt dem andern die in fremden Diensten gemachten Auslagen ersetzen muß, es ist ja sein Geschäft, was der andere geführt hat. Dieser Gesichtspunkt entfällt hier völlig. Das fremde Geschäft, selbst wenn Mt zu ihm die Anregung gegeben hat, kümmert ihn an sich gar nicht; hat der andere Verluste erlitten, so mag er diese selbst tragen, es ist ja sein Geschäft, das er selbst führt. Die contraria kann hier nicht ipso iure entstehen, sie hann nur auf freiwilliger Übernahme beruhen.

So ist es denn auch. Das rechtliche Fundament der contraria beim KrA ist das ausdrückliche Schadloshaltungsversprechen des KrMt.[3] Das ist also der Grund, weshalb die Quellen, wenn sie den echten KrA behandeln, so häufig von der ausdrücklichen Er-

---

[1] So auch überwiegend die Literatur. Anders Brinz, Pand. II S. 776f.: Mandat sei stets zugleich Auftrag und cautio, d. h. Zusage der Schadloshaltung. Freilich die von ihm zitierten Stellen l 32 und l 59 § 5 D. h. t. betreffen gerade den KrA, nicht das normale Mandat. Gegen Brinz besonders v. Thur a. a. O. S. 28.

[2] Eine actio mandati directa gibt es beim KrA nicht: also schwebt die contraria, die sich notwendig an eine directa als Voraussetzung anlehnt, beim KrA in der Luft, wenn sie nicht besonders fundamentiert wird.

[3] Ebenso v. Thur a. a. O. S. 28 Anm. 19, Hauser a. a. O. S. 338, vgl. Tewes a. a. O. S. 47. Dagegen: Gesterding, Irrtümer S. 192ff., Schweppe, Privatr. III S. 351, Eisele, Arch. f. civ. Pr. Bd. 84 S. 324ff. — Das nach Gesterding für diesen Punkt der KrAs-Lehre geprägte Schlagwort: „das Garantieren liege im Mandieren selber" ist von der Literatur häufig nachgesprochen worden. Dabei wird aber vergessen, daß „garantieren" „Schadensersatz versprechen", nicht „Auslagenersatz versprechen" heißt, somit der Begriff des Garantierens zwar beim KrA am Platze ist, hingegen zur Erklärung der Verpflichtung des gewöhnlichen Mt nicht angewendet werden kann.

klärung des KrMt, daß er die Gefahr des Kreditierens übernehme, reden. Wäre der KrA als Mandat zu fassen, so wäre dieses Ersatzversprechen in den Quellen ein bei der sonstigen Prägnanz und Verstandesklarheit der Römer befremdender Pleonasmus, der befriedigend durch das Streben, durch Zusage einer bestimmten Haftung etwaige Zweifel über die Ernstlichkeit des Mandatswillens zu heben[1], nicht zu erklären wäre. Erwähnen etwa die Quellen beim normalen Mandat ein derartiges Versprechen des Mt, die Auslagen ersetzen zu wollen? Bei dem Versprechen kommt es nicht auf den Gebrauch bestimmter Worte (periculo meo, indemnem rationem, bene credis), sondern auf den Verpflichtungswillen des KrMt — der auch stillschweigend erklärt werden kann — dahin an, man wolle für den etwaigen Schaden, den KrMar infolge der Kreditgewährung erleiden werde, aufkommen.

Es wird klar, daß das gesamte Gerüst des KrA auf dem Schadensersatzversprechen des KrMt ruht. Natürlich: denn beim KrA hat sich der ganze Rechtsinhalt des Mandats verschoben. Der Schwerpunkt liegt in der contraria, das Recht des KrMt, Zession zu fordern, hat nur sekundäre Bedeutung: ein dem normalen Mandat direkt widersprechendes Obligationsbild, dessen Konstruktion nur auf der ausschließlichen Grundlage besonderer cautio des KrMt versucht werden kann.

III. Volle Klarheit über das Verhältnis von KrA und Mandat erhält man, wenn man das ins Auge faßt, was die Parteien bei Abschluß des KrA wollen.

1. Es ist zweifellos, daß der KrMt dem Dritten das Darlehen verschaffen will, das ist der Zweck, den er mit Erteilung des KrA und des Schadloshaltungsversprechens verbindet. Aber mehr will er auch nicht. Der Dritte soll das Darlehen nicht von ihm, sondern vom KrMar bekommen, der sein wahrer und dauernder Gläubiger werden und die Vorteile des Darlehensgeschäfts genießen soll. KrMt will zwar, daß der Dritte ein Darlehen erhalte, aber er will zur Erreichung dieses Zweckes nicht ein Mandat erteilen, denn der KrMar soll nicht sein Geschäftsführer, sondern dominus negotii sein. Das an den KrMar gestellte Verlangen, dem Dritten

[1] In guter Formulierung behauptet das Michels a. a. O. S. 41f.

ein Darlehen zu geben, bedeutet in Wahrheit weiter nichts als eine Bitte! Man vergleiche die Quellenstellen, die einen in Form eines Briefes erteilten KrA enthalten, der Sinn ist stets: Bitte, gib dem Titius Kredit; wenn du's tust, verspreche ich, dich schadlos zu halten.[1] Um der Bitte mehr Nachdruck zu verleihen, um den KrMar leichter zur Realisierung seines Wunsches zu bewegen, fügt KrMt seiner Anregung die Erklärung hinzu, daß er die Kreditgefahr übernehme.

Damit ist erst die wahre Natur des KrA enthüllt: Das Bestreben, dem Dritten ein Darlehen zu verschaffen, gewinnt unmittelbar keine juristische Gestalt, kann es auch nicht, da die Gewährung des Kredits als negotium proprium des KrMar eine Sache seines freien Willens ist. Diese Willensmacht, zu gewähren oder nicht, soll dem KrMar auch durchaus belassen, der Wille desselben soll nur mittelbar beeinflußt werden. Der wirtschaftliche Zweck des KrA, dem Dritten den Kredit zu verschaffen, wird in den rechtsgeschäftlichen Willen des KrMt nicht aufgenommen: beide Begriffe sind aufs schärfste zu scheiden: der KrMt will den KrMar keineswegs zur Kreditgewährung verpflichten. Als Willensäußerung des KrMt kommt beim KrA für den Juristen nur die Erklärung in Betracht, die die motivierende Kraft auf den KrMar ausüben soll, und das ist lediglich das diesem Sicherheit gewährleistende Versprechen des KrMt, für etwaigen Schaden einstehen zu wollen, nur dieses Mittel zum Zweck wird gewollt. Alles andre beim KrA bleibt auf dem Boden des Tatsächlichen und ohne juristischen Niederschlag.

Man überlege, daß es ja durchaus nicht nötig ist, daß das Schadloshaltungsversprechen wirklich Motiv für die Kontrahierung der Darlehensobligation wird, vgl. S. 11f. Der KrA aber und das Versprechen des KrMt bleibt deshalb giltig, auch wenn KrMar ohnedies das Darlehen gewährt hätte. In solchem Fall ist es also

[1] Besonders charakteristisch ist l 24 D. de fid. 46, 1, wo zweimal unmittelbar hintereinander das Wort „peto" gebraucht ist, das eine Mal zur Bezeichnung der im KrA selbst enthaltenen Aufforderung, das andre Mal zur Bezeichnung der vom Dritten selbst dem KrMar gegenüber geäußerten Bitte, ihm ein Darlehen zu gewähren. Und das letztere ist doch wohl eine echte Bitte!

gleichgiltig, ob KrMt durch den KrA die Verschaffung des Darlehens bezweckte oder nicht: dieser Zweck ist demnach beim KrA entbehrlich, die juristische Wesenheit des KrA hängt nicht von ihm ab. Der Haftungswille des KrMt und dessen Annahme bilden das alleinige Vertragsfundament, das fähig ist, selbständig zu bestehen, gerade so wie der Fidejussionsvertrag, bei dem die Fidejussionserklärung natürlich auch mit dem Zwecke abgegeben werden kann, den andern leichter zum Kreditieren zu bewegen.

Der Tatbestand des KrA hat zwei Horizonte: einen juristischen und einen wirtschaftlichen, letzterer ist weiter, ersterer reicht nicht weiter, als das Haftungsversprechen in Frage kommt. Vom tatsächlich-wirtschaftlichen Standpunkt aus ist der KrA ein Kreditvermittlungsgeschäft ersten Ranges: da bedeutet denn die Sicherungserklärung des KrMt weit mehr als nur Sicherung, sie kann für den andern Antrieb zum Handeln werden; diese motivierende Funktion des Haftungsversprechens und der Zweck, dem Dritten den Kredit zu verschaffen, sind dem KrMt, wenn wir uns in die Welt der wirtschaftlichen Vorgänge versetzen, allerdings die Hauptsache. Juristisch betrachtet, liegt der Fall umgekehrt: rechtsgeschäftlich wird nur die Haftung des KrMt gewollt, der KrMt überläßt es dem Haftungsversprechen, nun von selbst Einfluß auf den Willensbildungsprozeß des KrMar zu üben; ob KrMar den Kredit gewähren wird oder nicht, das zu bestimmen, steht weder in seinem Willen noch in seiner Macht. Das ist das wahre Verhältnis des rechtsgeschäftlichen Willens zum ökonomischen Zweck beim KrA: jener allein ist juristisch die Hauptsache. Soll für den KrMar eine Verpflichtung zur Ausführung begründet werden, so muß dieser anormale Wille des KrMt ausdrücklich erklärt sein, und es müßte, wie oben ausgeführt, ein ganz neuer, selbständiger Vertrag in dieser Richtung zwischen den KrAs-Parteien geschlossen werden.

2. Das Pendant zur Willensrichtung des KrMt findet sich auf der Seite des KrMar. Er erwägt, ob er die vom KrMt ausgehende Anregung ohne Schaden für sich befolgen kann, bestimmend wirkt für ihn schließlich im Normalfall die Garantieübernahme des KrMt, die ihm einen zweiten Schuldner neben dem eigentlichen Darlehensschuldner verschafft. Diese nimmt er an und gewährt mit

Rücksicht auf die Sicherung den Kredit. Die Hingabe des Darlehens — und falls ausdrückliche Annahmeerklärung bereits vorher erfolgt, diese — bedeutet lediglich Annahme des Garantieversprechens, nicht Annahme eines Auftrags. Insbesondere liegt in der ausdrücklichen Erklärung, man nehme den KrA an, niemals der Ausdruck eines Willens — den Normalfall angenommen —, sich zur Ausführung des Auftrags zu verpflichten, noch ist in der tatsächlichen Kreditgewährung die Erfüllung einer solchen Vertragspflicht zur Ausführung zu erblicken. Daß der KrMar den Kredit nicht gewährt, um eine Auftragsobligation zu konstruieren, geht schon daraus hervor, daß er sich nicht etwa zur Herausgabe des Erlangten verpflichten, sondern vielmehr die Forderung behalten will: jenes müßte er aber konsequent wollen, wenn die Kreditgewährung Annahme eines Auftrags bedeutete.[1] Wie sollte sich auch KrMar durch jene Annahmeerklärungen ohne besonderen Grund zur Vornahme einer eigenen Handlung verpflichten wollen, die ihm große Verluste bringen kann — denn auch der KrMt kann im Regreßweg versagen — und in Ansehung deren er sich deshalb freie Entschließung ohne Einschränkung vorbehalten muß! Es ist etwas anderes, wenn es gilt, eine Annahmeerklärung zu interpretieren, die sich auf die Aufforderung zur Besorgung eines fremden Geschäfts bezieht, als wenn dasselbe in Ansehung eines eigenen Geschäfts, zu dessen Vornahme man aufgefordert wird, zu tun ist. Der gesunde Menschenverstand gebietet, zu entscheiden, daß man im letzteren Falle sich durch die Annahmeerklärung nicht verpflichten will — es sei denn, dies werde aus besonderen Gründen ausdrücklich erklärt und vereinbart —, eben weil man in der Regel nicht ohne weiteres und stillschweigend sein eigenes Tun und Lassen, für das man im letzten Effekt selbst die Verantwortung trägt, für die Zukunft einschränken wird; im anderen Falle dagegen erklärt man durch die Annahme zur Ausführung allerdings seinen Willen, sich zur Ausführung und allen weiteren Auftragskonsequenzen zu verpflichten, denn hier läuft man keine Gefahr; das Geschäft geht auf fremde Rechnung, und man kann ja einesteils Vorschuß fordern, andererseits die Auslagen sofort erstattet verlangen. Es ist

[1] Dies gegen Krüger a. a. O. S. 538.

daher nichts natürlicher, als daß der KrMar durch den KrAs-Vertrag nur berechtigt, nicht verpflichtet werden und daß er mit dem KrMt nicht weiter in rechtlichen Konnex treten will, als er ihn eventuell zur Deckung seiner Darlehensforderung heranziehen kann.

Nach dem beiderseitigen Parteiwillen kann mithin ein Mandat nicht angenommen werden, das Wollen der Parteien konzentriert sich vielmehr ausschließlich auf das Garantieversprechen des KrMt.

IV. Die Geschichte des KrA wird unten im Zusammenhang erörtert werden. Hier sei nur

1. der Grund für das Uneinheitliche des römischen Mandatssystems, für dessen Durchsetzung mit fremden Obligationselementen — ein Punkt, der schon mehrfach berührt worden ist — bezeichnet. Infolge seines geschlossenen Kontraktssystems war das römische Recht nicht in der Lage, formlose Haftungsversprechen, die nicht unter den Kategorien dieses Systems unterzubringen waren, als giltig und bindend anzuerkennen, wenn sie selbständig (also nicht als pacta adiecta) auftraten. Hatten sich nun im Verkehr Institute herausgebildet, die dringend die rechtliche Anerkennung heischten, so blieb nichts anderes übrig, als dieselben dem System einzuverleiben. So war es beim KrA und allen unechten Mandaten, insbesondere den „Garantiemandaten" der l 32 D. h. t., l 1 § 14 D. dep. 16, 3; sie waren eigentlich gewöhnliche formlose pacta und daher ungiltig, das Fehlen der Mandatsnatur bei ihnen haben die Römer klar erkannt. Aber die Wichtigkeit dieser Verträge für das wirtschaftliche Leben gebot ihre Legitimierung im Rechtsleben. Wie dies tun? Da lag die Einordnung ins Mandatssystem, in welches sie vermöge ihrer äußeren mandatlichen Form — Bitte mit anschließendem Garantieversprechen — leidlich paßten, sehr nahe; nur bei Unterbringung in der Mandatskategorie waren sie als giltig aufrechtzuerhalten.[1] Natürlich waren aber diese

---

[1] Inwieweit die Römer diese Operation der Unterbringung der in Frage stehenden Geschäfte unter die Mandatskategorie mit Bewußtsein vollzogen haben, wird im folgenden (unter 2) bei Besprechung des Sabinusstreits klar werden. Negativ haben sie diese Geschäfte jedenfalls genau erkannt, indem sie ihnen den echten Mandatscharakter absprachen. Freilich positiv haben sie das Wesen des KrA und der Garantiemandate als reiner pacta mit aus-

Fremdlinge im Mandatsrecht nur so weit Mandate, als es nach ihrem besonderen Zweck erforderlich war: nur um der contraria willen waren sie anerkannt worden, sie blieben auch später mandata claudicantia, denen die actio mandati directa in ihren Hauptfunktionen, als ihrem Zwecke fremd, fehlte (so beim KrA und allen Garantiemandaten). So erklärt die spezifische Gestaltung des römischen Obligationssystems das sonderbar verwirrte Mandatsrecht der Römer.[1]

2. Wie deutlich es den römischen Juristen, was den KrA anlangt, bewußt war, daß sie durch Einfügung desselben ins Mandatssystem einen fremden Rechtsinhalt in dieses brachten und ein nach strenger Auffassung ungiltiges Verkehrsinstitut klagbar machten, beweist die bekannte Institutionenstelle § 6 i. f. J. h. t. in Verbindung mit Gaius Inst. III 156. Diese Stellen bieten eins der stärksten Argumente für unsere Behauptung, daß der KrA in Wahrheit kein Auftrag sei, und zugleich dafür, daß die Römer das Wesen des Mandats im Vorhandensein eines negotium proprium des Mt sahen.

a) Der KrA ist von vornherein als mandatum tua gratia erkannt worden. § 6 J. cit. sagt: tua gratia intervenit mandatum, veluti si tibi mandet, ut pecunias tuas potius in emptiones praediorum colloces, quam feneres, vel ex diverso ut feneres potius quam in emptiones praediorum colloces. cuius generis man-

---

schließlichem Sicherungszweck von vornherein wohl nicht durchschaut. Vgl. § 5 S. 141 f.

[1] Die Römer dachten hier, wie immer, praktisch. Zweckmäßig war ihr Mandatsrecht auf alle Fälle, da es den unechten Mandaten freieste Beweglichkeit und die ihnen unentbehrliche Beurteilung nach der bona fides gewährleistete. Ob theoretisch im einzelnen alle ihre mandata als echte Mandate konstruierbar waren, kümmerte sie wenig. Die Römer werden sich z. B. nie den Kopf zerbrochen haben, ob beim KrA und den Garantiemandaten dem Mt eine actio directa auf Ausführung zustehe. Diese Frage erledigte sich, da die Annahmeerklärung, d. h. also das Zustandekommen des Vertrags überhaupt, meist mit der tatsächlichen Kreditgewährung zusammenfällt, in der Regel von selbst, und wenn ausnahmsweise eine ausdrückliche Annahmeerklärung vorher erfolgte, so konnte ja Mar, da res integra war, jederzeit kündigen. Schon deshalb, weil die Römer überall praktisch dachten, ist es unzulässig, die l 6 § 4 D. h. t. auf die directa auf Ausführung zu beziehen.

datum magis consilium est quam mandatum et ob id non est obligatorium, quia nemo ex consilio mandati obligatur, etiamsi non expediat ei cui dabitur, cum liberum cuique sit apud se explorare, an expediat consilium. itaque si otiosam pecuniam domi te habentem hortatus fuerit aliquis, ut rem aliquam emeres vel eam credas, quamvis non expediet tibi eam emisse vel credidisse, non tamen tibi mandati tenetur. et adeo haec ita sunt, ut quaesitum sit, an mandati teneatur qui mandavit tibi, ut Titio pecuniam fenerares: sed optinuit Sabini sententia obligatorium esse in hoc casu mandatum, quia non aliter Titio credidisses, quam si tibi mandatum esset. Dazu vergleiche man den ersten Gaius III 156: nam si tua gratia tibi mandem, supervacuum est mandatum; quod enim tu tua gratia facturus sis, id de tua sententia, non ex meo mandato facere debes. itaque si otiosam pecuniam domi te habentem hortatus fuerim, ut eam faenerares, quamvis eam ei mutuam dederis, a quo servare non potueris, non tamen habebis mecum mandati actionem. item si hortatus sim, ut rem aliquam emeres, quamvis non expedierit tibi eam emisse, non tamen tibi mandati tenebor. et adeo haec ita sunt, ut quaeratur, an mandati teneatur, qui mandavit tibi, ut Titio pecuniam faenerares. (sed) Servius negavit nec magis hoc casu obligationem consistere putavit, quam si generaliter alicui mandetur, uti pecuniam suam faeneraret. (sed) sequimur Sabini opinionem contra sentientis, quia non aliter Titio credidisses quam si tibi mandatum esset.

Die Stellen erzählen von einem Streit der römischen Juristen über die Natur des KrA, insbesondere darüber, ob der KrMt für etwaigen Schaden mit der actio mandati contraria verantwortlich gemacht werden könne. Wie aus dem Zusammenhange der den KrA betreffenden Sätze der Stellen mit dem Vorhergehenden klar wird, verteidigten die einen offenbar die Meinung, daß der KrA nichts anderes als ein Rat und daher unverbindlich sei. Die anderen behaupteten dagegen die Giltigkeit des KrA, und Sabinus formulierte die Begründung mit den Worten: quia non aliter Titio credidisses, quam si tibi mandatum esset. Und des Sabinus Meinung behielt die Oberhand; man sah, auf seine Autorität gestützt, fernerhin den KrA als giltiges Mandat an.[1] Uns interessiert zunächst,

[1] Über den Sabinusstreit vgl. Michels a. a. O. S. 13 ff., Krüger a. a. O.

aus welchem Grunde man wohl den KrA zu dem Rat in Beziehung brachte.[1] Unmöglich deshalb, weil man etwa zweifelte, ob der Erteiler eines KrA sich für den aus der Kreditierung entstehenden Schaden verbindlich machen wolle. Das bloße mando ut Titio faenerares, wie es in den Stellen steht, ist ja nur als juristisch-technische Bezeichnung des KrA gewählt; in concreto enthielt der KrA, wie aus l 59 § 5, l 12 §§ 13, 14 D. h. t., l 24 D. de fid. 46, 1 hervorgeht, von vornherein meist das deutliche Haftungsversprechen (periculo meo, bene credis u. s. w.). Und sodann wäre es sinnlos gewesen, Mandate, die man wegen Mangels des Verpflichtungswillens hätte für ungiltig erklären wollen, als Mandate, die „um deinetwillen" erteilt sind, zu bezeichnen. Daß hier also ein anderer Gesichtspunkt in Frage kam, leuchtet ein.[2] Der Grund

S. 536f., Sokolowski a. a. O. S. 67, 53f., Girtanner, Bürgschaft S. 61ff., 67, v. Thur a. a. O. S. 20 Anm. 3.

[1] Auch Servius meint in den Worten: quam si generaliter etc. weiter nichts als den Rat. Von vornherein ist die Auffassung abzulehnen, daß die Giltigkeit des KrA etwa deshalb abgeleugnet wurde, weil er zu unbestimmt sei. Der KrA trat natürlich von vornherein bestimmt (was die Person des Dritten und die Höhe des Kredits anlangt) im Verkehre auf, vgl. Anm. [2]. Außerdem wäre die Parallele zwischen KrA und Rat, wenn beide wegen ihrer Unbestimmtheit verglichen werden sollten, deshalb schief, weil auch ein Rat in ganz bestimmter Form (äußerlich übereinstimmend mit dem Tatbestand eines KrA) erteilt werden kann, vgl. Anm. [2] S. 9. Die Römer haben nur die Manier gehabt, als Beispiele für den Rat meist unbestimmte Aufforderungstatbestände aufzuführen, um ihn dadurch sofort als nichtrechtsgeschäftliche Lebensäußerung zu kennzeichnen (vgl. das Digestenschema). Vgl. auch Anm. [2] S. 72. Sehr gut über diesen Punkt Sokolowski a. a. O. S. 54 oben.

[2] Gerade weil im KrA offenbar ein Ausdruck bestimmten rechtlichen Willens vorlag, wurden die römischen Juristen dazu gezwungen, sich mit ihm zu beschäftigen. Daß der Sabinusstreit kein Streit um die Interpretation des Parteiwillens war, beweist überdies die unten zu besprechende Begründung des Sabinus quia non aliter etc., die geradezu voraussetzt, daß der Verpflichtungswille des KrMt unantastbar feststand. Irreführend die Darstellung des Theophilus in seiner Institutionenparaphrase III 26 § 6 (übers. v. Wüstemann, Berlin 1823, Bd. 2 S. 236f., vgl. Michels a. a. O. S. 18 Anm. 16): „Doch behielt mehr die Meinung des Sabinus die Oberhand, welcher sagte, ich wäre mandati obligiert; weil ich dir eine bestimmte Person, die des Titius, vorgeschlagen, so werde ich auch obligiert, sodaß ich gewissermaßen den Bürgen analog wäre. Denn habe ich unbestimmt gesagt: verleihe dein Geld, so ist das mandatum, wie gesagt, nicht obli-

der Ungiltigkeit des mand. tua gratia gleichwie des mit ihm verglichenen consilium ist vielmehr offensichtlich ein juristisch-dogmatischer, aus der dogmatischen Natur des Mandats geschöpfter.[1] Den Schlüssel gibt l 2 pr. D. h. t.: quod si tua tantum gratia tibi mandem, supervacuum est mandatum et ob id nulla ex eo obligatio nascitur. Ein Mandat, das den Mar zur Besorgung seiner eigenen Angelegenheiten auffordert, ist überflüssig. Ist es doch zweck- und sinnlos, jemandem zur Pflicht zu machen: Tue etwas, worüber du allein zu befinden, wovon du allein zu beurteilen hast, ob es dir nützt oder nicht! Das Vorliegen eines negotium proprium des Mar ist also der Gesichtspunkt, unter dem der Rat mit dem mand. tua gr. zusammengestellt wird: der Rat wird ja begrifflich stets mit Bezug auf Angelegenheiten des Beratenen erteilt, ebenso weisen alle die in unseren Stellen (ebenso in l 2 § 6 D. h. t.) mit dem Rate zusammengestellten Tatbestände ein neg. propr. des Mar auf. Unter dem gleichen Gesichtspunkt verglich man, wie ohne weiteres deutlich wird, zu Sabinus' Zeit auch den KrA mit dem consilium und fand allerdings Übereinstimmung im springenden Punkte: beide wurden mit Bezug auf eigene Angelegenheiten des anderen erteilt; folglich war der KrA mand. tua gr. und als solches super-

gierend; habe ich aber eine bestimmte Person vorgeschlagen, so werde ich nach der jetzt giltigen Gewohnheit der Klage mandati unterworfen sein." Die Bestimmtheit des KrA, was die Person des Dritten anlangt, ist zwar die selbstverständliche Voraussetzung seiner Giltigkeit, aber nicht der Grund, weshalb er im Sabinusstreit für giltig erklärt wurde. Nicht weil der KrA zugunsten eines bestimmten Dritten erteilt ist, wird er als giltig angesehen, sondern weil der KrMt sich, wie in concreto aus jedem KrA ersichtlich war, für die Folgen der Kreditgewährung verbindlich machen wollte, vgl. S. 93f. Theophilus steht auf dem S. 99ff. beleuchteten Standpunkte, den die justinianische Zeit gegenüber dem KrA einnimmt, wie schon der ausdrückliche Vergleich mit den Bürgen beweist.

[1] Das beweisen — m. E. zwingend — nicht nur Gaius' Worte: quod enim tu tua gratia facturus sis etc. (S. 89), sondern auch die Begründung der Ungiltigkeit des mand. tua gr. in § 6 J. cit.: quia liberum cuique sit etc. (daselbst), eine Begründung, die weder Sinn hätte, wenn die Unbestimmtheit des KrA in Frage gestanden (denn sie trifft auch zu, wenn der Rat ganz bestimmt erteilt ist), noch wenn es sich um eine Interpretation des Willens des Auftraggebers gehandelt hätte (denn das Argument stützt sich nicht auf die Beziehung des Auffordernden zu dem Inhalt der Aufforderung, sondern auf die des Aufgeforderten zu demselben).

vacuum und unverbindlich. So argumentierten die Gegner, die den strengen Standpunkt vertraten. et adeo haec ita sunt, ut quaesitum sit bez. quaeratur[1] . . . d. h. so gewichtig waren die Erwägungen, die der Vergleichung von mand. tua gr. und consilium entsprangen, daß man über die Verbindlichkeit des KrA, eines offenbaren mand. tua gr., zweifelte.

Fügen wir hier eine kurze Betrachtung über die Bedeutung des Wortes mand. tua gr. ein. Das eine Argument dafür, daß die Römer unter demselben ein mand. mit neg. proprium des Mar verstanden haben, liegt, wie die vorstehenden Ausführungen ergeben, in der Vergleichung mit dem consilium: da diese, wie nachgewiesen, nicht auf einer Vergleichung des Parteiwillens basiert, kann sie sich nur darauf beziehen, daß bei beiden neg. propr. des Aufgeforderten vorliegt. Daß ferner m. tua gr. auch nicht lediglich ein Mandat, dessen Ausführung in deinem Interesse liegt, bedeutet, geht zwingend aus l 2 § 5 D. h. t. in Verbindung mit § 6 J. cit. und Gaius l. c. hervor. In letzteren beiden Stellen ist das mand., ut Titio pecuniam faenerares schlechthin, also auch der KrA ‚sine usuris', als mand. tua gr. bezeichnet, in l 2 D. h. t. dagegen ist die Einordnung unter das mand. tua gr. nur bezüglich des mand., ut credas cum usuris vorgenommen, das mand. ‚sine usuris' gilt als mand. aliena gratia. Im justinianischen Digesten- (ebenso Institutionen, § 5 l. c.) -schema ist also das ‚tua gratia' in den Worten mandatum tua et aliena gratia allerdings als „in deinem Interesse liegend" zu übersetzen, — Näheres über dieses veräußerlichte und zur Spielerei herabgesunkene Schema S. 98ff., — aber die ältere Zeit, d. h. das klassische römische Recht hielt auch den KrA ‚sine usuris' für ein mand. tua gr. Es ist somit klar, daß das klassische Recht unter dem ‚tua gratia' etwas anderes als „Interesse" verstanden haben muß, nämlich eine beiden Arten des KrA, dem ‚cum' und ‚sine usuris' gemeinsame Wesenseigenschaft, und als solche kann nur das Vorliegen eines neg. propr. des KrMar in beiden Fällen in Frage kommen. — Dies Resultat stimmt denn

[1] Die gewählten Tempora zeigen, daß die strittige Frage zu Gaius' Zeit noch diskutabel war (vgl. auch Celsus l 48 §§ 1, 2 D. h. t.), während sie für Justinian, dem die Giltigkeit des KrA fraglos feststeht, nur noch eine geschichtliche Erinnerung ist.

auch mit dem bereits oben aus l 6 § 4, l 48 §§ 1, 2 D. h. t. gewonnenen überein. Die Bezeichnungen des KrA als mand., quod mea non intererat in l 6 § 4 und als mand. tua gr. in § 6 J. usw. — beide Male schlechthin — bedeuten dasselbe, mand. mit neg. propr. des KrMar; dort ist dieser Sinn negativ, hier positiv ausgedrückt. Von zwei ganz verschiedenen Seiten und Quellenäußerungen her gelangen wir also zur Bestätigung unserer Behauptung: dem mand. mea gr. ist im System das mand. tua gr. entgegengestellt, jenes ist das echte Mandat mit neg. propr. des Mt, dieses ein ungiltiges Mandat; dies ist der klare Standpunkt des römischen Rechtes.[1]

Was erwiderte nun die Sabinuspartei auf obige Argumentation der Gegner der KrAs-Giltigkeit? Vom juristisch-logischen Standpunkte aus konnte sie ihr unmöglich entgegentreten. Die mit Billigkeitsrücksichten operierende Begründung des Sabinus drückt denn auch aus, daß nach Sabinus' eigener Ansicht der KrA ein echtes Mandat nicht ist, daß er bewußt eine Ausnahme von der grundlegenden Mandatsregel macht. Was heißen nun die Worte: quia non aliter etc.? Unmöglich können sie, wie dem Wortlaut nach zunächst liegt, nur bedeuten: weil der Auftrag das entscheidende Motiv für dich war, dem Titius den Kredit zu gewähren. Eine solche Begründung wäre ein Schlag ins Wasser; denn eine Erklärung, die an sich ungiltig ist, bleibt geradeso ungiltig, wenn sie für einen anderen entscheidendes Motiv geworden ist, als wenn sie dies nicht war. Der wahre Sinn wird deutlich, wenn wir an die übliche konkrete Form des KrA denken (vgl. die oben zit. Stellen): KrMt bittet den KrMar um Gewährung eines Darlehens an Titius und verspricht Schadloshaltung. Auf das Schadloshaltungsversprechen verläßt sich KrMar bei Gewährung des Darlehens:

---

[1] Vgl. noch Gaius III 155: Mandatum consistit, sive nostra gratia mandemus sive aliena. itaque sive ut mea negotia geras, sive ut alterius, mandaverim, contrahitur mandati obligatio, et invicem alter alteri tenebimur in id, quod vel me tibi vel te mihi bona fide praestare oportet. In § 156 fährt dann Gaius sofort fort: nam si tua gratia tibi mandem, supervacuum est mandatum . . . Was kann in diesem Zusammenhange (mea negotia, alterius negotia) das mand. ‚tua gratia' anderes bedeuten, als daß dies mand. ‚negotia tua' zum Gegenstand hat? Vgl. im übrigen über die Stelle noch Anm. 1 S. 97 und S. 99.

das ist das Entscheidende: nicht das Mandieren, sondern das damit verbundene Ersatzversprechen. „Du hättest den Kredit nicht gewährt, wenn dir nicht Schadloshaltung versprochen worden wäre", sagt Sabinus; positiv will er sagen: der KrMt muß haften, weil er die Gefahr des Schadens ausdrücklich übernommen hat. Freilich die Verbindungskraft dieses Versprechens als solchen kann Sabinus nicht offen als Grund für die Haftung des KrMt anführen, weil formlose pacta im römischen Rechte nicht giltig sind. Er kleidet deshalb sein Argument in jene merkwürdige, bedingende Form ein, indem er davon ausgeht, daß der KrMar de facto allerdings meist[1] nur durch das Haftungsversprechen des KrMt zur Kreditgewährung bewogen wird, und erklärt, es sei unbillig, den KrMt, der gerade im Vertrauen auf das Haftungsversprechen gehandelt habe, frei ausgehen zu lassen. Im Grunde aber meint Sabinus, es sei unbillig, jemanden, der Haftung für Schaden ausdrücklich unter Annahme des anderen versprochen hat, nicht haften zu lassen: um des mit dem KrA verbundenen Haftungsversprechens willen muß deshalb der KrA verbindlich sein. Um seinem Argument äußerlich noch mehr Überzeugungskraft zu verleihen, spricht Sabinus in feiner Weise bloß vom „Mandieren" (quam si tibi mandatum esset), das ja eo ipso eine Ersatzpflicht des Mt begründete, und konstruiert so den KrA scheinbar als Mandat; vom „Mandieren" redet er, aber das Versprechen der Schadloshaltung meint er.[2] Die Fiktion, auf der das ganze römische KrAs-Recht aufgebaut ist, daß die Verpflichtung des KrMt, die doch in Wirklichkeit auf dem Schadloshaltungsversprechen des KrMt beruht, eo ipso aus dem erteilten Auftrag, der wie jeder andere begrifflich die Verpflichtung zum Auslagenersatz zur Folge hat, entspringe, ist von Sabinus ausgegangen.

---

[1] Die Stellen streiten daher durchaus nicht mit l 71 § 2 D. de fid. 46, 1, da hinter der äußeren Formulierung des in ihnen enthaltenen Billigkeitsarguments ‚non aliter-quam', wie gleich auszuführen ist, erst der wahre innere Grund, den Sabinus vorbringt, verborgen liegt und gefunden werden muß. Man vgl. auch Anm. [1] S. 31 darüber, daß bei Erteilung eines konkreten KrA meist zum Ausdruck gebracht worden sein wird, daß man nur auf das Gefahrübernahmeversprechen hin den Kredit gewähre.

[2] Man würde, um dem Sophisma des Sabinus gerecht zu werden, vielleicht übersetzen können: in einer sich verbindlich machenden Weise mandieren, auffordern.

Wir wissen nun, was Sabinus auf jene Argumentation der Gegner erwidert haben wird, nämlich: Ganz recht, beim KrA liegt ein mand. tua gr. vor, aber dasselbe ist nicht supervacuum, da das Schadloshaltungsversprechen vorhanden ist und der KrA mithin, abgesehen von seiner wirtschaftlichen Bedeutsamkeit, auch einen selbständigen juristischen Wert und Zweck besitzt. Man darf wohl annehmen, daß die Begründung des Sabinus in der römischen Juristenwelt damals und später noch großen Eindruck gemacht hat: in der Tat bot sie alles, was zugunsten der Verbindlichkeit des KrA vorgebracht werden konnte. Ulpian wiederholt sie dem Sinne nach gleichlautend in l 6 § 5 D. h. t., wie überhaupt in dieser Stelle der Sabinusstreit noch einmal lebendig wird; auch l 48 §§ 1, 2 enthält Meditationen, zu denen Celsus offenbar durch den Sabinusstreit angeregt worden ist, und zwar enthält diese Stelle den klar entwickelten dogmatischen Grund des ganzen Streites. l 6 §§ 4, 5 D. h. t.: si tibi mandavero quod mea non intererat, veluti ut pro Seio intarvenias vel ut Titio credas, erit mihi tecum mandati actio, ut Celsus libro septimo digestorum scribit, et ego tibi sum obligatus. plane si tibi mandavero quod tua intererat, nulla erit mandati actio, nisi mea quoque interfuit: aut, si non esses facturus, nisi ego mandassem, etsi mea non interfuit, tamen erit mandati actio, wären hiernach folgendermaßen zu übersetzen und zu verstehen: ein Mandat, bei dem das negotium meum fehlte, wie beim KrA, erzeugt trotzdem Verbindlichkeiten: für den Mar die Pflicht zur Zession bei Zahlung des Mt, für den Mt die Verpflichtung zur Schadloshaltung. So sagt Celsus in libro sept. dig. Ulpian, der offenbar vorbeugen möchte, daß man diese schroffe Behauptung des Celsus, die vom Mandatsstandpunkt aus höchst merkwürdig ist, verallgemeinere, fährt nun, indem er an die bisher nur referierte Bemerkung des Celsus eine eigene knüpft, erklärend fort: natürlich für gewöhnlich erzeugt ein Mandat, das deine Angelegenheiten betrifft, niemals Verbindlichkeiten, es sei denn, daß es auch meine Angelegenheiten zum Gegenstand hat.[1] Nur eine Ausnahme gibt's davon: das ist eben der KrA, der giltig ist, obwohl er ein

[1] Man denke z. B. an den Fall, daß ein Miteigentümer eines Hauses dem anderen Miteigentümer aufträgt, das ganze Haus an X zu verkaufen.

negotium meum nicht aufweist; er ist giltig — wie Sabinus gesagt hat —, weil der KrMar nicht kreditiert haben würde, wenn nicht der KrMt in einer sich verbindlich machenden Weise mandiert hätte.[1]

So endete zwar der Sabinusstreit mit einem Siege der Sabinuspartei, die in Sachen des KrA den Fortschritt und die Forderungen der Billigkeit vertrat, aber, wie die Stellen offenbaren, es ging nunmehr ein Riß durch das römische Mandatssystem, der durch Sabinus infolge der besprochenen Fiktion mühsam verklebt war, ein fremder Rechtsinhalt war ins Mandat eingedrungen. Daß die Römer die Mandatsnatur klar erkannt haben, beweist der Sabinusstreit zur Genüge, denn die Gegner haben dem KrA nur deshalb die Giltigkeit abgesprochen, weil er ein propr. neg. des Mar zum Gegenstande hat; aber er beweist auch den Charakter des KrA als eines Ausnahmemandats, dem nur durch eine Fiktion Giltigkeit verschafft werden konnte.

b) Freilich ist nun noch zu erklären, wie es kommt, daß der KrA, der an den angeführten Stellen (Gaius III 156, § 6 J. h. t.) als mand. tua gr. bezeichnet wird, in § 5 J. eod. und l 2 § 6 D. h. t. als mand. aliena gr. (KrA sine usuris) und mand. aliena et tua gr. (cum usuris) auftaucht.

Wir wollen uns zunächst klar werden, wie das mandatum aliena gratia überhaupt ins Mandatssystem kam und was es bedeutet. Das historisch früheste und zunächst einzige aller Mandate war natürlich das mand. mea gratia und zwar entsprechend den einfachen wirtschaftlichen Verhältnissen und dem egoistischen Grund-

---

[1] l 6 §§ 4, 5 haben eine eigene kleine Literatur. Vgl. zu l 6 § 4 insbesondere: Sokolowski a. a. O. S. 71f., Gesterding, Irrtümer S. 203ff., Girtanner, Bürgsch. S. 65ff., Michels a. a. O. S. 48f., Stammler a. a. O. S. 69 Anm. 147f., Ihering a. a. O. S. 65f., Göschen a. a. O. (Bd. 2 Abt. 2 der „Vorlesungen") S. 422, Schweppe a. a. O. S. 266 Anm. 3; zu l 6 § 5 insbesondere; Tewes a. a. O. S. 39ff. (ausgezeichnet), Sintenis, Prakt. gem. Civilrecht, Bd. 2 S. 566 Anm. 16, Müller, Instit. S. 366 Anm. 7, Schilling a. a. O. (Anm. [1] S. 11), Michels a. a. O. S. 31 Anm. 35, Neustetel, Arch. f. d. civ. Pr. Bd. 2 S. 39ff. §§ 2—4, Windscheid a. a. O. S. 764, Dernburg, Pand. II S. 319 Anm. 9, Holzschuher a. a. O. S. 566ff., Vangerow, Lehrb. d. Pand. Bd 3 S. 508ff., v. Wächter a. a. O. S. 450f., Thibaut, Versuche S. 116ff., Mühlenbruch, Lehrb., 2. Abth. S. 415f., Baron, Pand. S. 546.

zug des älteren römischen Rechtes das mand. mea gr. im Sinne eines auf Besorgung von dem Mt selbst zugute kommenden Geschäften desselben gerichteten Mandats. mea gratia, mea interest hieß dabei von vornherein: meum est negotium. Von diesem mand. mea gratia zweigte sich als Unterart das mand. al. gr. ab. Das mand. aliena gr. ist weiter nichts als ein mand. mea gr. (= mand. mit neg. meum), bei dem der wirtschaftliche Effekt der auf Rechnung des Mt auszuführenden Handlung einem Dritten zugute kommt (so das Darlehensmandat im Sinne der l 48 § 1 D. h. t.). Es ist klar, daß das mand. mea gratia in der Form als mand. al. gr. einen Existenzkampf durchgemacht hat, denn zugunsten eines Dritten konnte nach alter strikter Anschauung nichts ausbedungen werden. Dieser Existenzkampf war indes wohl frühzeitig beendet, denn ein so wichtiges Verkehrsinstitut wie das Mandat, das auf der bona fides beruhte, konnte solch ein enges Prinzip nicht dulden; die wachsende Komplizierung der wirtschaftlichen Verhältnisse trug das Ihre zur Anerkennung des mandatum aliena gratia bei. Aber natürlich erfolgte diese nicht deshalb, weil der Dritte ein Interesse an der Ausführung hatte, sondern entsprang einer erweiterten Fassung des Interessebegriffs, des mea interest im Sinne des rechtlichen und tatsächlichen Interesses an der Ausführung (vgl. o. S. 70f). Man erkannte an, daß man auch zugunsten eines Dritten eine Handlung durch einen anderen als Mittelsperson ausführen lassen könne, daß man auch daran echtes Interesse haben könne, so am mandatum ut Titio fundum emas (sc. auf meine Rechnung).[1] Das und nichts anderes bedeutet das mand. al. gr. Eine Folge jenes Existenzkampfes war der selbständige Name ‚mandatum aliena gratia', der dogmatisch und systematisch gar keine, vielmehr lediglich historische Bedeutung hat. Später — vielleicht ist das Auf-

[1] Sei es nun, daß ich dem Dritten mit dem fundum ein Geschenk machen will, sei es, daß ich als Mar oder neg. gestor des Dritten, bei dem ich mich wieder schadlos halten will, den Auftrag erteile. So ist auch Gaius III 155 (vgl. Anm. [1] S. 93) zu verstehen, wo vom mand. ut negotia alterius (= eines Dritten) geras die Rede ist. Damit ist ein mand. mit abgeleitetem dominus-Willen (vgl. Anm. [2] S. 69) gemeint. Jedenfalls ist das mand. al. gr. stets ein solches, das — im Verhältnis von Mar und Mt — auf Rechnung des Mt geht und deshalb ein neg. propr. des Mt zum Gegenstand hat.

kommen des KrA die erste Veranlassung gewesen — kam man erst auf die Kategorie des mand. tua gr., das jenen beiden ersten Mandaten, die beide die eigenen Angelegenheiten des Mt zum Gegenstand hatten, vermöge seines neg. tuum diametral entgegenstand und das man daher prinzipiell für unmöglich und ungiltig erklärte. Man sieht, wie wenig KrA als eine Form des mand. tua gr. und das mand. al. gr. miteinander zu thun haben.[1] — Es lag nun nahe, die drei Mandate zu einem System zusammen zu schließen; man sagte scheinbar logisch-fein: ein Mandat kann zugunsten dreier Personen erteilt werden, des Mt, des Mar, eines Dritten. Erst durch diese systematische Spielerei, die an sich ganz harmlos war, aber bald allgemein verwendet wurde, gewann das mand. al. gr. als Mittelglied die Bedeutung einer materiell selbständigen, vom mand. mea gr. geschiedenen Mandatskategorie, obwohl als solche das mand. al. gr. vermöge seiner Beziehungslosigkeit zu den Mandatsparteien im Mandatssystem ohne jede Berechtigung war — vgl. S. 72f. — Die erwähnte Gliederung der Mandate ist die der Gajischen Institutionen, die Festlegung dieser Einteilung wird jedenfalls schon früher erfolgt sein.

Nun zurück zur Eingangsfrage, wie zu erklären, daß der KrA in den genannten Stellen als mand. al. gr. erscheint. Der echte Gaius (III 156) in Verbindung damit, daß in l 2 § 6 D. h. t. Gaius als Autor der darin enthaltenen Ausführungen genannt ist, gibt die Lösung des Rätsels. Wir stehen mit der Einordnung des KrA unter die Kategorie des mand. al. gr. vor einer justinianischen Interpolation.[2] Daß die l 2 cit. auch im übrigen abgeändert ist, darüber besteht kein Streit: die Auslassung der Bemerkung des Gaius über den Sabinusstreit und vor allem der Ausbau des

---

[1] Es erklärt sich so auch, warum CELSUS in l 48 §§ 1, 2 D. h. t., obwohl doch sowohl das Darlehensmandat des § 1 als der KrA des § 2 dem Dritten zugute kommen, nur vom neg. meum im einen, vom neg. tuum im andern Falle spricht, also bloß den Unterschied, gerade nicht die gemeinsame Eigenschaft des ‚aliena gratia' in beiden Fällen hervorhebt. Man sah von vornherein nicht darauf, daß auch beim KrA der wirtschaftliche Effekt des Auftrags einem Dritte zugute komme, weil das neg. meum fehlte. Vgl. noch weiter S. 100.

[2] Ebenso v. THUR a. a. O. S. 104 Anm. 49, der auch über das folgende zu vergleichen ist.

Mandatsschemas durch Einfügung der Mischrubriken mea et tua, mea et aliena, tua et aliena gr. mand., von denen Gaius keine einzige kennt[1], bezeugen das zur Genüge. Mit dem besonderen KrAs-Recht haben die Kompilatoren gleichfalls willkürlich geschaltet, indem sie die Darstellung des Gaius nach zwei Richtungen hin abänderten.

α) Diese Darstellung, die den KrA ausschließlich unter dem mand. tua gr. abhandelt, verstanden die Kompilatoren in ihrer tieferen Bedeutung nicht mehr recht. Ihnen war der KrA als seit vielen Jahrhunderten giltiges Mandat überliefert, sie waren gewöhnt, es als normales Mandat zu betrachten und zu handhaben. Das mand. tua gr. aber galt ihnen wie immer als begrifflich ungiltig: was hatte es für sie da für Sinn, den KrA unter dem mand. tua gr. aufzuführen? Ihr Bestreben war es vielmehr, das System hübsch abzurunden, die giltigen Mandate zusammenzugliedern und das reine mand. tua gr. als durchaus ungiltig von denselben abzuscheiden. Eine Ausnahme von dieser prinzipiellen Ungiltigkeit des mand. tua gr. wäre störend gewesen, und überdies war das Bewußtsein, daß das Kreditmandat ein Ausnahmemandat sei, längst verloren gegangen. Dieser Umstand in Verbindung mit dem Bestreben, ein äußerlich einheitliches, nach äußerlicher Logik geordnetes Mandatssystem zu schaffen, führte dazu, den KrA, wie allerdings nahe lag, da der wirtschaftliche Effekt desselben stets einem Dritten zugute kommt (gerade so wie das mand. ut Titio fundum emas), unter das mand. al. gr., das als giltiges Mandat anerkannt war, zu rubrizieren. Man sah in der Zusammenstellung des KrA mit dem mand. tua gr. bei Gaius lediglich eine historische Bemerkung, die mit dem Wesen des Instituts nicht sonderlich viel zu tun habe; die ganze Bemerkung über den Sabinusstreit erwähnte man daher nur in den Institutionen, in denen als einem Lehrbuch Theorie und Geschichte eher am Platze war, in den Digesten ließ man sie weg, sodaß es nun nach dem — maßgebenden — Digestenrecht schien, als sei der KrA von jeher ein mand. al. gr. gewesen.

Wir wissen nicht, ob schon in der nachklassischen Zeit vor Justinian der KrA mit dem mand. al. gr. in Beziehung gebracht

[1] Vgl. Gaius III 155 (Anm. [1] S. 93 abgedruckt).

worden ist. Tatsache ist, daß im ganzen Corpus Juris keine einzige Stelle außer den genannten von Justinian herrührenden den KrA als mand. al. gr. bezeichnet oder sich auch nur so ausdrückt, daß man auf solches Inbeziehungsetzen schließen könnte. Im Gegenteil kennt außer Sabinus und Gaius auch Celsus (l 48 §§ 1, 2 cit.) und Ulpianus (l 6 §§ 4, 5 D. h. t.) den KrA nur als mand. tua gr.; alle diese Juristen erwähnen von dem mand. al. gr. beim KrA nicht ein Sterbenswörtchen, sie fassen den KrA als Ausnahmemandat; ihre Argumentationen wären total anders ausgefallen, wenn sie im KrA ein mand. al. gr. gesehen hätten.[1] Für die ganze klassische Zeit galt also der KrA bewußtermaßen als mand. tua gr., das nur durch das praktische Bedürfnis giltig gemacht worden war, und man trennte es als solches auch reinlich von den übrigen Mandaten ab. Es darf als sicher angenommen werden, daß dies bis Justinian so blieb, daß erst Justinian bez. die Kompilatoren den Gesichtspunkt des mand. al. gr. in das KrAs-Recht gebracht haben.

β) Ganz neu ist auch die Trennung des KrA in einen KrA sine usuris (mand. al. gr.) und cum usuris (mand. tua et al gr.). Nach Einführung der Mischfiguren mand. mea et al. gr. etc. meinte nämlich Justinian auch noch den KrA in feiner Weise— nach dem für sein Wesen doch völlig gleichgiltigen — Moment, ob nach dem KrA Zinsen gewährt werden sollten oder nicht, in jene beiden Kategorien scheiden zu müssen. Dabei passierte es ihm allerdings, daß er den Begriff mand. tua gr. in der äußerlichsten Weise (tua gr., tua interest = Zinsengenießen) faßte, in totaler Verkennung des Sinnes, in dem das Wort bei Gaius und in der klassischen Zeit gebraucht ist.

Das Mandatsschema Justinians ist die reine Spielerei und sowohl vom logisch-systematischen als vom historischen Standpunkte

[1] Unbegreiflich irrig und äußerlich Michels' Erklärung des Sabinusstreits a. a. O. S. 15ff., der nach seiner Ansicht darüber geführt wurde, ob der KrA als mand. al. gr. aufgefaßt werden könne oder nicht. Gaius nennt aber den KrA schlechthin, also auch den sine usuris ein mand. tua gr. und unterscheidet überhaupt nicht zwischen sine und cum usuris, während das Michels immer annimmt. Damit ist er leicht zu widerlegen. Jedenfalls hat ihn die Anm. [2] S. 90 zitierte Darstellung des Theophilus zu seiner Auffassung veranlaßt.

aus voll von irreführenden Gedankengängen. Auf Rechnung Justinians, der die Lehren vom mand. al. gr. und KrA durcheinander warf und so eine heillose Verwirrung schuf, ist es zu schreiben, daß die klare Erkenntnis des KrA und des Mandats überhaupt bis heute gehemmt wurde. Denn durch die Einstellung des KrA unter das mand. al. gr. verwischte er nicht nur vollständig die Eigenart des mand. ut Titio credas als mand. tua gr., indem er es unbewußt[1] erst richtig zum normalen Mandat stempelte, sondern teilte auch dem mand. al. gr. gerade dadurch eine Ausnahmestellung im Mandatssystem zu, die vorher nie bestanden hat.[2] Die nachjustinianische Zeit konnte allerdings nun kaum mehr erkennen, warum der KrA kein echtes Mandat war, und die mandatliche Auffassung des KrA ging tief und fest in unsere gemeinrechtlichen Anschauungen über.

Wir haben uns deshalb so lange mit dem römischen Mandatsschema aufgehalten, weil es bisher in der Literatur kaum eingehender behandelt worden ist und weil eine Menge Irrtümer daraus entstanden sind. Das Gesagte soll auch nur als Versuch gelten, die Materie etwas zu klären. Legt man aber unsere Gedankengänge zugrunde, so lösen sich die meisten scheinbaren Widersprüche in den Quellen befriedigend: natürlich nicht alle, denn die Römer verloren schließlich bei der beständigen Durcheinandermischung echter und unechter Mandate, zu der sie gezwungen waren, selbst in manchen Punkten das klare Unterscheidungsvermögen; die allmähliche Verflachung des Begriffs mea, tua gratia bez. mea, tua interest ist besonders bedauerlich. Indes das wird deutlich geworden sein, daß das römische Recht selbst den KrA viel klarer erkannt und ihn

[1] Natürlich hat Justinian den KrA nicht bewußt zum echten Mandat machen wollen, er, der ja gerade den KrA mit der fideiussio in dauernde und tiefgreifende Beziehungen brachte. Ihm bez. den Kompilatoren war es nur darum zu tun, das Mandatssystem harmonisch zusammenzuschließen; sie haben sich sicher nicht überlegt, welche Folgen sie auslösten, als sie, im Wahne, dem gesunden Menschenverstand zu entsprechen, den KrA unter das mand. al. gr. reihten.

[2] Das mand. al. gr. gilt denn auch in der modernen Literatur durchweg als Ausnahmemandat, dessen Hauptart der KrA sei. Richtig und nach klassischem römischen Rechte sind beide weder identische noch ko- oder subordinierte Begriffe, sondern die Begriffskreise beider schließen sich aus. Das mand. al. gr. ist weiter nichts als ein gewöhnliches mand. mea gr.

wie das normale Mandat dogmatisch viel feiner ausgebildet hat, als die gesamte gemeinrechtliche Theorie.

§ 3.

2. Der Kreditauftrag: keine Bürgschaft.

Gut, ist der KrA nicht Auftrag, so ist er Bürgschaft! So könnte man schließen und sich darauf berufen, daß jedenfalls die aus der Bürgschaftslehre entlehnten Rechtssätze des KrA eine vom allgemeinen Bürgschaftsrecht abweichende Ausdeutung nicht erfahren können, da die Quellen in präzisester Weise die bürgschaftliche Natur und Herkunft dieser Rechtssätze bezeugen. Ganz recht: das Sc. Velleianum, die beneficia excussionis und divisionis gelten beim KrA in ganz dem gleichen Sinne und Umfang wie bei der Bürgschaft. Aber sehen wir uns zunächst einmal das rechtliche Wesen von KrA und Bürgschaft vergleichend an.[1]

I. Der Unterschied von KrA und Bürgschaft ist am tiefsten darin begründet, daß diese akzessorischer Vertrag, jener selbständiger Vertrag ist. Was heißt im Sinne dieser Unterscheidung „akzessorisch", was „selbständig"?

1. Die Bürgschaft[2] ist ein Vertrag, der wohl eine besondere Verpflichtung für den Bürgen begründet, aber ein besonderer Vertrag bloß hinsichtlich der Personen, nicht hinsichtlich des In-

---

[1] Der überwiegende Teil der Literatur hat, ohne den Unterschied immer deutlich und richtig zu bezeichnen, den Unterschied von KrA und Bürgschaft weder für das römische Recht noch für die heutige Zeit je geleugnet. Die wenigen, die beide unter eine begriffliche Einheit bringen wollen (besonders Arndts, Sokolowski), gehen auch nicht von dogmatischer Grundlage, sondern von einem Nützlichkeitsprinzip aus. Sie leisten der Wissenschaft wahrlich geringe Dienste, indem sie, anstatt dogmatisch Verschiedenes als solches scharf zu bezeichnen, die Unterschiede zugunsten eines unklaren Ideals verwischen.

[2] Es ist unmöglich, auf Einzelheiten einzugehen, da nicht nur der Stoff in den Quellen außerordentlich umfänglich, sondern auch die Literatur immens groß ist. Man vgl. Windscheid, Pand. II S. 1010ff., Dernburg, Pand. II S. 207ff., die Monographien von Girtanner und Hasenbalg sowie die ganz ausgezeichnete Darstellung des Bürgschaftsrechts in Bekker, Prozess. Konsumption S. 182ff. Nur die anerkannten Grundzüge sind im folgenden zu geben.

halts ist. Sie ist das dem Gläubiger eines anderen abgegebene Versprechen, dessen Schuld erfüllen zu wollen. Seinen Inhalt nimmt der Bürgschaftsvertrag ausschließlich aus der Hauptobligation, die er mit photographischer Treue widerspiegelt, insbesondere ist der Bürge zu derselben Leistung wie der Hauptschuldner verpflichtet. Das römische Recht hat die Identität des rechtlichen Wesens von Bürgen- und Hauptschuldvertrag scharf herausgearbeitet, dieselbe zeigt sich nach zwei Richtungen hin:

a) formal im Prinzip der Klagenkonsumption, nach welchem im Momente der Litiskontestation, z. B. der Hauptklage, die Klage des Gläubigers gegen den Bürgen getilgt wird; Justinian hat die formelle Identität durch Aufhebung der Klagenkonsumption beseitigt[1];

b) materiell einerseits darin, daß die Existenz der Bürgenobligation rechtlich an das Bestehen der Hauptobligation geknüpft ist[2], andererseits in der Übereinstimmung des konkreten Schuldinhalts bei Haupt- und Bürgenobligation (l 42 D. de fid. 46, 1) und der Zuständigkeit der Einreden des Hauptschuldners für den Bürgen, der eigene Einreden aus der Bürgenobligation nicht hat.[3] Von der Seite der Bürgschaftsobligation gesehen, bedeutet die materielle Identität die Akzessorietät jener im Verhältnis zur Hauptobligation; nur dann, wenn materielle Identität zweier Obligationen vorhanden ist, kann wahre Akzessorietät vorliegen.

---

[1] Bis dahin bestand ein kolossaler Unterschied zwischen KrA und Bürgschaft in dieser Beziehung, da beim KrA keine Klagenkonsumption eintrat, vgl. S. 27.

[2] Der fideiussor haftet nicht, wenn nichtige Hauptverbindlichkeit vorliegt, l 70 § 4 D. de fid. 46, 1 — doch zeigen sich Widersprüche in den Quellen, l 25 D. eod., vgl. auch l 127 D. de v. o. 45, 1 —. Vgl. über Nichtigkeit und nachträglichen Wegfall der Hauptobligation Windscheid a. a. O. S. 1013 ff. Anm. 2, 10 ff. Wichtig ist auch l 14 § 6 D. qu. m. c. 4, 2. Über die Frage der Wirkung der Restitution des Hauptschuldners auf die Bürgschaft s. Reinhard, Ergänzungen zu Glück, Bd. 2 1. Abt. S. 185 ff. — Auch die Bürgschaft für künftige Schuld ist echte akzessorische Bürgschaft.

[3] Hauptstellen l 19, l 7 D. de exc. 44, 1. Die höchstpersönlichen Einreden des Hauptschuldners (beneficium competentiae) stehen dem Bürgen nicht zu. Vgl. über den ganzen Punkt sowie weitere Quellenstellen insbesondere Bekker a. a. O. S. 199 ff., Wendt, Pand. S. 644, Keller, Litiskontest. u. Urtheil, S. 447 ff., Ribbentrop a. a. O. S. 26 Anm. 5, Dernburg, Pand. II S. 215 f., Windscheid-Kipp, Lehrb. d. Pandektenrechts, II. Bd. S. 1014 Anm. 6 f.

Zahlreiche Quellenstellen bezeugen den Akzessorietätsgrundsatz des römischen Bürgschaftsrechts. Schon die Form der Eingehung des Bürgschaftsvertrags drückt ihn aus: idem fide tua esse iubes? (Gaius III 115 f.). Als accessio der Hauptobligation wird die fideiussio in § 5 J. de fid. 3, 20 aufgeführt (nam eorum obligatio accessio est principalis obligationis), vgl. l 1 (accedere), l 3 (accessionis loco), l 5 (ex causa accessionis) D. de fid. 46, 1. Sehr bezeichnend ist l 4 § 1 D. eod., woselbst vom fideiussor gesagt ist, daß er rei locum optineat. Die materielle Identität wird gut zum Ausdruck gebracht in l 1 § 8 D. de obl. et act. 44, 7: sed aut proprio nomine quisque obligatur aut alieno: qui autem alieno nomine obligatur, fideiussor vocatur. et plerumque ab eo, quem proprio nomine obligamus, alios accipimus, qui eadem obligatione teneantur, dum curamus, ut quod in obligationem deduximus, tutius nobis debeatur. proprio nomine obligatus heißt dem Sinne nach nichts anderes als: auf Grund materiell selbständigen Vertrags verpflichtet, alieno nomine: auf Grund einer Obligation, die ihren Inhalt mit einer anderen (Haupt-)Obligation teilt. Die Worte qui eadem obligatione teneantur sind für das obige Prinzip ebenfalls sehr charakteristisch; vgl. dazu l 47 D. de cond. ind. 12, 6, wo das tuo (= alieno) nomine in gleichem Sinne gebraucht ist, und zugleich indirekt gesagt wird, daß, wenn der fideiussor suo nomine zahlt, er gerade nicht als fideiussor zahlt.

Wie steht es nun beim KrA mit der Identität? Der KrMt haftet hier ebenfalls dem Gläubiger aus einem besonderen Vertrag, der aber anders als der Bürgenvertrag das Schuldverhältnis zwischen KrMar und Drittem nicht widerspiegelt, sondern eigenen Inhalt hat und auf eigenen Füßen steht. Weder formell noch materiell besteht eine Identität beider Verträge, weder ist das Bestehen der Obligation des KrMt rechtlich an das der Obligation des Dritten geknüpft, noch stimmt der konkrete Schuldinhalt überein; so hat beim KrA niemals Klagenkonsumption gegolten, so erlischt die Obligation des Dritten keineswegs durch Zahlung des KrMt, und KrMt hat aus dem Darlehensschuldverhältnis keine Einreden gegenüber der actio contraria. Den theoretischen Gegensatz des KrA zur Bürgschaft schon nach römischem Rechte macht l 28 D. h. t. besonders deutlich: propter mandatum enim suum solvit et suo no mine (sc. mandator). Der KrMt als solcher zahlt stets seine eigene Mandats-, niemals fremde Schuld, im Unterschied zu dem bürgschaftlichen alieno nomine der l 1 § 8 D. cit. Der KrA ist mithin von den Römern als materiell selbständiger Vertrag konstruiert und aufgefaßt worden. Seine Mandatsnatur nach römischem Recht anerkennen, heißt zugleich, die Akzessorietät des KrA in demselben römischen Rechte leugnen.[1]

2. Heben wir im einzelnen dogmatisch die Gegensätze heraus.

a) KrMt nimmt die Darlehensschuld nicht auf sich, sondern verspricht nur, den KrMar schadlos zu halten, wenn er beim Dritten nicht Befriedigung findet. Der Unterschied ist eklatant. Nicht nur wird beim KrA Schadenersatz primär als eigentliche Vertragsleistung geschuldet, während bei den gewöhnlichen Leistungsverträgen die Pflicht des Schuldners in erster Linie im Bewirken eines bestimmten positiven Erfolgs besteht und Schadensersatz nur eventuell, wenn der eigentliche Vertragszweck fehlschlägt, geschuldet wird; sondern die Verpflichtung zum Schadensersatz beruht hier überhaupt auf kontraktlicher Grundlage, während sie sonst re, infolge Nichterfüllung einer vertragsmäßigen Verbindlichkeit, d. h. infolge eines rein tatsächlichen Umstands entsteht. Und sodann wird beim KrA Schadensersatz geschuldet, ohne daß ein Verschulden des Ersatzpflichtigen vorzuliegen braucht. Sonst knüpft das römische Recht die Schadensersatzpflicht im allgemeinen stets an ein Verschulden, auch der Bürge haftet für eventuellen Schadensersatz nur deshalb, weil das die Schadensersatzforderung des Gläubigers begründende schuldhafte Verhalten des Hauptschuldners infolge der sachlichen Identität von Haupt- und Bürgenschuld auch dem Bürgen als solches angerechnet wird. Auf welche rechtliche Grundlage könnte man sich hingegen beim KrA stützen, wollte man be-

---

[1] Es ist nach alledem ganz unzulässig, Bürgschaft und KrA unter dem Namen „Bürgschaft" zusammenzufassen, wie in der Literatur mehrfach geschieht, vgl. Brinz, Pand. S. 182, Windscheid a. a. O. S. 1010. Dagegen betont Keller, Litiskont. S. 451 ff. scharf den inneren Unterschied von KrA und Bürgschaft. Samhaber a. a. O. S. 174 f. scheidet gut zwischen eigentlicher und uneigentlicher Bürgschaft. Völlig abzulehnen ist auch Endemanns Bürgschaftsbegriff, den er in seiner zitierten (Anm. [2] S. 46) Abhandlung aufstellt. Wir müssen daran festhalten, daß „Bürgschaft" nur das der römischen fideiussio entsprechende Sicherungsvertragsinstitut ist.

haupten, daß auch hier dem Mt die Schuld des Dritten als eigene angerechnet werde, da doch der Mt ausdrücklich nur Schadensersatz verspricht, keineswegs aber die Schuld des Dritten übernimmt? Aus all diesen Gründen leuchtet ein, daß der Inhalt des KrA ein prinzipiell anderer als der der Bürgschaft ist, daß letztere auf der Hauptschuld, diese auf selbständigem, eigenartigem Versprechen fundamentiert ist. Es erklärt sich hieraus, daß Zahlung des KrMt die Darlehensobligation des Dritten rechtlich nicht tilgen kann. Dieser in den Quellen ausdrücklich bezeugte Satz des römischen KrAs-Rechts steht in grellem Widerspruch mit den Bürgschaftsrechtssätzen und wirft helles Licht darauf, daß der KrA im Verhältnis zur gesicherten Obligation einen eigenartigen Inhalt haben muß. Wenn der Bürge zahlt, „leistet“ er das, was der Hauptschuldner aus seinem spezifischen Hauptschuldverhältnis schuldet, er erbringt die Leistung des Hauptschuldners an dessen Stelle. Nur formell tilgt er seine Bürgenschuld, materiell fremde. Vermöge der materiellen Identität wirkt die solutio des Bürgen logisch auch den normalen Untergang der Hauptschuld, diese wird nicht mit einer Einrede behaftet, sondern erlischt.[1] Die Zahlung des KrMt dagegen ist — wie überhaupt das Verhältnis von Mandats- und Kreditschuld beim KrA in fundamentalem Unterschied zur Bürgschaft weder ein korreales noch ein solidarisches ist — juristisch nicht solutio der Darlehensschuld, auch nicht Leistung an Erfüllungsstatt: KrMt will nicht für den Dritten dessen Schuld tilgen: sondern Tilgung formell und materiell eigener Schuld, Erbringung der eigenen, aus dem Schadloshaltungsversprechen spezifisch geschuldeten Schadensersatzleistung. Eine Wirkung auf den Dritten und dessen Schuld wird rechtlich dadurch gar nicht ausgeübt, nur tatsächlich und mittelbar insofern, als der Gläubiger des Dritten wirtschaftlich gedeckt wird, mithin Rückzahlung des Darlehens nach

---

[1] Vgl. l 69 D. de fid. 46, 1 .. nam eius solutione liberavit reum promittendi obligatione, in quam pro eo fideiusserat ... Die Ausdrucksweise der l 36 D. eod. .. non enim in solutum accipit (sc. creditor, cui fideiussor solvit), sed quodammodo nomen debitoris vendidit ... ist nur, um die Zession bei der Bürgschaft und die dazu notwendige Fiktion — vgl. Anm. [1] S. 114 — zu rechtfertigen, gewählt, prinzipiell entspricht das im Text Gesagte der römischen Ansicht.

dem Gesetz der Billigkeit und des gesunden Menschenverstands nicht mehr fordern kann. Würde er es dennoch, so hätte der Dritte die exceptio doli: also nur eine Einrede steht dem Gläubiger fernerhin entgegen, die Darlehensobligation selbst ist ungetilgt.

b) Betrachten wir umgekehrt, welchen Einfluß die Endigung des Verhältnisses zwischen KrMar und Drittem auf das KrAs-Verhältnis ausübt, so gewinnen wir den tieferen Einblick in das wahre Verhältnis zwischen KrA und Darlehensschuld. Nehmen wir wieder den charakteristischsten Endigungsgrund der Obligation, die solutio, als Beispiel. Zahlt der Hauptschuldner bei der Bürgschaft, so erlischt ipso iure die Bürgenschuld; mit der Endigung der Hauptschuld muß konstruktionsgemäß auch die Bürgschaft, die damit eine rechtliche Wesensvoraussetzung verloren hat, unmittelbar untergehen. Beim KrA tilgt der Dritte durch die Zahlung seine Darlehensschuld: kann diese solutio auch für das „Mandatsverhältnis" zwischen KrMt und KrMar — wenn wir zunächst die römische Anschauung beibehalten — die Wirkung einer solutio haben? Nimmermehr, die erbrachte Darlehensleistung ist ja nicht die Leistung, die auch KrMt zu erbringen hatte, der hatte eine Mandats- bez. — vom dogmatischem Standpunkt aus — eine Schadensersatzleistung zu erbringen. Aber zweifellos wird der Zweck des KrA nun hinfällig, denn er war für den Fall erteilt, daß der Gläubiger durch den Dritten nicht befriedigt werde, die tatsächliche Voraussetzung, unter der das Versprechen des KrMt nur wirksam werden kann, ist die Nichtzahlung des Dritten. Die Leistung des KrMt, die im Schadensersatzleisten bestanden hatte, ist nun, da die eigentliche Leistung erbracht ist, die den „Ersatz" ausschließt, unmöglich geworden. Das ist also die Wirkung der Zahlung des Dritten: Unmöglichwerden der Leistung des KrMt! Also die Endigungsgründe sind in beiden Fällen total verschieden: die Bürgschaft endigt kraft der Rechtsnatur akzessorischer, d. h. rechtlich unselbständiger Verträge mit dem Wegfall der Hauptobligation, demnach kraft eines besonderen, nur den akzessorischen Verträgen eigentümlichen Endigungsgrundes, der KrA dagegen als selbständige, rechtlich nicht abhängige Obligationsart infolge eines allgemeinen, d. h. allen selbständigen Obligationen gemeinsamen Endigungsgrundes; sodann endigt die Bürgenschuld auf Grund der unmittelbaren Rechtswirkung der solutio, die des KrMt mittelbar zufolge tatsächlicher Entziehung des Objekts, an dem sich das Schadloshaltungsversprechen betätigen sollte und wollte.[1] Die Unmöglichkeit selbst ist eine rechtliche, keine faktische.

Man meine nicht, daß diese Unterscheidungen ein Spiel mit Worten seien. Sie machen klar, daß, während sich die Bürgenobligation in rechtlicher Abhängigkeit von der Hauptobligation befindet, beim KrA nur tatsächliche Anhängigkeit besteht. Die rechtlichen Wesensvoraussetzungen liegen beim KrA in ihm selbst, nicht in der zu sichernden Obligation, der KrA bezieht sich nur tatsächlich auf die Obligation des Dritten. Nur die rechtliche Abhängigkeit einer Obligation von einer anderen in der Weise, daß diese für jene rechtliche Wesensvoraussetzung ist[2], kann mit dem Wort Akzessorietät bezeichnet werden, für die tatsächliche Beziehung einer Obligation auf die andere fehlt z. Z. der technische Ausdruck.[3]

c) Die Untersuchung, ob der KrA akzessorisch sei oder nicht, führt uns zu einem dritten fundamentalen Unterschied von KrA und Bürgschaft. In der rechtlichen Natur der Bürgschaft, bei der der Bürge dieselbe Leistung verspricht, wie sie der Hauptschuldner zu erbringen hat, liegt es, daß der Gläubiger nach eingetretener

---

[1] Man kann bildlich sagen: der Bürgschaftsobligation werden durch die Zahlung des Dritten die Füße zum Stehen weggenommen, beim KrA wird der Inhalt ausgeschöpft, ein zwar noch immer für sich bestehendes, aber leeres Gefäß bleibt zurück.

[2] In welchem Grade dies beim KrA nicht der Fall ist, d. h. in welchem Grade die KrAs-Obligation von der Kreditschuld unabhängig ist, zeigt der Grundsatz, daß ein giltiger KrA auch mit Beziehung auf eine nichtige Kreditobligation des Dritten erteilt werden kann. Eine Bürgschaft für eine nichtige Schuld ist ein Nonsens, denn der Bürge kann nie etwas zu leisten versprechen, was der Dritte nicht schuldet, es fehlt also die rechtliche Grundlage und der rechtliche Inhalt der Bürgschaftsschuld. Dagegen der KrMt verspricht nie, was der Dritte schuldet, sondern den Schaden zu ersetzen, der dem KrMar aus einer Kreditgewährung erwächst. Weiteres unten. Derselben Meinung Windscheid a. a. O. Anm. 10 S. 1015.

[3] Das Wort „Relativität" wäre vielleicht zur Bezeichnung dieser Art von Beziehung geeignet. Man könnte dann die Verträge insgesamt in „selbständige" und „unselbständige" gliedern, unter letztere Kategorie würde die Bürgschaft fallen, die erstere könnte in „absolute" und „relative" weiter gegliedert werden; absolute Verträge wären: Kauf, Miete, Darlehen usw., relative alle rechtlich selbständigen Verträge, die sich auf eine andre Obligation beziehen.

Fälligkeit der Hauptschuld den Bürgen beliebig vor dem Schuldner belangen kann, denn mit jener ist nach der Rechtslogik — nur aus Billigkeitsrücksichten ist dieselbe im justinianischen Rechte durchbrochen worden — auch die Bürgenschuld, die dieselbe Leistung enthält, fällig. Dürfte man von gleicher Rechtslogik auch beim KrA sprechen können? Wie bei jedem selbständigen Vertrag bestimmt sich beim KrA der Fälligkeitstermin für die Vertragsleistung des KrMt selbständig, nach den Gesetzen, die die Natur des dem KrA zugrunde liegenden Versprechens des KrMt vorschreibt; im Unterschied zur Bürgschaft ist daher die Fälligkeit der KrAs-Schuld vom Zeitpunkt der Fälligkeit der Kreditschuld rechtlich durchaus unabhängig. Die Natur des Versprechens des KrMt fordert nun strengste Subsidiarität der Verpflichtung des letzteren im Verhältnis zur Verpflichtung des Dritten. Die Entwicklung dieses KrAs-Satzes wird besser im folgenden Paragraphen, der das wahre rechtliche Wesen des KrA dogmatisch behandelt, gegeben, damit Wiederholungen vermieden werden. Ein tiefgehender Konstruktionsunterschied ist jedenfalls vorhanden; über die praktische Ausgestaltung desselben im römischen Rechte vgl. S. 125f.[1]

Dies die Wesensunterschiede zwischen Bürgschaft und KrA: 1. selbständiger Vertragsinhalt, 2. anderes Verhältnis zur gesicherten Obligation (Relativität, nicht Akzessorietät), 3. Subsidiarität.

II. Gedenken wir noch einiger anderer mehr formaler Unterschiede!

1. Da ist zunächst die Form der Bürgschaft, die Formlosigkeit des KrA zu erwähnen. Ist die Wortform der Bürgschaft Giltigkeitsvoraussetzung, deren Beweis nur dadurch erleichtert ist, daß

[1] Ein Unterschied zwischen dem KrA und der fideiussio indemnitatis besteht nur in Ansehung der Subsidiarität nicht, im übrigen ist die fid. ind., was die materielle Identität ihres Inhalts mit dem der Hauptobligation in dem oben entwickelten Umfang anlangt, echte fideiussio und vom KrA fundamental geschieden. Vgl. l 150 D. d. v. s. 50, 16 (totum tebeas quod Titius debuerit), l 16 § 6 D. de fid. 46, 1 (Haftung eines ‚fideiussor'), l 116 D. de v. o. 45, 1, l 21 D. de sol. et lib. 46, 3, l 42 pr. D. de reb. cred. 12, 1, l 6 pr. D. de nov. 46, 2, l 52 pr. D. de fid. 46, 1, vgl. auch die merkwürdige, im Bürgschaftsrecht ganz vereinzelt dastehende l 41 pr. D. eod. Darüber, daß die fid. ind. auch nach just. Recht von der fideiussio (mit benef. excuss.) verschieden ist, vgl. Mode a. a. O. S. 8, 23f., 29f.

Bezugnahme auf die geschehene Beobachtung der Frage- und Antwortform in einem Schriftstück bis zur Erbringung des Gegenbeweises genügt, so ist die schriftliche Fixierung des Garantieversprechens lediglich für den Beweis der ernstlichen Verpflichtungsabsicht des KrMt von Wert, ein mündlich geschlossener Schadloshaltungsvertrag läßt eine ebenso giltige Verpflichtung des KrMt entstehen (über die Bedeutung der Form vgl. S. 149).

2. Weiter kommt in Betracht, daß das Verhältnis zwischen KrMt und Gläubiger von der bona fides beherrscht wird und daß daher der Gläubiger ersterem gegenüber in Ansehung seiner Darlehensforderung — im S. 21 f. entwickelten Sinne — diligenzpflichtig ist, während dem Gläubiger bei der Bürgschaft eine Diligenzpflicht nicht obliegt. Die Natur des Bürgenvertrags schließt eine solche Diligenzpflicht prinzipiell aus.[1] Der Inhalt desselben ist der gleiche wie der des Hauptschuldvertrags. Der Gläubiger hat daher bloß diejenige Diligenz zu prästieren, die der Hauptschuldner fordern darf, insbesondere hat er doloses Verhalten, soweit es auch den Hauptschuldner befreien würde, zu vertreten. Dagegen eine besondere Diligenzpflicht des Gläubigers gegenüber dem Bürgen, die sich auf die gesamte tatsächliche und rechtliche Behandlung der Kreditforderung bezieht und auch der culpa des Gläubigers eine den Bürgen befreiende Wirkung zuschreibt, wäre etwas absolut Neues im Verhältnis zur Drittschuldnerobligation und würde die Leistung des Bürgen zu einer qualitativ anderen (nämlich minderen) machen als die Leistung des Drittschuldners wäre, also den Bürgenvertrag zu einer materiell besonderen Vertragsgattung erheben.[2]

---

[1] l 62 D. de fid. 46, 1: si fideiussor creditori denuntiaverit, ut debitorem ad solvendam pecuniam compelleret vel pignus distraheret, isque cessaverit, an possit eum fideiussor doli mali exceptione summovere? respondit non posse. Von Vertretung eines kulposen Verhaltens ist natürlich erst recht nicht die Rede. Wie im Text Rothenberg, Der Kreditauftrag; Beurteilung des § 680 des Entwurfs eines bürgerlichen Gesetzbuchs für das Deutsche Reich nebst Abänderungs- und Ergänzungsvorschlägen, im Arch. f. d. civ. Pr. Bd. 77 S. 338, Krüger a. a. O. S. 541 f., Mode a. a. O. S. 43 ff., z. T. a. M. Sokolowski a. a. O. S. 123 f., S. 127 ff., woselbst auch weitere Literaturangaben zu finden sind. Vgl. Hauser a. a. O. S. 378 ff.

[2] Die Leistung des Bürgen würde sich nach anderen Gesetzen bestimmen als die des Drittschuldners.

Es leuchtet ein, daß damit die logische Grundlage der Bürgschaft, die materielle Identität, aufgelöst wäre. Der Bürge hat die Einwendungen des Schuldners, aber auch nur diese, nicht mehr. Daß eine besondere Diligenzpflicht durch Vereinbarung zwischen Gläubiger und Bürgen ausbedungen werden kann, steht dem nicht entgegen; solche Verabredung gehört aber dann nicht zum eigentlichen Bürgenvertrag, sie ist ein dem Bürgschaftsrecht an sich fremdes, nebensächliches pactum. An diesem Stande hat auch weder die Einführung des sogenannten benef. cedendarum actionum noch die des benef. excussionis zugunsten des Bürgen etwas geändert. Nur für die normalen Fälle verschafft das erstere dem Bürgen den Zessionsregreß, das letztere die Hinausschiebung der Fälligkeit seiner Schuld; ist die Forderung des Gläubigers gegen den Dritten vernichtet oder rechtlich oder tatsächlich entwertet, so sind die Benefizien nicht aktuell, sie wirken stets nur nach Maßgabe des jeweiligen status quo, nicht eines status, wie er normal sein sollte.[1] Die Aufstellung einer Diligenzpflicht liegt weder im Zweck noch in der rechtlichen Gestaltung der beiden beneficia: der Bürge hatte ja stets gegen die Klage des Gläubigers die Einreden des Hauptschuldners, mehr konnte er nicht verlangen, er war dadurch so geschützt, wie es der Natur des Bürgenvertrags gemäß war. Man darf nicht übersehen, daß positiv-rechtliche Ausnahmesätze — eben jene beneficia — eine ausdehnende Auslegung nicht vertragen, sondern nur wirksam sind, soweit ihr unmittelbarer Zweck reicht.[2]

3. Ein nicht unwichtiger Unterschied zwischen KrA und Bürgschaft bestand nach römischem Recht in Ansehung der Klagenzession.

Es war bereits oben erwähnt worden, daß die Zahlung des Bürgen die Hauptobligation ipso iure tilgt. Es war nun unleugbar ein Bedürfnis vorhanden, dem regreßlosen Bürgen eine Regreß-

---

[1] So ist nur die vorhandene Darlehensforderung zu zedieren und zwar in ihrer zufälligen rechtlichen und tatsächlichen Beschaffenheit, nicht eine intakte Forderung.

[2] Vgl. über diese Frage — ob die Benefizien zu „peremptorischen" Verteidigungsvorbringen werden konnten oder nicht — besonders Sokolowski und Krüger a. a. O. (oben Anm. [1] S. 110).

möglichkeit durch Zession der dem Gläubiger gegen den Hauptschuldner zustehenden Forderung zu verschaffen. Aber wie dies Bedürfnis auf Grund der Bürgschaftskonstruktion befriedigen? Das war unmöglich. Nicht nur, daß der Anspruch fehlte, der hätte abgetreten werden können, denn dieser erlosch ja spätestens bei der Zahlung des Bürgen ipso iure — wenn nicht schon Ausklagung desselben vorangegangen war —, sondern es fehlte entsprechend dem Begriff der Bürgschaft auch jedes Mittel, durch das der Bürge den Gläubiger hätte zur Abtretung zwingen können. Die römischen Juristen griffen deshalb zu der bekannten Fiktion der l 36 D. de fid. 46, 1 — vgl. l 2 D. de distr. pign. 20, 5, l 76 D. de sol. et lib. 46, 3, l 5 pr. D. de censibus 50, 15. — Es liegt also ein echtes beneficium ced. act., eine Rechtswohltat des Bürgen vor; nach konsequentem Bürgschaftsrecht könnte er die Zession nicht fordern, aber der Gesetzgeber greift in die Logik des Rechts aus Gründen der Billigkeit ein. Übrigens nach der Zahlung konnte der Bürge die Zession nicht mehr begehren. — Beim KrA hingegen konnte nach römischem Rechte von einem beneficium ced. act. nicht gesprochen werden, da das Zessionsrecht als das natürliche Mandatsrecht auf Herausgabe des Erlangten angesehen wurde.

Aber es gilt für uns tiefer in den Geist des KrA einzudringen. Das römische Recht faßt den KrA als Mandat, er ist aber in Wahrheit kein Mandat, wie nachgewiesen worden ist. Wie kann die Zession den normalen Sinn der Erfüllung der mandatlichen Herausgabepflicht haben, da KrMar ausschließlich dominus negotii ist! Schon oben wurden als die maßgebenden Gesichtspunkte für die Gewährung der Zession beim KrA die drei Rücksichten auf den KrMt, den KrMar und den Dritten angeführt: also Momente, die weder mit der Auftragsnatur noch dem KrA als Schadloshaltungsvertrag zusammenhängen. Gründe der Billigkeit verschaffen also sowohl dem KrMt als dem Bürgen das Zessionsrecht; bei allen Sicherungsverträgen, bei allen Ansprüchen auf Schadensersatz kehren diese Gesichtspunkte wieder: der in diesen Fällen Berechtigte, der vom andern die Leistung oder den Schadensersatz erhält, hat für seine Person nun kein Interesse an dem in seinen Händen befindlichen Rechte mehr, der Zahlende aber erhält durch Abtretung desselben die Möglichkeit, sich für das von ihm Gezahlte seinerseits wieder ganz oder teilweise schadlos zu halten. Bürgschaft und KrA stehen daher, was die Zession anlangt, auf gleicher Stufe, auch beim KrA ist das Zessionsrecht eine Rechtswohltat, ein dem Wesen des Instituts fremder, der Billigkeit entsprungener Ausnahmerechtssatz: hinsichtlich des rechtlichen Fundaments des Zessionsrechtes existiert zwischen KrA und Bürgschaft dogmatisch kein Unterschied.

Diese wichtige Erkenntnis verschafft volle Klarheit über den inneren Bau des KrA. Die bisherige Literatur[1] leitete, selbst soweit sie den Mangel der Mandatsnatur erkannte, das Zessionsrecht immer aus dem KrA selbst als einem bonae fidei-Kontrakt ab und fand infolgedessen allerdings einen gewaltigen inneren Unterschied zur Bürgschaft. Aber es ist durchaus nicht angängig, das Zessionsrecht aus der bona fides-Natur des KrA etwa folgendermaßen zu erklären: „Der KrMt braucht seine Leistung nur in der Weise zu bewirken, daß er nicht ohne Grund Schaden dabei leidet; das würde er aber insbesondere, wenn er in dem Falle zahlen müßte, daß er einen selbständigen (Mandats- oder Gestions-)Regreß nicht hat (der KrA ist gegen den Willen des Dritten erteilt worden)“. Soweit kann die Wirkung der bona fides durchaus nicht ausgedehnt werden. Bona fides ist nur bezüglich der Vertragsleistung selbst zu beobachten, insofern erzeugt sie die sog. Diligenzpflicht des Gläubigers. Das ist ihre einzige Wirkung. Der Regreß hat mit der Vertragsleistung selbst nichts zu tun; die Regreßverhältnisse zwischen KrMt und Drittem gehen den KrMar nichts an, dieser ist nicht verpflichtet, dem KrMt eine Regreßmöglichkeit zu verschaffen. Die bona fides ist lediglich ein Prinzip, welches die Beziehungen der Vertragsparteien in Ansehung der vorhandenen Vertragsleistung beherrscht, aber sie ist nicht imstande, die positive Berechtigung einer Partei in Gestalt eines neuen Anspruchs aus dem Nichts zu schaffen.[2] Der KrMt kann also gerade so wenig wie der Bürge die Zession aus eigenem Rechte verlangen. Wird ihnen die Zession gewährt,

---

[1] Auch Sokolowski, vgl. a. a. O. S. 113.

[2] Über den kolossalen Irrtum, daß der KrA ein zweiseitiger Vertrag sei, vgl. S. 129ff. Im Parteiwillen ist das Zessionsrecht natürlich nicht begründet, dieser geht nur auf Schadloshaltung des KrMar.

so ist das in beiden Fällen ein freies Geschenk der über der Rechtslogik waltenden Billigkeit.

Aber ein Unterschied bleibt allerdings zwischen KrA und Bürgschaft in Fragen der Zession bestehen. Jenes Billigkeitsprinzip kann bei der Bürgschaft nur auf Grund einer rechtlichen Fiktion wirksam werden, beim KrA ist solche nicht nötig. Wenn der Bürge zahlt, so erlischt die Forderung des Gläubigers ipso iure im Moment der Zahlung: das kann keine Vereinbarung zwischen Gläubiger und Bürgen, sofern dieser als Bürge die Schuld des anderen bezahlt, aufhalten. Natürlich wenn Bürge, wie jede andere Person auch kann, dem Gläubiger die Forderung abkauft, dann bleibt sie bestehen, aber dann zahlt er ja gerade nicht als Bürge. Zahlt jemand als Bürge, so kann die Zession nur auf Grund der Fiktion ermöglicht werden, daß die Forderung des Gläubigers auch nach Zahlung noch fortbesteht: das ist auch die stillschweigende Voraussetzung der römischen Kauffiktion.[1] Beim KrA hingegen erlischt die Schuld des Dritten niemals durch Zahlung des KrMt, sie bleibt also ohne Fiktion bestehen. Dieser Unterschied ist, wie man sieht, in der Akzessorietät der Bürgschaft bez. dem Mangel derselben beim KrA begründet.

Dogmatisch stellt sich demnach die Zessionslehre bei Bürgschaft und KrA so dar: dem zahlenden Bürgen wie KrMt gewährt die Billigkeit das Recht auf Zession der Gläubigerforderung, das ihnen an sich nicht zusteht; die Vorteile dieses Ausnahmerechtssatzes können aber dem Bürgen nur auf Grund eines weiteren Ausnahmerechtssatzes, einer Fiktion, zugänglich gemacht werden, dem KrMt dagegen, ohne daß solche nötig ist, da beim KrA die Forderung fortbesteht, bei der Bürgschaft nicht. Das positive Recht kann nun noch ein Drittes bei der Bürgschaft tun, einen dritten Ausnahmerechtssatz aufstellen: daß nämlich die Forderung des Gläubigers bei Zahlung des Bürgen auf diesen ipso iure (kraft Gesetzes) übergeht. Man bemerke, daß dies vom Vorigen durchaus zu trennen

---

[1] Diese Kauffiktion macht die wahre Sachlage äußerst unklar. Durch sie wird weder zum Ausdruck gebracht, daß die Billigkeit ein Recht des Bürgen auf Zession statuiert, noch daß die an sich untergehende Forderung als weiter existierend aufgefaßt wird. Besonders verwirrend wirkt l 36 D. de fid. 46, 1.

ist; denn nach dem Vorigen ist weiter nichts gesagt, als daß der Bürge Abtretung verlangen kann, er braucht davon nicht Gebrauch zu machen, das Recht zwingt ihm die Zession nicht auf. Aber z. B. das moderne Recht, das eine cessio legalis statuiert, geht mit gutem Grunde weiter und läßt die Forderung ipso iure mit der Zahlung übergehen, gleichgiltig, ob Bürge die actio cessa haben will oder nicht. Also dogmatisch setzt sich jener scheinbar so einfache Satz, daß bei der Bürgschaft die Forderung des Gläubigers auf den Bürgen von Gesetzes wegen übergehe, aus drei Ausnahmerechtssätzen zusammen.[1]

III. Nicht zu vergessen ist endlich als Beweis für die tiefinnerliche Scheidung von Bürgschaft und KrA die verschiedene Richtung des Parteiwillens bei den beiden Instituten.[2] Insbesondere zwei Punkte, die KrA und Bürgschaft unterscheiden, nehmen die Parteien bewußt in ihren Willen auf.

1. Der Wille des Bürgen ist auf Einstehen für die Schuld des Hauptschuldners, auf Erbringung der Leistung an dessen Stelle, mithin auf Begründung einer Obligation gerichtet, die inhaltlich mit der Hauptschuld identisch ist. Der KrMt verspricht Schadensersatz, er denkt nicht an Erbringung der Leistung des Dritten, wie er überhaupt inhaltlich mit der ganzen konkreten Gestaltung des gesicherten Schuldverhältnisses nichts zu tun haben will. Besonders tritt der Unterschied des Parteiwillens zutage, wenn wir die für ein noch zu gewährendes Darlehen übernommene Bürgschaft mit dem normalen Falle des KrA vergleichen. Der KrMt verspricht Schadenshaftung schlechthin; wenn nur wirtschaftlich der Kredit gewährt wird, will er haften, auch wenn eine Verbindlichkeit des Dritten infolge der Kreditgewährung nicht entsteht. Der Bürge will nur für die Leistung des Dritten haften, also naturgemäß nicht, wenn der Dritte zur Leistung gar nicht verpflichtet ist. Übrigens würde nicht einmal, auch wenn die Bürgschaftsparteien Haftung für den Fall wollten, daß eine Kreditverbindlich-

---

[1] Wie es mit der cessio legalis beim KrA steht, s. S. 130.

[2] Ebenso Windscheid, Pand. II S. 1011f. Anm. 4, 5, vgl. Dernburg, Pand. II S. 208f. Falsch dagegen Sokolowski a. a. O. S. 2, der behauptet, bloß noch die Theorie prüfe heute ernstlich die feinen Unterschiede zwischen Bürgschaft, KrA und constitutum.

keit des Dritten nicht entsteht, bürgschaftliche Haftung bei Eintreffen dieser Eventualität entstehen, da solche in diesem Falle rechtlich unmöglich ist.[1]

2. Der Bürge will seine Verbindlichkeit durchaus an den Inhalt der Verbindlichkeit des Dritten geknüpft sehen und im Grunde nie für mehr oder weniger haften, vor allem nie für mehr. Der KrMt hingegen will lediglich nach Treue und Glauben seine Schadensersatzleistung erbringen, er verlangt Diligenz vom KrMar. Dabei kommt es ihm nicht darauf an, ob der Schaden höher oder geringer ist als der Betrag, den der Dritte auf Grund seiner Darlehensobligation schuldet[2], vorausgesetzt, daß der KrMar die gehörige Sorgfalt bei der Wahrung seiner Gläubigerrechte aufgewendet hat.

Der Unterschied im Parteiwillen ist so erheblich, daß, wenn die Parteien eine Bürgschaft gewollt haben, deren Giltigkeit infolge Formmangels fehlt, nicht vermutet werden kann, daß sie einen KrA gewollt haben, jene Bürgschaft läßt sich nicht als KrA aufrecht erhalten.

§ 4.

3. Der Kreditauftrag: Garantievertrag.

Die bisherigen Ausführungen dürften Klarheit darüber verschafft haben, daß der KrA, wie er von den Römern überliefert worden ist, in Wahrheit seiner innersten Natur nach weder Auftrag noch Bürgschaft ist. Beide Auffassungen sind in der Literatur verteidigt worden und werden es noch, sie sind unhaltbar. Zugleich ist damit die dritte, weitverbreitete Ansicht widerlegt, die den KrA als rechtliches Doppelwesen, zusammengesetzt aus Mandat (so bis zur Kreditgewährung) und Bürgschaft (nach vollzogener Kreditgewährung) faßt.[3] Denn es ist bewiesen, daß der KrA überhaupt nicht Auftrag, überhaupt nicht Bürgschaft sein kann, folglich kann er sich auch nicht in dem einen Stadium seines recht-

---

[1] Ebenso Windscheid a. a. O. S. 1015 Anm. 10.

[2] Daß diese beiden Vertragsinhalte auseinanderfallen, sowohl zugunsten des KrMt als des Dritten, ist schon angedeutet worden und wird noch näher ausgeführt werden.

[3] So besonders scharf Rothenberg a. a. O. S. 329.

lichen Daseins als Auftrag, im anderen als Bürgschaft präsentieren. Was die klare Einsicht in das Wesen des KrA so schwer macht, ist die Vielartigkeit der für den KrA aus dem römischen Recht überlieferten Rechtssätze. Diese allerdings mit ihren teils mandatlichen, teils bürgschaftlichen Tendenzen legen die Meinung außerordentlich nahe, daß der KrA ein Geschäft gleichsam mit zwei Gesichtern sei, aus mandatlichem Boden aufwachsend, vom Zeitpunkt der Darlehenshingabe an bürgschaftlichen Charakter und Zweck annehmend. Aber der KrA, wie er überliefert ist, ist ein Produkt vielhundertjähriger Geschichte und zwar römischer Rechtsgeschichte, und historisch ist jede seiner überkommenen Normen zu werten. Man darf nicht alle als gegeben und gleichwertig hinnehmen: der wirkende Rechtsgeist muß in ihnen gesucht werden. Nicht immer findet die eigenartige Rechtsidee auch den gemäßen harmonischen Ausdruck; nicht nur praktische, auch systematische Rücksichten werden zu Hindernissen der freien Ausbildung des ursprünglichen Rechtsgedankens. So gilt es, auch beim KrA die historischen Rechtssätze von den wesensnotwendigen zu scheiden und mancherlei Hüllen abzustreifen, die römische Systematik und praktische Zweckgedanken um den Kern unseres Instituts gelegt haben. Dieser selbst ist durchaus einheitlich, von nur einem Zweck erfüllt; seine Natur darzustellen, wird die nächste Aufgabe sein.[1]

I. Der KrA ist in Wahrheit lediglich ein Garantieversprechen. Durch seine Annahme entsteht ein Vertrag, durch den KrMt dem KrMar und zwar in der Absicht, ihn zu sichern, zusagt, ihm den Schaden, den er infolge der Kreditgewährung an einen bestimmten Dritten erleiden sollte, zu ersetzen. Nichts anderes bedeutet im Grunde die römische Formel: periculo meo crede; das periculum einer Obligation übernehmen, heißt, die Gefahr der wirtschaftlichen Schädigung, die etwa aus der Kreditgewährung resultiert, übernehmen, und die Gefahr übernehmen, heißt, der

[1] Es gilt, einen im römischen und gesamten bisherigen Recht verkümmerten, weil nicht beachteten Vertragstypus herauszuschälen, der theoretisch höchst interessant und praktisch sehr wichtig ist. So scharf Stammler im civilist. Arch. Bd. 69 S. 1ff. den Garantievertrag i. e. S. — vgl. unten — herausgemeißelt hat, so wenig ist er dem KrA gerecht geworden, den er als Trabanten des Mandatsbegriffs behandelt.

Versprechende, nicht der Versprechensempfänger soll am Ende den entstandenen Schaden tragen.[1] Das Garantieversprechen ist der juristische Kern des KrA, die Aufforderung zur Kreditgewährung ist rechtlich bedeutungslos. Jener Vertrag enthält nun das Versprechen,

a) Schadensersatz als solchen zu leisten; die eigentliche Leistung, der normale, von den Parteien gewollte Vertragsinhalt ist also Gewährung von Schadensersatz. Das unterscheidet den KrA von allen anderen Verträgen, die die Verpflichtung zum Schadensersatz nur als eventuelle neben der eigentlichen positiven Leistungspflicht enthalten;

b) diesen Schadensersatz ohne Vergütung zu leisten; das Versprechen begründet eine einseitige Leistungspflicht, der Versprechensempfänger ist zu einer Gegenleistung nicht verpflichtet. Das unterscheidet den KrA insbesondere vom Versicherungsvertrage;

c) den Schaden zu ersetzen, der dem Gläubiger aus der Kreditgewährung an einen bestimmten Dritten, mithin dem wirtschaftlichen Tatbestand eines einzigen Obligationsverhältnisses zwischen dem Gläubiger und einem Dritten, erwächst; dieses Moment unterscheidet den KrA von dem eigentlichen, prägnant sog. Garantievertrag, bei dem Schadensersatz in Ansehung eines Gesamtunternehmens wirtschaftlicher Natur ohne Beziehung auf ein Einzelschuldverhältnis zugesagt wird (näheres in § 6);

d) den Schadensersatz ohne Rücksicht auf den Inhalt der Schuld und die Zahlungsverpflichtung des Dritten zu leisten; das unterscheidet den Sicherungsvertrag des KrA vom Sicherungsvertrag der Bürgschaft. Der Sicherungszweck wird bei beiden Verträgen ganz verschieden erreicht, bei der Bürgschaft durch Übernahme der Schuld des anderen zur eigenen Mitvertretung, beim

---

[1] Das römische Recht faßte den Sinn jener Formel nur deshalb enger und buchstäblicher — nämlich so, daß der Gläubiger sich vom Gefahreintritt an, der natürlich meist früher als der Eintritt des wirklichen Schadens fällt, an den KrMt halten kann —, weil die Mandatskonstruktion des KrA sie nötigte, die „Auslagen" des KrMar als in dem Momente fällig anzusehen, in welchem für den KrMar eine Vermögensminderung eintritt; als solche mußte aber schon der Eintritt des periculum nach dem S. 53 Ausgeführten gelten.

KrA durch Begründung einer neuen Obligation, die mit dem Inhalt der Kreditschuld des Dritten nichts zu tun hat.

II. Betrachten wir den KrA auf seine Wesensgrundlagen etwas näher.

1. Was bezweckt das Garantieversprechen hinsichtlich des Kreditgeschäfts? Sicherung des Gläubigers. Wogegen? Zwei Funktionen des KrA sind zu scheiden.

a) Er will den Gläubiger sicherstellen gegen die Insolvenz des Schuldners. Der KrMt verspricht zu zahlen, falls das Vermögen des Schuldners nicht imstande sein sollte, den Gläubiger zu befriedigen.

b) Außerdem aber soll der Gläubiger gegen diejenigen Fälle mangelnder Befriedigung sichergestellt werden, die in rechtlichen Mängeln seiner Forderung gegen den Dritten ihren Grund haben, in denen der Schuldner deshalb nicht zahlt, weil er nicht dazu verpflichtet ist. Man denke an den Fall der l 12 § 13 D. h. t., in welchem der Haussohn, falls das Darlehen contra Sc. Macedonianum gegeben war, nur naturaliter haftet, oder die Fälle, in denen eine Verbindlichkeit des Dritten überhaupt nicht existiert: der Dritte ist unmündig, entmündigt, geisteskrank. Der KrMt haftet hier, da er die Gefahr der wirtschaftlichen Schädigung des KrMar infolge der Kreditgewährung auf sich genommen hat. Ein Schaden kann dem Gläubiger aus der Kreditgewährung ja auch entstehen, wenn aus ihr eine giltige Kreditverbindlichkeit nicht entspringt, nämlich dann, wenn der Dritte nicht freiwillig zahlt. Zahlt der Dritte nicht freiwillig, so muß KrMt einstehen.

2. Die notwendige Konsequenz der Auffassung des KrA als reinen Garantievertrags ist, anzuerkennen, daß durch einen KrA ohne weiteres das periculum einer Kreditschuld in ihrem jederzeitigen Zustand übernommen werden kann. Das römische Recht wurde gehindert, den KrA in dieser Ausdehnung zuzulassen, da durch Mandat begrifflich nur Handlungen aufgetragen werden können, die nicht schon ausgeführt sind; daher mußte auch ein KrA i. e. S. und ein Stundungsauftrag — weil nur das Moment der noch nicht erteilten Stundung dieses auf bereits bestehende Obligationen bezogene Garantieversprechen zum Mandat machen konnte — unterschieden werden. Als reiner Sicherungsvertrag

hingegen hat der KrA sowenig wie die Bürgschaft mit Auftragsgrundsätzen zu tun, als Schadloshaltungsvertrag insbesondere ist er deshalb jederzeit zulässig, weil eine Schädigung des Gläubigers einer bestehenden Kreditobligation auch ohne Stundungsgewährung jederzeit denkbar ist. Der KrA kann daher zu jedem, sei es abgeschlossenen, sei es abzuschliessenden Kreditgeschäft als Sicherungsmittel hinzutreten, gleichgiltig, ob der Gläubiger durch die erhöhte Sicherheit zur Kreditgewährung oder Stundung veranlaßt werden soll oder nicht. Diesen Begriff des KrA — der also weiter als der römische ist — wollen wir von nun an zugrunde legen. Das römische mandatum ut credas ist weiter nichts als ein Schadloshaltungsvertrag mit Beziehung auf ein künftiges Kreditgeschäft (analog der Bürgschaft für künftige Schuld). Einen selbständigen Stundungsvertrag gibt es dogmatisch überhaupt nicht.[1]

3. So wenig wie die Bürgschaft hat nun der KrA mit der Interesselehre etwas zu tun. Als Sicherungsvertrag trägt er seinen Zweck, seine causa in sich selbst — jedes Sicherungsgeschäft ist um seiner selbst willen giltig —: der Sicherungszweck ist seine causa. Der KrA ist deswegen auch so wenig wie die Bürgschaft ein abstrakter Vertrag. Ob KrMt Interesse an der Kreditgewährung hat, ist ganz gleichgiltig; natürlich wird er regelmäßig solches haben, mindestens ein Affektionsinteresse, aber es ist auch denkbar, daß der KrMt sich ausschließlich im Interesse des Gläubigers ganz ohne Rücksicht auf den Dritten verpflichtet. Darauf, ob er Interesse an der Kreditgewährung hat, käme es nur an, wenn er mit dem KrMar einen besonderen Vertrag abschlösse, der diesen zur Kreditgewährung verpflichtete, so aber ist der KrMt wie der Bürge aus seinem Sicherungsvertrag nur verpflichtet, nicht berechtigt, und es genügt, wenn sein ernstlicher Verpflichtungswille feststeht.[2] Bei der fideiussio sahen die Römer niemals darauf, ob fideiussor Interesse habe, — wie BEKKER, Proz. Kons. S. 198, sehr gut betont —: warum sollte die Interessefrage beim KrA anders

---

[1] Weiteres über die Begriffsbestimmung des KrA s. § 6 S. 156f.

[2] Es zeigt sich hier also ein fundamentaler Unterschied zum Auftrag, der außer dem neg. proprium des Mt stets Interesse desselben voraussetzt, eine Voraussetzung, die nachgewiesen sein muß. Beides ist beim KrA nicht der Fall.

stehen? Die Interesselehre scheidet vielmehr für das KrAs-Recht vollständig aus.[1]

4. Das rechtliche Mittel der Sicherstellung des Gläubigers ist das Versprechen des KrMt, ihm den eventuellen Schaden, der aus der Kreditgewährung entsteht, zu ersetzen. Was ist als Schaden zu ersetzen?[2]

a) Schaden ist hier wie stets an sich der Unterschied im Bestand des Vermögens des Geschädigten, der infolge eines bestimmten Ereignisses entsteht, im Vergleich zu dem Vermögensbestand vor Eintritt desselben. Er umfaßt die unmittelbare Vermögenseinbuße sowie den entgangenen Betrag des nach dem gewöhnlichen Laufe der Dinge und den besonderen Umständen des Falles zu erwarten gewesenen Gewinnes. Der Vermögensverlust muß mit dem bestimmten Ereignis so zusammenhängen, daß nach der gesunden Anschauung des Lebens von einer (unmittelbaren oder mittelbaren) Verursachung des Schadens durch das Ereignis gesprochen werden kann. Das schädigende Ereignis ist hier der Eintritt der völligen oder teilweisen Insolvenz des Schuldners oder die Erklärung seiner rechtlich begründeten definitiven Zahlungsweigerung, wenn eine klagbare Verbindlichkeit nicht vorliegt.

b) Dieser objektiven Begrenzung des Schadensbegriffes steht eine wichtige subjektive zur Seite. Freilich wird dieselbe nicht so gewonnen, daß man die Schadensersatzpflicht nur so weit statuiert, als der Dritte zu zahlen hat oder zahlen müßte, wenn er rechtlich verpflichtet wäre. Eine giltige Darlehensobligation angenommen, so würde der Dritte zwar stets zur Zahlung des Darlehens samt versprochenen Zinsen, aber, wenn z. B. Verzug mangels zurechenbaren Verschuldens des Dritten nicht vorliegt, nicht zur Zahlung des Schadens verpflichtet sein, der dem Gläubiger durch die Zahlungszögerung über den Fälligkeits- oder den Tag der Mahnung hinaus erwächst, ebensowenig wäre es der Bürge. Der KrMt dagegen schuldet Schadensersatz, er hat den wirtschaftlichen

[1] So auch Arndts a. a. O. S. 556, Esmarch a. a. O. S. 131. Auch Puchta, Vorlesungen Bd. 2, S. 172, meint, Interesse des KrMt brauche nicht nachgewiesen zu werden.

[2] Über Art und Umfang des Schadensersatzes vgl. Stammler a. a. O. S. 127 ff.

Gesamt- und Endeffekt der Kreditgewährung zu vertreten: und Schaden ist dem Gläubiger ohne sein Verschulden durch jene Zahlungszögerung entstanden. Man sieht, daß die Vertragsinhalte von KrA und Kreditobligation keineswegs identisch sind. Der KrMt zahlt, wenn der Gläubiger vom Dritten nichts erlangt hat, nicht das Darlehen samt Zinsen und Verzugsschaden als solches — wie der Bürge —, sondern er erbringt eine eigene Vertragsleistung, er zahlt alle jene Beträge und noch dazu den darüber hinausgehenden Betrag, um den der Gläubiger ärmer geworden ist, als Schadensersatz. Die Person des Dritten und dessen subjektive Beziehungen zum Gläubiger und der Darlehensforderung scheiden mithin für den KrMt und dessen Vertragsleistung aus.[1]

Der subjektive Maßstab ergibt sich vielmehr, wie bei einem materiell-selbständigen Vertrag natürlich ist, aus dem Verhältnis der KrAs-Parteien zueinander. Das Verhältnis von KrMt und KrMar ist beherrscht von Treu und Glauben. Der KrMt hat seine Vertragsleistung — und das ist wiederum bei jeder materiell-selbständigen kausalen Vertragsleistung der Fall — nur nach bona fides zu erfüllen. Die bona fides bei Verträgen ist natürlich kein abstraktes Prinzip, das bei jeder Obligation in der gleichen Weise wirkt, sondern sie äußert ihren Einfluß je nach der besonderen Vertragsleistung verschieden. Nun nimmt der KrMt eine Verpflichtung auf sich ohne Gegenleistung, er leistet Schadensersatz, obwohl ihn bei der Entstehung des Schadens keine Schuld trifft. Naturgemäß wird also die Verkehrstreue im höchsten Maße walten müssen. Es würde derselben widersprechen, sollte der KrMt Schadensersatz leisten müssen, wenn der Gläubiger bei gehöriger Sorgfalt den entstandenen Schaden hätte vermeiden können: positiv, bei Verletzung dieser Sorgfalt muß der KrMt frei werden. Man drückt diese Wirkung der bona fides beim KrA meist so aus: der KrMar sei im Bezug auf seine Forderung „diligenzpflichtig“. Der Kürze halber empfiehlt es sich zwar, das Wort beizubehalten, aber man muß sich immer bewußt sein, daß die Beobachtung der Dili-

[1] Daß der KrMt auch hafte, gleichgiltig, ob der Dritte mit oder ohne Schuld nicht erfüllt habe, betont auch Österley a. a. O. S. 31, insofern „komme der KrA der Versicherung sehr nahe“, auch für casu-Unmöglichkeit (?) stehe KrMt ein.

genz nur eine Haftungsbedingung zugunsten des Schuldners, nicht etwa eine Vertragspflicht zu Lasten des Gläubigers ist (etwa wie sorgfältige Ausführung eines Auftrags), was schon daraus ersichtlich ist, daß die Verletzung der Diligenzpflicht niemals eine Schadensersatzpflicht des Gläubigers begründet — das müßte der Fall sein, wenn eine Vertragspflicht vorläge —, sondern nur Befreiung des Schuldners des KrA bewirkt. — Diese Diligenzpflicht bei Wahrung der Gläubigerstellung und des eigenen Gläubigerrechts ist eine spezifische Eigentümlichkeit der Garantieverträge im Unterschied zu anderen Obligationen. Man beachte zunächst, daß sie weit mehr besagt, als der für alle Obligationen geltende Satz: selbstverursachten Schaden hat der Geschädigte zu tragen. Hier handelt es sich aber nicht nur um das Verursachen, sondern auch um das Verhüten jedes vom Schuldner drohenden Schadens und überhaupt darum, ob Gläubiger mit größter Sorgfalt über der rechtlichen und tatsächlichen Integrität (Bonität) seiner Forderung gewacht hat. Betrachten wir nun weiter einmal — um vergleichend eine gewöhnliche Obligation als Beispiel heranzuziehen — den KrMar als Gläubiger der Darlehensobligation. Wird wohl der Schuldner je dadurch frei, daß der KrMar es unterlassen hat, Vorkehrungen gegen die drohende Insolvenz des Schuldners zu treffen, oder Pfandrechte oder andere Sicherungsmittel aufgegeben hat? Und wenn etwa infolge Verschuldens des Schuldners (Verzug) dem Gläubiger ein besonderer Schaden erwachsen ist, so haftet Schuldner für diesen nur insoweit nicht, als Gläubiger grobfahrlässig — obwohl er es ohne Kosten und besondere Kraftanstrengung gekonnt hätte — verabsäumt hat, denselben abzulenken oder zu verringern, oder gar absichtlich den Schaden vergrößert hat. Den Gläubiger für sein eigenes Verhalten dem Schuldner gegenüber in einer weitergehenden Weise verantwortlich zu machen, wäre auf Grund der bona fides nicht zu rechtfertigen: denn der Schuldner hat ja durch den Verzug bez. sein sonstiges Verhalten den Schaden verschuldet, und überdies sind ihm die wirtschaftlichen Vorteile des Darlehensgeschäfts zugute gekommen. Nichts anderes kann dogmatisch vom Bürgen gelten, der idem schuldet; das vorstehend geschilderte Verhältnis zwischen Darlehensschuldner und Gläubiger spiegelt sich in seinem Verhältnis zum Bürgschaftsgläubiger wieder;

sowenig der Schuldner, sowenig kann der Bürge je eine Diligenzpflicht vom Gläubiger in Ansehung der Behandlung der Darlehensforderung beobachtet verlangen. Der Grundsatz der materiellen Identität von Bürgen- und Hauptschuld ist ein schlagender Beweis dafür, daß es unmöglich ist, bei der Bürgschaft eine Diligenzpflicht zu konstruieren. Aus der selbständigen Obligationsnatur des KrA dagegen entspringt dieselbe als notwendige Konsequenz.

Wegen der einzelnen Fälle der Verletzung der Diligenzpflicht sind die Ausführungen S. 21f. zu vergleichen. Es ist noch zu betonen, daß die Diligenzpflicht in keinem Zusammenhang[1] mit dem Regreßverhältnis zwischen KrMt und Schuldner steht, so etwa, daß Gläubiger verpflichtet wäre, die Ansprüche, die er an den KrMt bei Zahlung abzutreten hat, in rechtlich und tatsächlich intaktem Zustand abzutreten. Jene Zessionspflicht steht ganz außerhalb des Vertragskörpers des KrA, sie ist ein von außen angefügtes, wenn auch sehr nützliches Glied. Da sie mit dem KrA als solchem nichts zu tun hat, kann auch die bona fides, die nur im Innern des Vertragsorganismus waltet, unmittelbare Beziehungen zwischen ihr und der Vertragspflicht des KrMt mit der Wirkung, daß nur bei Abtretung intakter Forderung Ersatzpflicht des KrMt eintritt, nicht knüpfen.[2] Die Zessionspflicht wird nur wirksam, wenn und soweit ein Anspruch gegen den Dritten — gleichgiltig, in welchem Zustand — vorhanden ist. Die Diligenzpflicht folgt aus dem KrA als Schadensersatzvertrag und würde bestehen, auch wenn die Zessionspflicht ganz fehlte.

Ein Hauptresultat des Gesagten ist dieses, daß die völlige Verschiedenheit des Inhalts der Verpflichtung des KrMt vom Inhalt der Verpflichtung des Dritten nachgewiesen ist: die Haftung des KrMt ist einerseits härter, andererseits milder als die des Dritten. Das Gleiche gilt vom Verhältnis von KrA und Bürgschaft.

5. Wann ist der Schadensersatz vom KrMt zu leisten? Erst dann, wenn der Schaden feststeht. Die Unsicherheit der Forderung

[1] Es ist ein Hauptfehler Sokolowskis, daß er dies — vgl. a. a. O. S. 112f. — verkannt hat. Das Wesen des KrA ist ihm damit zu einem großen Teil nicht aufgegangen.

[2] Nur ein Retentionsrecht der S. 131 bezeichneten Art besteht.

genügt keinesfalls, den KrMt haftbar zu machen. Deshalb hat dogmatisch — anders das römische Recht — die Fälligkeit der Schuld des Dritten als solche keinen Einfluß auf den KrA. Nicht eher hat der Gläubiger einen Schaden erlitten, als bis objektiv feststeht, daß der Schuldner bez. wie viel er nicht zahlen kann.[1] Der Gläubiger hat sich daher zunächst an diesen zu halten und alle Mittel in Bewegung zu setzen, um Befriedigung zu erlangen. Normalerweise hat er erst im Wege der Zwangsvollstreckung gegen den Schuldner vorzugehen; erst wenn sich herausstellt, daß exigibles Vermögen nicht vorhanden ist, kann KrMt in Anspruch genommen werden.[2] Natürlich genügt, um das Vorhandensein des Schadens objektiv festzustellen, auch z. B. offenkundige Insolvenz. Bei mangelnder Verpflichtung des Dritten muß Gläubiger zunächst freiwillige Zahlung zu erlangen suchen; ist unzweideutige Erklärung des Dritten da, daß er die Zahlung auf Grund der mangelnden Verpflichtung weigere, oder tritt dieser Wille sonst offenbar zutage, so ist der Zeitpunkt der Fälligkeit der Schadensersatzverbindlichkeit gegeben.

Das rechtliche Wesen des Schadens bedingt somit strengste Subsidiarität der Verpflichtung des KrMt.[3] Eine unmittelbare — der Verpflichtung des Dritten, wie bei der Bürgschaft, zeitlich parallel gehende — Verpflichtung entspringt niemals aus einem Garantievertrag[4], und darin liegt der fundamentale Unterschied zum rechtlichen Wesen der Bürgschaft. Das beneficium excussionis bei der Bürgschaft bedeutet einmal durchaus nicht vollkommene Subsidiarität, sondern solche nur in bestimmten gesetzlichen Grenzen, sodann aber ist die Einführung der Einrede der Vorausklage lediglich aus Billigkeitsgründen (‚beneficium‘) und angesichts der Tat-

---

[1] Bei Konkurs des Schuldners muß der Gläubiger dessen Beendigung abwarten, ehe er den KrMt belangen kann.

[2] Auch Zwangsvollstreckung in die Immobilien muß erst versucht werden.

[3] Außer den Anm. [3] S. 54 Genannten: PUCHTA, WENDT, HASENBALG, vom dogmatischen Standpunkte aus ebenso: UNTERHOLZNER a. a. O. S. 837, ENDEMANN a. a. O. S. 234 Anm. 33, MODE a. a. O. S. 5, PAGENSTECHER a. a. O. S. 593. Dagegen: SOKOLOWSKI a. a. O. S. 101 f.

[4] So STAMMLER a. a. O. S. 60. Ist ein Bereicherungsanspruch gegen den Dritten entstanden, so muß der Gläubiger auch diese Klage erst versuchen.

sache erfolgt, daß die Zufügung eines dasselbe bezweckenden pactum zu der Bürgschaftserklärung schon lange im Verkehr üblich war. Das Wesen der Bürgschaft heischt Fälligkeit der Bürgenforderung bei Fälligkeit der Hauptforderung. Auf die durch das beneficium der Vorausklage geschaffene unvollkommene Subsidiarität der Haftung kann deshalb seitens des Bürgen stets Verzicht geleistet werden, ohne daß das rechtliche Wesen der Bürgschaft Justinians dadurch irgendwie beeinträchtigt wird. Beim KrA hingegen gehört die Subsidiarität so zum innersten Wesen des Schadensersatzversprechens, daß der KrMt, wenn anders der juristische Charakter des KrA nicht verloren gehen soll, auf das „Recht" der subsidiären Haftung niemals verzichten kann. Würde der Gläubiger klagen, bevor der Schuldner ausgeklagt ist oder seine Insolvenz usw. anderweit feststeht, so würde der Klage eine — von Amts wegen zu beachtende — Einwendung aus der Natur des KrA entgegenstehen, nicht aber eine nach Art des benef. excuss. verzichtbare Einrede. Ließe sich der Schuldner des KrA auf eine derartige Klage ein, so würde sich der KrA durch Parteieneinverständnis in ein anderes Geschäft, z. B. eine Bürgschaft, verwandeln, der Prozeß jedenfalls aber aufhören, einen KrA zum Gegenstand zu haben. Das römische Recht hat die Subsidiarität des KrA weder vor noch in dem justinianischen Recht rein entwickelt. Vor dem justinianischen Rechte bewirkte die Mandatsauffassung, daß der Schadens-(„Auslagen"-)ersatz normal und zugleich spätestens mit der Fälligkeit der Darlehensschuld als dem Zeitpunkt, mit dem die Unsicherheit des Gläubigers beginnt, fällig wurde, und das justinianische Recht, das für die Bürgschaft wie für den KrA das benef. excuss. einführte, gab diese Subsidiarität einerseits nicht im Sinne vollständiger Indemnitätshaftung, andererseits als verzichtbare „Rechtswohltat".

Die Subsidiarität macht den KrA nicht etwa zu einer bedingten Obligation. Eine Bedingung ist ein accidentale eines Geschäfts, d. h. kann fehlen und hat mit dem Wesen der Obligation selbst nichts zu schaffen. Beim KrA hingegen ist die Haftung des KrMt von Natur subsidiär, sie kann begrifflich nie fehlen.[1]

---

[1] Anders die subsidiäre Haftung des Indemnitätsbürgen, die in den Quellen mehrfach ausdrücklich als bedingte bezeichnet wird, vgl. l 116 D.

III. Wann ist der KrA als abgeschlossen anzusehen? Das Garantieversprechen des KrMt wird formlos gegeben, formlos angenommen; der KrA ist Garantievertrag, es bedarf daher des übereinstimmenden, auf Schadloshaltung bezüglich bestimmter Obligation zwecks Sicherstellung des Gläubigers derselben gerichteten Willens der Parteien, sowie der Erklärung dieses Parteiwillens. Im übrigen braucht die Obligation, auf die sich der KrA bezieht, nicht ausdrücklich nach Person, Vertragsinhalt und näheren Vertragsbedingungen bestimmt zu sein, wenn nur in concreto nach den Umständen Zweifel nicht auftauchen können. Soweit es sich um die Höhe des zu gewährenden Kredits handelt, muß die Haftungsgrenze irgendwie festgelegt sein; ist eine Grenze nicht ausdrücklich bestimmt, so kommen die konkreten Umstände in Frage: die Vermögensverhältnisse der Beteiligten, der bestimmte Zweck, den der Dritte mit Aufnahme des Darlehns verfolgt, Gewohnheit zwischen den Parteien, wenn diese öfters derartige Verträge schließen, usw. Bezieht sich der KrA auf eine schon existente Obligation, so ist im Zweifel die Höhe der vorhandenen Forderung für die Haftung des KrMt maßgebend.

Abgeschlossen d. h. rechtlich existent ist der KrA mit der erklärten Willensübereinstimmung der Parteien über alle Punkte, die dem Vertrag wesentlich sind. Die Annahmeerklärung kann ausdrücklich vor der Kreditgewährung oder stillschweigend durch dieselbe erklärt werden. Wann die Erklärungen als abgegeben anzusehen sind, richtet sich nach den allgemeinen Regeln über die Perfektion der Verträge. Mit dem Abschluß entsteht die Haftung des KrMt — die also die tatsächlich erfolgte Kreditgewährung keineswegs zur rechtlichen Voraussetzung hat —, und zugleich tritt auch die Diligenzpflicht des Gläubigers — vgl. S. 132 — in Wirksamkeit. Einen realen Boden erhält jene abstrakte Haftung freilich erst mit der tatsächlichen Kreditgewährung, denn der KrA bezieht sich ja begrifflich auf einen anderen Obligationstatbestand, dessen Vorliegen die tatsächliche Voraussetzung eines wirksamen KrA ist; kommt kein Kreditgeschäft zustande, so ist die Haftung des KrMt pro nihilo übernommen und ohne rechtliche Folgen.

de v. o. 45, 1, l 21 D. de sol. et lib. 46, 3; ganz natürlich: denn wenn die Indemnitätsklausel fehlte, bliebe immer noch echte fideiussio bestehen.

IV. Betrachten wir kurz im einzelnen das mit dem Abschluß des KrA zwischen den Parteien begründete Rechtsverhältnis. Welche Einwendungen hat KrMt? Welche Bewandtnis hat es mit der Zessionspflicht?

1. Kraft der über die den KrA beherrschende bona fides oben aufgestellten Grundsätze gilt als oberstes Prinzip, daß der KrMt zu zahlen nur verpflichtet ist, wenn der Gläubiger sich die Befriedigungsmöglichkeit nicht selbst durch dolus oder Fahrlässigkeit verscherzt hat. Überhaupt keine Einreden aus der Person des Dritten, sondern nur aus dem Garantievertrag selbst und dessen bona fides-Natur!

a) Natürlich werden auch nach diesem Prinzip die Einreden des Schuldners für die Verpflichtung des KrMt von Bedeutung sein können, aber in welch' indirekter Weise, werden einige Beispiele zeigen. Die Einrede der Stundung ist für den Drittschuldner eine echte Einrede, für den KrMt kommt sie als solche gar nicht in Betracht, solange nicht seine Haftung durch Feststehen des Schadens aktuell geworden ist, und auch dann nur, wenn infolge der Stundung der Schaden herbeigeführt oder erhöht worden ist und die Stundung ein sorgfältig handelnder Gläubiger bei Berücksichtigung der Umstände nicht gewährt hätte.[1] Die Einrede der Kompensation — römisch gesprochen — würde der KrMt, falls z. B. der Dritte ihre Vorschützung im Prozeß versäumt hätte, mit der Bedeutung geltend machen können, daß er vorbringt, Gläubiger hätte sich durch Aufrechnung mit der fälligen Forderung des Drittschuldners befriedigen können, ein Schaden liege also nicht vor. Auf die Verjährung der Schuld des Dritten kann sich KrMt nur dann beziehen, wenn der Gläubiger infolge mangelhafter Aufmerksamkeit die Verjährung eintreten ließ, sonst nicht. Die Einreden des Dritten kommen für den KrMt also nur in Betracht, sofern sie auf die dem KrMar gegenüber dem KrMt obliegende Diligenzpflicht vermöge der sie begründenden Tatsachen Bezug haben oder die Entstehung eines Schadens des Gläubigers negieren.

---

[1] Daß Stundung der Hauptschuld den KrMt schlechthin befreie, ist irrigerweise vielfach in der Literatur behauptet worden, vgl. Holzschuher a. a. O. S. 884, Schweppe a. a. O. S. 353, Wening a. a. O. S. 417 Anm. y, Valett a. a. O. S. 181, Österley a. a. O. S. 30.

b) Dazu kommen die besonderen, in der Verletzung der Diligenzpflicht begründeten Einreden. Für die Forderung des Gläubigers haften z. B. Pfänder oder Bürgschaften. KrMt kann verlangen, daß der Gläubiger vor ihm zunächst diese Sicherungsmittel, die mit der Forderung unmittelbar rechtlich verbunden sind, in Anspruch nehme — auch die Bürgen, da dem KrA vollständige Subsidiarität innewohnt —; gibt Gläubiger nur eines der Sicherungsmittel auf, so kann KrMt seine Leistung insoweit verweigern, als Gläubiger aus ihm Befriedigung seiner Forderung hätte finden können, denn der Gläubiger hat freiwillig und schuldhaft eine Befriedigungsmöglichkeit beiseite geworfen, wobei ganz gleichgiltig ist, ob der Gläubiger das Sicherungsmittel vor oder nach Abschluß des Garantievertrags, vor oder nach Kreditgewährung, mit oder ohne Wissen des KrMt erworben hat. — Von der größten Wichtigkeit ist die Pflicht des Gläubigers, die Beitreibung der Schuld, insbesondere die Prozeßführung mit der höchsten Sorgfalt zu besorgen. Läßt er sich dabei Nachlässigkeiten, Verzögerungen, Unterlassungen zu schulden hommen, ohne die der Schaden ganz oder z. T. hätte vermieden werden können, so tritt verhältnismäßige Befreiung des KrMt ein. Bestimmte Sätze können weiter nicht aufgestellt werden, die Umstände entscheiden alles. Der Grundgedanke ist: der Gläubiger, um dessen eigene Geschäfte es sich handelt, soll nicht im Vertrauen darauf, daß ein anderer die Gefahr übernommen hat, Nachlässigkeiten auf Kosten des anderen begehen dürfen.

c) Natürlich stehen dem KrMt auch diejenigen Einreden zu, die er als Schuldner, insbesondere als Vertragsschuldner, überhaupt hat, so die der Verjährung seiner eigenen Verbindlichkeit; auch kann er kompensieren. Bei Willensmängeln, die sein Garantieversprechen betreffen (Irrtum, Täuschung, Drohung und anderer Zwang) kann er anfechten bez. ist seine Haftung nichtig. Wegen der persönlichen Fähigkeit des KrMt zur Eingehung des Garantievertrags gilt dasselbe wie bei allen Verträgen.

2. Der Verbindlichkeit des KrMt steht eine solche des Garantiegläubigers nicht gegenüber, die Diligenzpflicht bedeutet ja nur eine Haftungsbedingung für den KrMt. Der KrA ist gerade so wie die Bürgschaft ein streng einseitiger Vertrag, der lediglich eine Verpflichtung des KrMt auslöst, nur einen Schuldner und einen

Gläubiger schafft. Allerdings hat der Gläubiger des KrA die Pflicht, dem zahlenden KrMt seinen Kreditanspruch gegen den Schuldner sowie alle damit verbundenen Rechte (Pfandrechte, Bürgschaften), event. auch den Bereicherungsanspruch gegen den Dritten bei Nichtigkeit, abzutreten, aber es ist oben S. 112ff bei der Sektion des rechtlichen Wesens des KrA genügend ausgeführt worden, daß diese Zessionspflicht mit dem KrA als solchem und der Diligenzpflicht nicht zusammenhängt.[1] So wenig jemand die Bürgschaft um der Zession willen einen zweiseitigen Vertrag nennen wird, so wenig ist dies beim KrA angängig. Wer es tut, wer insbesondere im Bestehen der Zessionspflicht beim KrA einen prinzipiellen Unterschied desselben von der Bürgschaft sieht, dem ist der KrA und und sein Verhältnis zur Bürgschaft verschlossen geblieben.[2] Die Zessionspflicht sollte nur auch beim KrA dahin ausgestaltet werden, daß die Ansprüche des Gläubigers von Gesetzes wegen auf den zahlenden KrMt übergehen, ein Schritt, der gerade so zulässig und gerade so wohltätig wie bei der Bürgschaft wäre, da sowohl die Rechtslage erheblich vereinfacht — die Zessionspflicht bedeutet ja weiter nichts, als daß die Zession verlangt werden kann: so aber würde das besondere Zessionsgeschäft und ein event. Prozeß entbehrlich — als auch weit sicherer jedem Unrecht vorgebeugt würde, da durch Zahlung des KrMt anders als bei der Bürgschaft das Gläubigerrecht gegen den Dritten nicht erlischt, ein Umstand, der den gesetzlichen Übergang der Forderung beim KrA besonders notwendig macht. Dann würde die Übereinstimmung von KrA und Bürgschaft in diesem Punkte erkannt werden: bisher ist meist übersehen worden, daß dem gesetzlichen Forderungsübergang bei der Bürgschaft auch eine Zessionspflicht des Gläubigers, die die Billigkeit statuiert, zugrunde liegt.

---

[1] Was im römischen Rechte leider verschleiert ist, vgl. S. 24.

[2] Für einen gegenseitigen Vertrag erklären den KrA Mode a. a. O. S. 101f. (die Mandatsbürgschaft begründe ein „durchaus zweiseitiges" Verhältnis zwischen KrMt und KrMar), Hasenbalg, Bürgschaft S. 406f. (das Rechtsverhältnis zwischen KrMt und Gläubiger sei ein „wahrhaft zweiseitiges"), Girtanner a. a. O. S. 373 (beim KrA sei der Gläubiger „zu einer Gegenleistung verpflichtet"), Sokolowski a. a. O. S. 112 (die Erfüllung der Schuld des KrMt und die Klagenzession ständen zueinander „im Verhältnis von Leistung und Gegenleistung").

Zwar ist dem KrMt ein Retentionsrecht in der Weise zuzugestehen, daß er die Schadensersatzleistung so lange zurückhalten darf, bis ihm die Ansprüche des Gläubigers, soweit und sowie sie vorhanden sind, abgetreten werden, aber niemals kann er, wenn solche nicht oder rechtlich oder faktisch nicht mehr intakt vorhanden sind, seine Leistung deshalb verweigern, weil sie nicht oder nicht mehr intakt vorhanden sind. Die Zessionspflicht ist keine vertragsmäßige Gegenleistungspflicht.[1] So kann es kommen, daß der KrMt, obwohl der Gläubiger seiner Zessionspflicht in Ansehung des Vorhandenen genügen kann, nicht haftet, und daß er haftet, obwohl der Gläubiger nichts oder nur wertlose Ansprüche abtreten kann: die Beobachtung oder Verletzung der Diligenzpflicht ist maßgebend.

V. Unumgänglich sind noch ein paar kurze Bemerkungen über den Fall, daß der KrA sich auf eine nichtige bez. anfechtbare Kreditverbindlichkeit des Dritten bezieht.[2]

1. Wir nehmen zunächst an, der KrA ist im Hinblick auf künftig zu gewährenden Kredit erteilt, und weiter,

a) daß — was praktisch der bedeutungsvollste Fall ist — aus der später erfolgten Kreditgewährung infolge persönlicher Eigenschaften des Dritten eine Kreditverbindlichkeit desselben nicht entstanden ist: der Dritte ist nicht geschäftsfähig oder z. B. ein Minderjähriger, dessen gesetzlicher Vertreter zur Kreditierung seine Zustimmung nicht erteilt hat. Es fragt sich: in welchem Verhältnis steht die den KrA beherrschende bona fides zu dem

[1] Die KrAs-Parteien verfolgen nicht von vornherein oder überhaupt den Zweck, die beiderseitigen Verpflichtungen gegeneinander auszutauschen. Vom Wollen des KrMar ist die Zession ganz unabhängig, er muß ipso iure coactus abtreten. Nebenbei bemerkt, wird damit ein diametraler Gegensatz von Auftrag und KrA ersichtlich: bei jenem entsteht die actio contr. (Auslagenersatz) ipso iure, die dir. (Herausgabepflicht) durch Vertrag, hier die contr. durch Vertrag, die dir. (Zession) ipso iure. — Nicht einmal vom Mandatsstandpunkt kann man den KrA als gegenseitigen Vertrag bezeichnen, denn das Mandat ist im Prinzip durchaus einseitiger Vertrag (schlecht „unvollkommen gegenseitiger" genannt), Gegenleistung könnte beim Mandat höchstens das Honorar sein.

[2] Man wolle diese Bemerkungen nur als Versuch, in diese kaum erforschten, schwierigen Fragen einzudringen, und als Anregung zu weiterer Klarstellung, nicht als Vortrag einer fertigen Lehre ansehen.

KrAs-Satz, daß der KrMt auch in solchen Fällen haftet? Zweierlei ist zu betonen.

Ist die Garantie im Hinblick auf die Ungiltigkeit der Verbindlichkeit übernommen worden, so haftet natürlich KrMt stets schon auf Grund der ausdrücklichen Vereinbarung. Ist die Garantie nur bezüglich einer bestimmten Person ohne weitere Erklärung zugesagt worden, so wird der KrMt, wenn er z. Z. des Vertragsabschlusses um die die Ungiltigkeit begründenden Tatsachen gewußt oder sie zwar nicht gekannt hat, sie aber hätte kennen müssen, schon kraft der bona fides stets haften müssen, denn er rechnete bez. mußte von vornherein damit rechnen, daß eine rechtliche Schuld des Dritten nicht zustande kommen würde. Kannte er jene Tatsachen nicht und beruhte seine Unkenntnis auch nicht auf Fahrlässigkeit, so haftet er trotzdem objektiv kraft seines Schadloshaltungsversprechens, weil er die Gefahr der Kreditgewährung als solcher übernommen hat.

Aber kraft der bona fides kann nun dies letztere Prinzip[1] nur gelten, wenn auch der Gläubiger jene Tatsachen bei der Kreditgewährung nicht gekannt, sie auch nicht hat kennen müssen. Trifft hingegen den Gläubiger in dieser Beziehung ein Verschulden, hat er gar mit Bewußtsein einem Nichtgeschäftsfähigen den Kredit gewährt, so muß er allein den Schaden tragen, denn es war sein eigenes Geschäft, das er abschloß, er mußte selbst überlegen, ob es ihm frommte oder nicht. Die Diligenzpflicht muß schon bei der Kreditgewährung beobachtet werden, denn die bona fides beherrscht den KrA vom Augenblick des Abschlusses an: der Gläubiger soll in keinem Moment auf Kosten anderer leichtsinnig handeln dürfen.

Unser Satz, der KrMt hafte auch bei Ungiltigkeit der Schuld des Dritten, wird also durch die bona fides-Natur des KrA modifiziert[2]: er trifft nur zu, wenn der KrMt jene Tatsachen, die die Ungiltigkeit begründen, kannte oder kennen mußte — dann aber stets, auch wenn das Gleiche beim KrMar z. Z. der Kreditgewährung

[1] Nämlich daß KrMt objektiv haftet, wenn er jene Tatsachen nicht kannte oder kennen mußte.

[2] Trotzdem bleibt er ein prinzipieller, spezifischer Satz des KrAs-Rechts.

der Fall war[1] — und sodann in dem weiteren Falle, wenn weder KrMt noch KrMar diese Tatsachen kannte oder kennen mußte. Er trifft nicht zu, wenn KrMt sie nicht kannte oder kennen mußte, dagegen der KrMar sie kannte oder kennen mußte.

b) Was die anderen Gründe, aus denen die Ungiltigkeit der Verbindlichkeit resultieren kann, anlangt, so ist zu bemerken, daß der KrMt die Haftung nur unter der Prinzipalvoraussetzung zusagt, daß mit dem Dritten ein vom wirtschaftlichen Standpunkte aus einwandfreies Kreditgeschäft — ein Kreditübereinkommen der oben charakterisierten Art, vgl. S. 5f. — abgeschlossen wird. Solches liegt aber z. B. nicht vor, wann Willensmängel (Irrtum, Zwang, Täuschung) bei der Kreditgewährung und dem Abschluß des Kreditgeschäfts im Spiele gewesen sind. Solange daher der Dritte anfechtungsberechtigt ist, wird man auf alle Fälle auch dem KrMt das Recht zugestehen müssen, die Schadensersatzleistung zu verweigern, bei erfolgreicher Anfechtung wird er ganz freiwerden müssen.

2. Wird in Ansehung einer bereits bestehenden nichtigen Kreditschuld mit dem Kreditgläubiger ein Schadloshaltungsvertrag abgeschlossen, so muß der Versprechende, wenn ein Garantievertrag vorliegen soll, die Absicht haben, den Kreditgläubiger zu sichern; der Vertrag muß im Hinblick auf die objektiv vorhandene Möglichkeit, daß der Dritte seine Schuld noch freiwillig erfülle, abgeschlossen sein. Der Sicherungszweck des Haftungsversprechens, der dem animus donandi, d. h. der Bereicherungsabsicht, ganz fern liegt, verleiht dem Vertrag die materielle Selbständigkeit.[2]

Ob, wenn KrMt unverschuldet von der Nichtigkeit der gesicherten Schuld keine Kenntnis hat, seine Befreiung eintritt, ist quaestio facti.

VI. Der Regreß des KrMt gegen den Drittschuldner richtet

---

[1] Denn auch in diesem Falle macht sich oben angeführtes Argument geltend, daß der KrMt von vornherein mit der Ungiltigkeit rechnete oder rechnen mußte, und zudem ist nun einmal die ausdrückliche Schadloshaltungserklärung des KrMt da.

[2] Interessant — aber m. E. unrichtig — über die materielle Unselbständigkeit des Bürgschaftsversprechens für nichtige Schuld Stammler a. a. O. S. 39ff.

sich nach dem internen Verhältnisse, das zwischen diesen besteht, vgl. o. S. 33ff., u. S. 158ff.

VII. Die Beendigungsgründe des KrA anlangend, so können 1. den abgeschlossenen Vertrag weder Widerruf oder Kündigung noch Tod einer Partei aufheben. Der KrA ist nicht Mandat, sondern Garantievertrag, und daher wie jeder normale Vertrag weder einseitig aufhebbar noch mit dem Tode einer Partei zu Ende. Dies hat nur beim echten Mandat seine Berechtigung, da der Mt natürlich in der Lage sein muß, re integra das seiner ausschließlichen Verfügung unterstehende eigene Geschäft zu widerrufen, wenn es seinen Interessen und seinem Willen nicht mehr entspricht. Ebenso ist der Endigungsgrund des Versterbens einer Partei in dem persönlichen Fundament des Auftrags, der eine Vertrauensstellung des Mar erzeugt, begründet. Beim KrA fehlt das negotium meum, die Auftragsabsicht, die Vertrauensstellung: folglich haben jene Endigungsgründe hier keinen Platz.[1]

2. Im übrigen — vgl. o. S. 37ff. — seien noch folgende besonderen Endigungsgründe, die noch nicht besprochen wurden, erwähnt:

a) Durch Zession der Darlehensforderung an den KrMt vor Eintritt des Schadens endigt der KrA vermöge confusio durch Singularsukzession. Was beim normalen Mandat Erfüllung der Mandatsobligation bedeutet (Herausgabe des Erlangten), ist hier regelwidriger Endigungsgrund.

b) Zeitablauf endigt die Verbindlichkeit des KrMt, wenn die Garantie nur für bestimmte Zeit übernommen war und innerhalb dieser Zeit ein Schaden oder die causa eines Schadens nicht eingetreten ist.

c) Wenn der Garantieempfänger den Kredit, für den Garantie übernommen worden ist, innerhalb den Umständen nach erheblicher Zeit nicht gewährt, ist dem KrMt, der seine Zusage auf Grund der damaligen Verhältnisse des Dritten erteilt hat, eine Weiterhaftung nicht mehr zuzumuten.[2]

---

[1] Ebenso Sokolowski a. a. O. S. 102f. Widerruf nach Offertegrundsätzen vor Annahme des Garantieversprechens ist natürlich statthaft.

[2] Vgl. darüber noch S. 198.

§ 5.

III. Zur geschichtlichen Entwicklung des Kreditauftrags.

I. Die Quellen geben nur dürftige Andeutungen über die Entwicklung unseres Instituts.

Der republikanische Jurist Servius Sulpicius bei Gaius III 156[1] — der erste, der uns über den KrA berichtet — leugnet die Giltigkeit des KrA schlechthin: und zwar aus den gleichen Gründen, die später die Gegner des Sabinus vorbrachten. Aber trotz der Ablehnung bildete ohne Zweifel die häufige Verwendung des KrA im Handelsverkehr eine unaufhörliche neue Veranlassung für die Juristen, sich mit dem nun einmal vorhandenen Institut, das einen ernstlichen Verpflichtungswillen des einen Teils enthielt, zu beschäftigen. Zwischen strenger rechtlicher Systematik und den Forderungen des schneller pulsierenden Lebens entstand daher ein Kampf, der dadurch, daß fortschrittlich gesinnte Juristen sich der letzteren annahmen, in den Juristenstreit überging, von dem uns Gaius und die Institutionen erzählen. Derselbe mag heftig herüber und hinüber geführt worden sein. Aber die Praxis des Verkehrs, der Fortschritt siegte. Es ist nicht anzunehmen, daß der Streit mit der Proklamierung der Auffassung des Sabinus sofort zu Ende war. Bis in Gaius' Zeit mögen die Wellen hinüber geschlagen haben[2]; ein leiser Nachklang jenes Kampfes ist vor allem bei Celsus (l 48 §§ 1, 2 D. h. t.) zu verspüren, aber nur ein Nachklang: seine Erwägungen sind rein theoretischer Natur, die Giltigkeit des KrA steht ihm unzweifelhaft fest, wie seine in l 6 § 4 D. eod. zitierte Äußerung deutlich zum Ausdruck bringt. Der KrA wurde schließlich allgemein als giltig und zwar als Mandat anerkannt und als solches von Gaius in's Mandatssystem eingereiht. Immerhin galt der KrA während der ganzen klassischen Zeit als Ausnahmemandat (mand. tua gr.), erst im justinianischen Recht erscheint er als mand. al. gr. bez. mand. tua et al. gr. und wird nicht mehr von den übrigen Mandaten gesondert aufgeführt.

---

[1] Abgedruckt S. 89. Serv. Sulpicius lebte zur Zeit Ciceros.

[2] Über das quaeratur vgl. Anm. [1] S. 92.

Bevor wir die Schicksale des KrA bis zur justinianischen Epoche näher verfolgen — seine Entwicklung war inzwischen von einer anderen bedeutsam gekreuzt worden —, möge eine andere Betrachtung eingeschoben werden.

II. Über die eigentliche Entstehungsgeschichte des KrA bleiben die Quellen die Auskunft schuldig. Welches waren die Gründe seines Aufkommens? Wie kam es, daß er, der Garantievertrag, in Mandatsform Eingang in den Verkehr fand? Für die Beantwortung dieser Fragen sind wir nur auf Vermutungen angewiesen.

1. Nun hat SOKOLOWSKI in seiner schon mehrfach zitierten Schrift „die Mandatsbürgschaft“ [1] die Hypothese aufgestellt, der KrA stamme aus dem altrömischen iussus, in dem die im KrA lebende Idee des Garantievertrags zuerst zum Ausdruck gekommen sei. Er belegt seine Darstellung mit zahlreichen Quellenstellen, aus denen die Gleichheit des rechtlichen Wesens von iussus und KrA hervorgehen soll.

Zur Widerlegung SOKOLOWSKI's genügt es, auf die ohne weiteres ersichtliche fundamentale Verschiedenheit der beiden Rechtsinstitute hinzuweisen.

a) Der iussus ist eine Ermächtigung für den gewaltunterworfenen Haussohn, mit Wirkung für seinen Vater Geschäfte mit einem Dritten abzuschließen, die die eigenen Angelegenheiten des Vaters betreffen: also Ermächtigung zu stellvertretendem Handeln. Das Institut ist aus der rechtlichen Gestaltung des altrömischen Hauswesens zu erklären, innerhalb dessen alles Vermögen dem Vater gehörte und alle Hausangehörigen nur für den Hausherrn erwarben. Es war billig, daß, wenn der Sohn die Geschäfte des Vaters führte, auch die Verpflichtungen aus denselben den Vater trafen. Allein so willig die Römer die unmittelbare Stellvertretung auf dem Gebiete des Vermögenserwerbes für den Vater anerkannten, so wenig geneigt waren sie, das Gleiche hinsichtlich jener Verpflichtungen zuzugestehen. Nur auf Grund eines besonderen iussus des Vaters wurde dieser aus Geschäften, die der Sohn für ihn abschloß, verpflichtet, und auch dann noch wurden alle Konsequenzen der freien Stellvertretung nicht anerkannt. Denn neben dem eigentlichen Ge-

[1] Vgl. S. 9–40.

schäftsherrn, dessen unmittelbarer Gläubiger der Dritte nach dem Inhalt des iussus werden sollte, blieb der abschließende Haussohn dem Dritten verhaftet. Also der iussus stellt so ziemlich das Gegenteil eines Garantievertrags dar. Dieser tritt zu fremden Geschäften hinzu, deren Inhalt an Pflichten und Rechten den Garantierenden in keiner Weise berührt, um den aus dem Garantiegeschäft Berechtigten gegenüber seinem eigentlichen Schuldner sicherzustellen, jenem liegt der Wille des Jubenten zugrunde, die Verpflichtungen aus dem abgeschlossenen Geschäft, das in Wahrheit sein Geschäft ist, direkt auf sich zu nehmen, um den Abschließenden, der eigentlich nach dem Willen des Jubenten Schuldner gar nicht sein soll, zu entlasten! Die Gegensätze können nicht größer sein. Der Sicherungszweck des Garantievertrags ist beim iussus absolut nicht vorhanden[1]; ist er vorhanden, d. h. soll das abgeschlossene Geschäft ein solches des Jubenten nicht sein, so liegt gerade nicht iussus, sondern Bürgschaft vor. Zwar stellen die Quellen manchmal Bürgschaft und iussus nebeneinander (l 91 §§ 4, 5 D. de v. o. 45, 1, l 2 pr. D. de don. 39, 5), aber die Zusammenstellung ist eine rein äußerliche, den Unterschied von iussus und Bürgschaft heben l 25 D. ad SC. Vell. 16, 1 und l 1 § 5 D. qu. iussu 15, 4 — aliud est iubere, aliud fideiubere hervor.[2]

b) Entsprechend dem gänzlich anderen Inhalt ist auch die Form der Erklärung des Haftungswillens eine andere als beim KrA. Natürlich muß der dritte Kontrahent den Willen haben, die Verpflichtungserklärung, die im iussus liegt, anzunehmen, d. h. mit dem Jubenten zu kontrahieren, aber der iussus als solcher ist gar kein Vertrag mit dem Dritten, sondern einseitige Ermächtigung, die keineswegs dem Gläubiger erklärt werden muß, sondern auch, ebenso wie bei der actio exercitoria und institoria, dem Sohne gegenüber erklärt werden kann. Das ist der zweite fundamentale Unterschied von KrA und iussus. Der Gläubiger kann vom iussus durch den Vater oder den Sohn erfahren haben, der iussus braucht auch bloß aus den Umständen ersichtlich zu sein. Übrigens erfordert die Stell-

---

[1] Vgl. Windscheid, Bd. II S. 1041 Anm. 12.

[2] Merkwürdig Brinz, Bd. II S. 222, der den iussus „etwas Bürgschaftsartiges“ nennt. Rein zufällig ist auch die Zusammenstellung in l 9 (8) Cod. qu. cum eo 4, 26.

vertretungsabsicht, daß auch der Sohn beim Abschluß mit Beziehung auf den iussus handelt, es dürfte daher ausgeschlossen sein, was SOKOLOWSKI S. 19 oben sagt, daß der Sohn ohne Wissen von dem iussus des Vaters hätte kontrahieren und dennoch den Vater verpflichten können, wenn nur der Dritte den iussus gekannt habe.[1]

Es bestehen noch viele konkrete Unterschiede in der rechtlichen Gestaltung von iussus und KrA, die aufzuführen überflüssig ist: nach allem aber erscheint die Hypothese SOKOLOWSKI's haltlos und unrichtig.

2. Vielmehr ist der Ursprung des KrA nicht im engen Kreise des altrömischen Hauses, sondern im freien Spiele der Kräfte auf dem Weltmarkte zu suchen.

Man muß sich das Aufkommen des KrA als ein ganz unwillkürliches vorstellen. Seit dem 3. Jahrhundert vor Christi Geburt wuchs Rom unaufhörlich zur weltbeherrschenden Macht heran. Die wirtschaftlichen Verhältnisse erfuhren durch die immer regeren überseeischen Beziehungen, die schließlich die ganze damals bekannte Welt umfaßten, eine fundamentale Umgestaltung. Da begann denn der Kredit zu einem wirtschaftlichen Gut von der höchsten Bedeutung zu werden. Siedelte ein Kaufmann in eine andere Stadt oder Provinz über, machte sich die selbständige Führung umfassender auswärtiger Geschäfte nötig, so bestand in erster Linie das Bedürfnis nach Kredit. Man gab den in die Ferne Ziehenden deshalb, um ihre kaufmännischen Unternehmungen zu stützen und zu fördern, Schreiben an bekannte, am Orte des Zieles wohnende Kaufleute mit, Schreiben, in denen die Ankommenden dem Kredit der bereits Ansässigen empfohlen wurden. Dabei ergab sich als ganz natürlich, daß man der Empfehlung, um ihr mehr Nachdruck zu verleihen, ein Schadloshaltungsversprechen hinzufügte: denn wie oft wird der Empfehlende das größte, sei es ideelle, sei es pekuniäre Interesse an dem Fortkommen des Empfohlenen gehabt haben. Oder ein

---

[1] Die Lehre vom iussus, ebenso wie die von den Schwesterinstituten a° exerc. u. inst., ist sehr kontroversenreich. Vorstehend sollten nur die Grundlinien gegeben werden. Man vgl. über die Lehre vom iussus insbesondere DERNBURG II S. 38f., MANDRY, Familiengüterrecht Bd. 2 S. 543ff., WENDT a. a. O. S. 444, v. THUR a. a. O. S. 202ff., WINDSCHEID a. a. O. S. 1037ff. VANGEROW a. a. O. Bd. I S. 446ff.

anderes Beispiel: zwei Kaufleute an verschiedenen Orten stehen in enger Geschäftsverbindung; dem einen droht Vermögensverfall. Da wendet sich der andere, der an der Aufrechterhaltung der geschäftlichen Existenz seines Geschäftsfreundes großes Interesse hat, an einen Bekannten in dessen Stadt mit der Bitte, den Betreffenden durch Hingabe eines Darlehens über Wasser zu halten, und fügt des stärkeren Gewichts wegen ein Schadloshaltungsversprechen hinzu. Unendlich häufig mögen solche KrAe im römischen Reiche um den Beginn der Kaiserzeit erteilt worden sein. Der Kreditvermittlungszweck war zweifellos der zuerst allein verfolgte; um ihn besser zu erreichen, verpflichtete man sich selbst. Man versprach nicht in erster Linie, um zu sichern, Schadloshaltung, sondern um einem anderen Kredit zu verschaffen. Gerade dieser Gedankengang beweist, wie wenig zunächst beim KrA an etwas Bürgschaftsähnliches gedacht wurde.

Daß der KrA tatsächlich mit der ausschließlichen Funktion der Kreditvermittlung aufgekommen ist, beweist die Mandatsform, in der ihn die Juristen von vornherein vorfinden und von der uns die Beispiele konkreter KrAe in den Quellen berichten (l 59 § 5 D. h. t., vgl. l 62 § 1 eod., l 24 D. de fid. 46, 1 etc.). Das Geschäft präsentierte sich äußerlich rein als Mandat: der eine fordert den andern auf, einem Dritten ein Darlehen zu geben, und versichert, er solle keinen Schaden davon haben. Dieser von den Juristen vorgefundene konkrete Tatbestand des KrA, wie er im Verkehr in Gebrauch war, und in dem die Bitte um die Darlehensgewährung als die Hauptsache erschien, sah äußerlich dem eines gewöhnlichen Auftrags so ähnlich wie ein Ei dem andern, das wirtschaftliche Motiv des KrA war vom juristischen Kerne nicht abgelöst. Die Einkleidung des KrA in die Aufforderungsform hat jedenfalls, wenn auch dem Scharfsinn der römischen Juristen die radikale Verschiedenheit des KrA vom Auftrag von vornherein nicht entgangen ist, den Sieg des Sabinus und seiner mandatlichen Konstruktion des KrA wesentlich erleichtert.

Man vergleiche zu vorstehender Darstellung auch l 7 Cod. h. t.: si litteras eius secutus, qui pecuniae auctor fuerat, ei qui tibi litteras tradidit pecunias credidisti, tam adversus eum, qui a te mutuam sumpsit, quam adversus eum, cuius mandatum secutus es, mandati[1] actio tibi cómpetit. Hier hat man den quellenmäßigen Beweis für den von uns behaupteten Entstehungsgrund des KrA. Freilich muß man sich gegenwärtig halten, daß der KrA nicht als Kreditbrief in unserem Sinne aufkam.[2] Nicht auf Rechnung des KrMt sollte der Kredit gewährt werden, sondern gerade auf eigene des KrMar, dieser sollte unmittelbarer und einziger Gläubiger des Dritten werden. Das ist von vornherein deutlich zum Ausdruck gekommen, wie man aus dem Sabinusstreit sehen kann.

So wurde der Tatbestand des Garantievertrags[3] in engster Verquickung mit dem wirtschaftlichen Motiv, um dessentwillen er vom Garantierenden abgeschlossen wurde, geboren, seine Entstehung erfolgte aus dem Bürgschaftsrecht ganz fremden Gedankenkreisen ohne jede Beziehung auf diese. Die Eischale der Auftragsform, des Ausdrucks der wirtschaftlichen Funktion des KrA, haftete ihm die ganze Entwickluug des römischen Rechtes hindurch, ja sie haftet ihm noch heute an. An sich dem Garantievertrag so fremd als möglich, ergab sich doch, wie wir gesehen haben, die Auftragsform für ihn höchst natürlich und einfach, und deshalb sind alle jene Ansichten, die eine mechanische Erklärung derselben und der Entstehung des KrA versuchen, künstlich und werden dem zweifellosen Entwicklungsgange nicht gerecht.[4] Ganz allmählich erst sonderte

---

[1] Das ‚mandati‘ ist offenbar vom Übel.

[2] Total irrig SCHILLING, Pandektenrecht S. 737, der KrA und Kreditbrief identifiziert.

[3] Ganz das Gleiche gilt nämlich auch von den anderen römischen Garantievertragsformen.

[4] Viele haben behauptet, der KrA sei von den römischen Juristen deshalb eingeführt worden, weil infolge der wenig beweglichen, strikt-formalen Gestaltung des damaligen Bürgschaftsrechts (fideiussio, fidepromissio, sponsio) das lebhafteste Bedürfnis nach freieren Sicherungsverträgen, die inter absentes möglich waren und insbesondere die Klagenkonsumption nicht kannten, bestanden habe. So am schärfsten MICHELS a. a. O. S. 20, 68, ebenso BRINKMANN a. a. O. S. 239f., WINDSCHEID a. a. O. S. 763 Anm. 18, SOKOLOWSKI a. a. O. S. 70 („neben anderen Gründen“ (!), die er aber nicht nennt). Diese Behauptung fußt auf dem Ergebnis der späteren Entwicklung, die uns allerdings den KrA in naher Verbindung mit dem Bürgschaftsrecht zeigt. Aber einerseits ist an sich schon eine Schlußfolgerung von der tatsächlichen späteren Gestaltung eines geschichtlichen Produkts auf seine Entstehungsgründe nicht gerechtfertigt, andrerseits wird damit dem Umstande, daß der KrA von vornherein in Mandatsform auftritt, einer

sich den Juristen der juristische Kern des KrA von der Hülle ab, wurde der wirtschaftliche Zweck als unwesentlich, das juristische Mittel als einzig in Betracht kommend erkannt.[1]

III. Als der Sabinusstreit seit Sabinus' feiner Argumentation sich immer mehr zugunsten des KrA wendete, war man weit davon entfernt, ihn als reinen Sicherungsvertrag zu erkennen. Aber darüber waren sich jedenfalls beide Parteien nicht im Unklaren, daß man ein Geschäft zum Mandat machte, dessen Rechtsinhalt ein mandatsfremder war, und daß man einem dringenden wirtschaftlichen Bedürfnisse auf Kosten der Rechtslogik genügte (s. o. S. 88). Kompromißluft wehte von vornherein im KrAs-Recht, und der fremde Gast im Mandatsgehege entwickelte seine angestammte, wahre Natur immer mehr. Der KrA trat nämlich im Laufe der Zeit in einer neuen Gestalt auf, die den Charakter des Instituts scharf beleuchtete, dem Stundungsauftrag der 1 12 § 14 D. h. t. Zwar war die äußerliche Mandatsform immer noch gewahrt — denn Gegenstand auch dieses Stundungsauftrags war eine künftige Handlung, vgl. o. S. 13f. —, aber es war leicht ersichtlich, daß

Geschäftsform, die doch der Bürgschaft so fremd als möglich ist, zu wenig Rechnung getragen — Brinkmann's interessante Ausführung S. 239f. muß abgelehnt werden, da das Bewußtsein vom iubere im fideiubere zur Zeit des Aufkommens des KrA längst geschwunden war —. Auch beweist die bekannte 1 32 D. h. t. keineswegs, daß der Hauptwert des KrA in seiner Zulässigkeit inter abs. lag, d. h. also derjenigen Wesenseigenschaft, die der Bürgschaft mangelt, und daß somit der KrA weiter nichts als Bürgschaftsersatz für Abwesende war. Die Stelle will das nicht entfernt ausdrücken, sie spricht nur von der Wesensähnlichkeit von KrA und Bürgschaft im allgemeinen als von Sicherungsverträgen. Der Jurist will gerade sagen: der Umstand, daß der KrA unter Abwesenden zulässig ist, die Bürgschaft aber nicht, ist eigentlich, wenn man aufs Wesen beider Kontrakte blickt, gar kein bedeutungsvoller Unterschied, er will also dem ganzen Sinn der Stelle nach gerade nicht den Unterschied als einen den KrA zur Ergänzung der Bürgschaft geeignet machenden hervorheben, geschweige denn eine Andeutung geben, daß der KrA etwa historisch aus solchem Ergänzungsbestreben entstanden sei. Übrigens liegt die Vermutung Sokolowski's (S. 83), daß 1 32 interpoliert sei, sehr nahe. Gegen Windscheid auch Rothenberg, Civ. Arch. Bd. 77 S. 335f.

[1] Michels a. a. O. S. 19 behauptet, das mandatum ut Titio sine usuris credas sei früher als giltig anerkannt worden als das cum usuris. Für diese Hypothese fehlt jeder Beweis.

hier zu einem fremden Geschäft ein Schadloshaltungsversprechen hinzutrat, das zum Inhalt keinerlei Mandatsinhalt hatte; der juristische Zweck des Instituts, der der Sicherung, trat augenfällig gegenüber dem zu erreichenden wirtschaftlichen Zwecke (Kreditgewährung in Form der Stundung) hervor. Jene Form des KrA gab also den Juristen erneute Veranlassung, tiefer in die Mandatshülle des KrA hineinzublicken, sie trug dazu bei, daß in der römischen Jurisprudenz die klare Erkenntnis reifte, daß man beim KrA vor einem reinen Sicherungsvertrag stand.

Das war ein ungeheurer Fortschritt. Wir wissen nicht, wann man zuerst auf die Vergleichung des KrA mit der Bürgschaft gekommen ist. Sicher ist, daß die Erkenntnis des KrA als reinen Sicherungsvertrags erst gegen Ende des 2. Jahrhunderts christlicher Zeitrechnung allgemein wurde, denn weder das SC. Velleianum noch die epistula Hadriani[1] gedenkt des KrA. In den Quellen stellt zuerst[2] Scaevola (l 62 § 1 D. h. t.) KrA und fideiussio zusammen.[3] In der klassischen Zeit des römischen Rechtes hat sich die Erkenntnis der Verwandtschaft und parallelen Stellung von KrA und Bürgschaft als von Sicherungsverträgen befestigt[4] und ist nicht ohne praktischen Einfluß auf beide Institute geblieben.

1. Natürlich waren die elementaren Rechtssätze des KrA längst entwickelt, sie waren und blieben auch in Znkunft dem Auftragsrecht entnommen: die actio mandati contraria des KrMar auf Ersatz, die directa des KrMt auf Zession, Formlosigkeit, bona fides, keine Klagenkonsumption; — daß die Subsidiarität als Wesenseigenschaft zur Geltung kam, verhinderte die Mandatsauffassung, s. o. S. 126. — Nun verglich man mit dem bestehenden Rechte der Bürgschaft. Da sprang denn insbesondere der große Vorzug des KrA vor dieser: Formlosigkeit und Mangel der Klagenkonsump-

---

[1] Vgl. S. 60 Anm. 2.

[2] Wenn wir von der Julian-Stelle l 32 D. h. t. absehen, deren Mittelsatz mit Sokolowski S. 81 ff. als interpoliert angesehen werden muß.

[3] Vgl. Sokolowski a. a. O. S. 84 f., Krüger a. a. O. S. 539.

[4] Nicht nur die Kaiser der klassischen Zeit, vgl. besonders l 4, l 10 Cod. de fid. 8, 40 (41) — so allein Zimmern, Üb. Intercess. S. 279 —, sondern auch die Juristen stellen fideiussores und mandatores unmittelbar nebeneinander, vgl. Paulus, S. R. I 9 § 5, l 48 pr. D. de min. 4, 4.

tion, in die Augen. Kein Wunder, daß man von nun an den KrA auch ausschließlich in seiner Sicherungsfunktion öfters verwendete: also ohne die Kreditvermittlungsabsicht, gerade so wie die Bürgschaft, insbesondere mit Beziehung auf bereits bestehende Kreditforderungen, allerdings immer unter formeller Wahrung der Aufforderungsform und der Mandatsregel der l 12 § 14 D. h. t. (noch nicht gewährte Stundung). Wie schematisch die Mandatsform auf diese Weise zuweilen gehandhabt wurde, zeigt z. B. l 58 § 1 D. h. t. Lucius Titius creditori suo mandatorem dedit: nicht anders würde sich der Jurist ausdrücken, wenn er von einem fideiussor spräche; offenbar handelt es sich um einen bereits bestehenden Kreditanspruch, dessen Gefahr der mandator in Form eines Stundungsauftrags lediglich zur Sicherung des Gläubigers übernimmt.

Freilich dürfte der irren, der meint, der KrA wäre jemals neben der fideiussio als gleichwertige Form des Sicherungsvertrags — gewissermaßen als fideiussio inter absentes — in Gebrauch gewesen. Erstens schmälerte die den KrA beherrschende bona fides ganz bedeutend die Schneidigkeit der Gläubigerklage, und sodann stellte die Formlosigkeit des KrA eine beständige Quelle schwieriger Beweisfragen dar, da böswillige Gegner leicht vorbringen konnten, es liege nur unverbindlicher Rat oder eine Empfehlung vor. Aus diesen Gründen mag der römische Gläubiger meist die fideiussio vorgezogen haben, trotz ihrer Mängel, und es steht zu bezweifeln, ob man dem Vorteil, den der KrA infolge des Mangels der Klagenkonsumption zweifellos bot, großes Gewicht beigemessen hat. Der KrA wird in der Hauptsache auch fernerhin als Kreditvermittlungsgeschäft gedient haben und nur nebenbei analog der Bürgschaft benutzt worden sein, wenn die Parteien das Bedürfnis hatten, eine unter bona fides stehende Garantieverbindlichkeit zu begründen.

2. Zu der Erweiterung des praktischen Verwendungsgebiets des KrA gesellte sich nun ferner eine nicht unwichtige gegenseitige Beeinflussung von KrA und Bürgschaft auf materiellem Gebiet. Es ist klar, daß die Einführung des Zessionsgedankens in das Bürgschaftsrecht[1] durch die Juristenpraxis auf dem Vorbild des KrA

[1] Den Verlauf dieser Entwicklung schildert recht gut Sokolowski a. a. O. S. 116ff.

beruht[1] und daß die schließliche Aufhebung der Klagenkonsumption bei der fideiussio mit dem Einfluß des entsprechenden KrAs-Grundsatzes zusammenhängt.[2] Andererseits bewirkte die Natur des KrA als eines Sicherungsvertrags, als der er später erkannt wurde, die nachträgliche Ausdehnung einiger Bürgschaftssätze auf denselben, so des S. C. Velleianum und der epistula Hadriani, vgl. o. S. 57ff. Wohl kaum hat hingegen die Wesenseigenschaft des KrA, die wir als Subsidiarität bezeichnen, auf die fideiussio gewirkt[3], denn die Subsidiarität fehlte in der römischen Ausgestaltung des KrA. Allerdings machte sie sich sicherlich frühzeitig in der Weise geltend, daß man dem KrA die Indemnitätsklausel hinzufügte. Eine parallele Erscheinung, hier zwar nicht im Wesen der Sache, aber im Verkehrsbedürfnis begründet, ist die fideiussio indemnitatis, die in der späteren vorjustinianischen Zeit außerordentlich häufig gewesen sein mag. Eine Art Subsidiarität erhielt der KrA zugleich mit der Bürgschaft erst durch Justinians beneficium excussionis, dem Schlußstein der römischen Entwicklung des KrA. — Ebensowenig hat andererseits die fideiussio auf den KrA, was den Mandats- und Gestionsregreß anlangt, eingewirkt, wie Sokolowski behauptet[4]; diese Regreßmöglichkeiten standen dem KrMt, wenn die entsprechenden Rechtsverhältnisse mit dem Dritten vorlagen, von jeher zu.

Das justinianische Recht kennzeichnet den KrA offen als Sicherungsvertrag, indem es den mandator und fideiussor in den Digesten- und Kodextiteln 46, 1 und 8, 40(41) nebeneinander aufführt: die Sanktionierung des KrA als reinen Sicherungsinstituts — vom sachlichen Standpunkte aus — ist damit gegeben. Formell blieb er, der Überlieferung getreu, im Mandatssystem stehen.

IV. Man hat nun mehrfach behauptet, das römische Recht habe eine Tendenz nach Schaffung eines einheitlichen, formlosen bonae

[1] Ebenso Zimmern a. a. O. S. 263.

[2] Ebenso Zimmern a. a. O. S. 263, Sokolowski a. a. O. S. 104, dagegen Krüger a. a. O. S. 541.

[3] A. M. Wendt, Pand. S. 639f., Endemann a. a. O. S. 228. Das Gegenteil ist richtig, vgl. S. 145f.

[4] Vgl. a. a. O. S. 88ff. Dagegen Krüger a. a. O. S. 540 (wie im Text); es ist allerdings nur Zufall, daß Paulus und Ulpianus die Mandats- und Gestionsregreßklage nicht erwähnen.

fidei-Bürgenvertrags gehabt, es habe auf Verschmelzung von KrA und Bürgschaft hingestrebt, wobei der Einfluß des KrA vorwiegend zur Geltung gekommen sei.[1] Diese Behauptung ist abzulehnen.

Nach mehr als fünfhundertjähriger Entwickelung müßte im justinianischen Rechte eine merkliche Annäherung des rechtlichen Wesens von KrA und Bürgschaft zu bemerken sein. Nichts davon: nur äußerliche Übereinstimmungen sind zu konstatieren. So ist es rein äußerlich, daß Justinian zweimal die mandatores und fideiussores in einem Titel zusammenstellt. Er tut das aus gutem systematischen Grunde, weil KrA und Bürgschaft als ausschließliche Sicherungsverträge mit Beziehung auf eine einzelne Obligation zusammengehören; im übrigen werden die Rechtssätze von KrA und Bürgschaft innerhalb der Titel sauber voneinander getrennt.[2] Und das SC. Velleianum, das die zur Eingehung eines KrA oder einer Bürgschaft fähigen Personen, das beneficium divisionis, das den Fall mehrerer KrMt oder Bürgen, das beneficium cedendarum actionum, das den Regreß des Bürgen betrifft: was haben sie mit dem rechtlichen Wesen beider Institute zu tun?[3] Die Einführung des beneficium divisionis forderte die Billigkeit, nachdem einmal erkannt war, daß der KrA ebenso wie die Bürgschaft ein Sicherungsvertrag war. Gar nichts für eine Vereinigungstendenz will das beneficium excussionis besagen. Sollte es für die fideiussio einmal eingeführt werden, so war kein Grund vorhanden, es für den KrA nicht auch einzuführen, da dieser ebenfalls Sicherungsvertrag war und der KrMt genau so wie der Bürge unter dem Mangel der subsidiären Haftung litt. Daß die beiden Benefizien auf den KrA ausgedehnt wurden, ist übrigens sicherlich zum großen

---

[1] Vgl. Brinkmann a. a. O. S. 258 ff., dann besonders Arndts, Pand. S. 557 f., Sokolowski a. a. O. S. 84 ff., 125 ff. Dagegen sehr gut Krüger a. a. O. S. 542 f. (von einer Tendenz, die fideiussio zu einem bonae fid.-Kontrakt nach dem Vorbilde des KrA zu machen, sei im römischen Rechte nichts Greifbares zu entdecken).

[2] Die Konstituenten wurden wohl nur deshalb nicht mit den fideiussores und mandatores zusammen behandelt, weil das constitutum nicht ausschließlich als Sicherungsvertrag, sondern auch zu andern Zwecken (Schuldübernahme) verwendet wurde.

[3] Gut Michels a. a. O. S. 75.

Teil dem Interzessionsbegriff zu verdanken, den die Römer auf den KrA anwandten. Es war ihr Bestreben, ein äußerlich einheitliches Interzessionsrecht zu schaffen: das Hauptbeispiel der Interzession, die fideiussio, beeinflußte daher ganz natürlich die zwei nebensächlichen Sicherungsverträge, constitutum und mandatum qualificatum.

Den Übereinstimmungen stehen, gerade so wie in der früheren Entwicklung, so noch im justinianischen Rechte, tiefgegründete Unterschiede von KrA und Bürgschaft, was Form[1], rechtliche Konstruktion (hier materielle Identität, dort selbständiger Vertragsinhalt) und Walten der bona fides anlangt, gegenüber. Diese drei Momente betreffen aber gerade das rechtliche Wesen beider Institute. Niemals — auch im justinianischen Rechte nicht — hat KrMt die Einreden des Dritten gehabt, niemals ist dem Gläubiger, der einen Bürgen hatte, eine Diligenzpflicht auferlegt worden. Diese fundamentalen Unterschiede beweisen mehr als alle äußerlichen Übereinstimmungen. Der rechtliche Kern von KrA und Bürgschaft ist bis zu Justinian einer vom andern gänzlich unberührt geblieben, der gegenseitige Einfluß hat sich nur in Äußerlichkeiten ausgewirkt. Die fideiussio hat auch bis zuletzt ihren Platz als dominierender Sicherungsvertrag behauptet. Bürgschaft und KrA nebeneinander, juristisch scharf getrennt, jedes besonderen Verkehrsbedürfnissen dienend: das ist der Anblick, den das justinianische Bürgschaftsrecht gewährt. Von einer Tendenz nach Schaffung eines einheitlichen Bürgschaftsbegriffs ist keine Spur in ihm zu entdecken.

Gewiß ist in der Geschichte des römischen Bürgschaftsrechts ein Streben nach immer freierer, dem wachsenden Verkehr und dem gesteigerten Bedürfnis nach formeller Beweglichkeit und materieller Billigkeit entsprechender rechtlicher Gestaltung wirksam, eine Tendenz, die sich nicht nur im Aufkommen der formlosen Sicherungsverträge des constitutum und receptum[2], sondern insbesondere auch in der rechtlichen Entwicklung der römischen Normalbürgschaft, der fideiussio, zeigt. Es ist hochinteressant,

---

[1] Vgl. über die Wichtigkeit der Form S. 149.

[2] Vgl. über das receptum Dernburg II, S. 210.

die Entwicklung der letzteren zu verfolgen.[1] Der engen und starren sponsio und fidepromissio — jene nur römischen Bürgern, diese auch Peregrinen zugänglich; Grundsätze für beide: Zulässigkeit nur bei Verbalobligationen, strengste Wortform, Klagenkonsumption, Unvererblichkeit auf Seite des Bürgen, Notwendigkeit des unmittelbaren zeitlichen Anschlusses der Bürgschaft an die Begründung der zu sichernden Hauptobligation[2] —, deren Rechtssätze übrigens schon während der Republik eine gewisse Milderung erfuhren (lex Furia, Publilia, Cornelia), folgte die freiere fideiussio — auch bei Nichtverbalobligationen zulässig, vererblich auf Seite des Bürgen —, anfangs sich noch eng an jene alten Formen anlehnend, im Laufe der Jahrhunderte aber immer mehr ihre Ecken und Kanten verlierend. Der Verlauf ist der: die Form der fideiussio wird immer freier — praktisch schließlich nur noch Schriftform wie bei der stipulatio[3]; Erweiterung der Formel bei der fideiussio indemnitatis —, die formelle Selbständigkeit der Bürgschaftsobligation wächst — giltig auch für künftige und naturale Hauptobligation; fideiussio fideiussionis[4] —, die Rechte des Bürgen gegen den Gläubiger werden vermehrt — beneficium divisionis Hadrians, das durch die Praxis geschaffene Zessionsrecht —. In den letztgenannten zwei Beziehungen hat Justinian die Entwicklung noch weitergeführt: durch die Aufhebung der Klagenkonsumption im Verhältnis von Bürgen- und Hauptobligation und die Gewährung des beneficium excussionis. Der fortschrittliche Geist ist unverkennbar. Aber: was — abgesehen von der Form der Bürgschaft, die ebenfalls bis zuletzt aufrecht erhalten wurde, und der grundsätzlichen Verneinung der Diligenzpflicht — von der frühesten sponsio bis zur harmonisch ausgebildeten fideiussio Justinians unverrückt dasselbe geblieben ist, das ist die besondere rechtliche Art, in der der Sicherungszweck erreicht wird: die Forderung

[1] Vgl. zum folgenden die schon erwähnten ausgezeichneten Ausführungen BEKKER's, Proz. Kons., S. 182 ff.

[2] Vgl. hierzu und zum folgenden Gaius, Inst. III 115—127.

[3] Über die Entwicklung der Fidejussionsform vgl. SOKOLOWSKI a. a. O. S. 106 ff.

[4] In dieser Beziehung sehr interessant ist die Behandlung des Verschuldens des Bürgen, der die Leistung des Hauptschuldners — facere oder non facere — unmöglich macht, vgl. BEKKER a. a. O. S. 203 ff.

des Gläubigers gegen den Schuldner wie gegen den Bürgen hat eadem res zum Gegenstand, die materielle Identität, d. h. das juristische Abhängigsein der Bürgschaftsschuld nach Inhalt und Bestand vom Inhalt und Bestand der Hauptobligation, dieser Rechtsgedanke — man kann ihn die Idee der Bürgschaft nennen — ist gleichmäßig der fideiussio der Republik wie der fideiussio Justinians eigen. Und diese Konstruktion der römischen Normalbürgschaft entsprang wichtigsten Verkehrsbedürfnissen, die in gleicher Kraft von jeher wirksam waren (vgl. unter V). Der fortschrittliche Geist in der Entwicklung der fideiussio beschränkte sich darauf, gewissermaßen die Oberflächen des Kiesels abzuschleifen, unter Wahrung des rechtlichen Kerns der fideiussio alle unnötigen Härten (strenge Wortform, Klagenkonsumption) zu beseitigen und die Bürgenstellung soweit der Billigkeit entsprechend zu gestalten, als es mit jenem nicht unverträglich war; weiter ging auch der Einfluß nicht, den der KrA auf die fideiussio ausübte (Zessionsgedanke, Mangel der Klagenkonsumption).

V. Überladen mit Schlacken eines spezifisch römischen Entwicklungsprozesses, sind die beiden großen Ideen der Bürgschaft und des Garantievertrags vom justinianischen Recht der Nachwelt überliefert worden. Das SC. Velleianum und damit der Interzessionsbegriff, das beneficium divisionis bei der fideiussio, die Mandatshülle, die äußerlichen bürgschaftlichen Sätze (SC. Vell., ben. divis.), die unechte Subsidiarität des beneficium excussionis, die Regel der l 9 § 3 D. de SC. Mac. 14, 6, die mit allem KrAs-Recht in Widerspruch steht und lediglich aus der Einwirkung des spezifisch römischen SC. Macedonianum zu erklären ist, beim KrA sind solche Schlacken. Wir müssen sie abstreifen, um den ursprünglichen Rechtsgedanken zu erfassen. Tun wir es, so erkennen wir den fundamentalen Gegensatz der scheinbar verwandten Geschäfte und verstehen, daß, wie bis heute eine Verschmelzung von Bürgschaft und KrA nicht eingetreten ist, dies auch in Zukunft nie geschehen kann. Daß es auch gar nicht erstrebenswert ist, beweisen einige einfache Erwägungen, die zum Schluß angefügt werden mögen.

1. Wie die Geschichte lehrt, ist die Bürgschaft, d. i. die fideiussio, als strikt-formales Institut aufgekommen und ist solches bis auf den heutigen Tag in den meisten Gesetzgebungen geblieben.

Nicht ohne gemeinsamen Grund haben die verschiedensten Zeiten und Völker an dieser rechtlichen Gestaltung der Bürgschaft festgehalten: so allein konnte die Bürgschaft ihre Funktion als zuverlässiges Sicherungsmittel für den Gläubiger, das der Verkehr so notwendig braucht, erfüllen. Der Ausschluß der bona fides garantierte die Schneidigkeit der Klage, die Einhaltung einer Form beim Abschluß sicherte nicht nur den Beweis desselben, sondern bildete auch eine nicht unwirksame Kautel gegen leichtsinniges Bürgen Mittelloser. Die Form der Bürgschaft ist keineswegs zufällig und willkürlich, sondern der letzteren als prinzipalem Sicherungsinstitut vorzüglich angepaßt. Die Bürgschaft ist um des Gläubigers willen da, der Verkehr bedarf eines klaren, unzweideutigen Bürgschaftsrechts, das in erster Linie den Interessen des Gläubigers dient und bei dem es erst in zweiter Linie darauf ankommt, auch die Bürgenstellung so wenig ungünstig wie möglich zu gestalten. Die Interessen des Gläubigers aber fordern, daß einerseits der Beweis des Abschlusses des Bürgenvertrags durch formellen Akt sichergestellt werde und daß andererseits materiell-rechtlich dafür gesorgt sei, daß ihm die Forderung gegen den Bürgen nicht bei jedem kleinen Versehen seinerseits aus den Händen schlüpft. In der römisch-rechtlichen Gestaltung war die Bürgschaft ein Gut von höchstem wirtschaftlichen Wert: nur in jener Gestaltung ist sie als normaler, verkehrsüblicher Sicherungsvertrag heute noch brauchbar. Der KrA konnte und kann nie der Normalsicherungsvertrag werden, und wer heute nach einem formlosen, einheitlichen bonae fidei-Bürgenvertrag nach dem Vorbild des KrA verlangt, der will dem Bürgschaftsrecht dasjenige rauben, worauf gerade sein hoher Verkehrswert beruht, der schlägt der natürlichen Bestimmung der Bürgschaft, dem Gläubiger ein verläßliches Sicherungsmittel zu sein, ins Gesicht. Es ist eben unmöglich, die Bürgschaft wie jeden anderen Vertrag zu behandeln; sie soll ja alle anderen Vertragsforderungen sichern, diese causa bedingt natürlich, daß das Schwergewicht bei der rechtlichen Ausgestaltung auf die günstige Stellung des Gläubigers fällt. Dem Bürgen ist durch das Zessions- und Exkussionsrecht soviel als möglich bewilligt worden, das Streben nach Verbesserung seiner Stellung findet seine unüberschreitbare Schranke an der Sicherheit des Gläubigers.

2. Ein zweites Argument gegen eine anzustrebende Verschmelzung beider Institute ist systematischer Natur. Was rechtlich verschieden ist, muß auch für alle Zeiten rechtlich auseinandergehalten werden: das verlangt die die Rechtswissenschaft vor allen anderen beherrschende Begriffsklarheit. Wie soll man sich einen aus jener Verschmelzung hervorgehenden einheitlichen Bürgschaftsbegriff eigentlich denken? Soll das Fundament der Bürgschaft, die materielle Identität, gewahrt bleiben, so kann eine Diligenzpflicht nicht geduldet werden, soll diese herrschen, muß jene weichen. Ohne gewaltsame Verzerrung des Bürgschaftsgedankens läßt sich solche Verschmelzung nicht denken: die Folge derselben wäre Unklarheit in Theorie und Praxis. Gerade der Bürgschaftsbegriff muß aus dem unter 1. entwickelten Grunde besonders rein von fremdartigen Bestandteilen gehalten werden und auf klarem, einfachen Prinzip aufgebaut sein. Übrigens ist ja vor allem auch das Verhältnis der Sicherungs- zur Hauptschuld bei KrA und Bürgschaft so total verschieden, daß man wohl theoretisch von Antipodentum sprechen kann. Wie sollten aber Gegensätze, ein Schadensersatzvertrag und ein der Hauptobligation inhaltlich analoger Vertrag, verschmolzen werden können?

3. Man könnte nun sagen: wenn auch zuzugeben ist, daß der Bürgschaftsbegriff, wie er besteht und immer bestanden hat, auch weiter zu behalten ist, so ist doch wenigstens ein Weiterexistieren des KrA als besonderen Instituts nicht nötig und erwünscht, er ist ein unklares Geschäft und verwirrt das Bürgschaftsrecht bloß; will jemand eine bonae fidei-Bürgschaft, so kann er einen Nebenvertrag dieses Inhalts mit dem Gläubiger schließen. Darauf ist zu erwidern: mit nichten! Der KrA könnte allerdings über Bord geworfen werden, wenn er lediglich ein Konkurrenzinstitut zur Bürgschaft sein wollte, d. h. lediglich deren Funktionen aufwiese. So aber fällt sein praktisches Anwendungsgebiet nur zum kleinen Teile mit dem der Bürgschaft zusammen; seine speziellen Funktionen, die die Bürgschaft gar nicht erfüllen kann uud die weit über die bloße Gewährung einer Haftung nach bona fides hinausgehen, sind insbesondere folgende:

a) Er ist der einzig mögliche Sicherungsvertrag für solche Kreditgeschäfte, aus denen aus in der Person des Dritten liegenden

Gründen eine Verbindlichkeit desselben nicht entstanden ist: z. B. es handelt sich um ein Kreditgeschäft mit einem Minderjährigen, dem die Zustimmung des gesetzlichen Vertreters fehlt, oder mit einem Entmündigten oder Geisteskranken.[1]

b) Die durch den KrA bewirkte Haftung bringt sowohl dem Sicherungsvertragsgläubiger als dem Sicherungsvertragsschuldner besondere Vorteile, die die Bürgschaft nicht gewährt. Jenem gibt sie mehr Rechte gegen den letzteren, da dieser auf Schadensersatz in Fällen haften kann, in denen der Bürge nicht haften würde (vgl. oben S. 121f.). Diesem gewährt sie den Schutz der bona fides; den KrMt gehen die Einreden des Dritten nichts an, es kann in concreto eine wesentliche Erleichterung bedeuten, daß er sich um dieselben nicht zu kümmern braucht. Es werde häufig auf Herbeiführung gerade solch doppelt qualifizierter Haftung gerichtete Parteiinteressen vorhanden sein, die Befriedigung erheischen.

So ergibt sich die Berechtigung des KrA als besonderen Instituts neben der Bürgschaft. Diese zu ersetzen, ist er unfähig, aber er ist neben ihr heilsam und unentbehrlich. Keins der beiden Institute ohne das andere; Verkehrsbedürfnisse, die die Bürgschaft unbefriedigt läßt, befriedigt ergänzend der KrA.[2] Diesem Resultat entspricht auch die geschichtliche Entwicklung: das justinianische Sicherungsvertragsrecht mit seinem rechtlichen Doppelcharakter (fideiussio einer-, KrA andrerseits) ist nicht nur der natürliche und endgiltige Abschluß der römischen bürgschaftlichen Rechtsentwicklung, sondern der typische jedes Bürgschaftsrechts überhaupt.

§ 6.

IV. Die systematische Stellung des Kreditauftrags.

Welches ist das Verhältnis des KrA zu anderen Garantieverträgen? Welches seine Stellung im gesamten System des Obligationenrechts? Diese beiden Fragen sind noch zu erörtern.

---

[1] Bruns, v. Holtz's Encyklopädie S. 522, hat zwar vorgeschlagen, den Bürgschaftsbegriff so zu erweitern, daß durch die Bürgschaft Haftung für die Leistung des Hauptschuldners als solche übernommen werde, aber solche Bürgschaft wäre theoretisch nicht konstruierbar, vgl. auch oben Anm. 2 S. 108. Gegen ihn auch Stammler a. a. O. S. 38ff.

[2] Überhaupt der Forderungsgarantievertrag, vgl. S. 156f.

I. Es kommen unendlich viele Garantieverträge im Leben vor. Wie sind sie zu gruppieren?

Der allgemeine Begriff des Garantievertrags ist zunächst dahin festzustellen, daß er derjenige unentgeltliche bonae fidei-Kontrakt ist, vermöge dessen der eine Teil dem anderen zum Zwecke der Sicherung desselben Schadloshaltung hinsichtlich eines Schadens verspricht, den dieser durch ein bestimmtes, mit einem objektiv ungewissen wirtschaftlichen Erfolg verbundenes Unternehmen, gleichviel ob es schon begründet ist oder nicht, erleidet. Damit wäre der Garantievertrag ganz im allgemeinen von anderen Sicherungsverträgen, insbesondere der Bürgschaft und dem Versicherungsvertrag, abgeschieden. Man sieht, daß dieser Begriff des „Garantievertrags i. w. S.“ die Möglichkeit mannigfaltigster konkreter Ausgestaltung bietet.

Alle konkreten Garantieverträge lassen sich nun in zwei Gruppen scheiden. Die erste Gruppe bilden die Garantieverträge, die sich auf ein einzelnes Schuldverhältnis, besser einen einzelnen Obligationstatbestand, der zwischen zwei anderen Personen existiert, beziehen; einer dieser Garantieverträge ist der KrA. Die zweite Gruppe bilden diejenigen Garantieverträge, deren Objekt ein Unternehmen der oben charakterisierten Art ist, das sich entweder überhaupt nicht auf einen einzelnen Obligationstatbestand bezieht oder sich in solchem nicht erschöpft; ein Beispiel dieser Gruppe ist die staatliche Zinsen- (besser Dividenden-)garantie bei Eisenbahnaktiengesellschaften. Die moderne Theorie hat bisher allein die zweite Gruppe, die von nun an unter dem Namen „Garantievertrag i. e. S.“ zusammengefaßt werden möge, rechtlich tiefer durchforscht, für ihre Erkenntnis hat insbesondere die ausgezeichnete Abhandlung von Stammler im Arch. f. civ. Pr. Bd. 69 S. 1 ff. bahnbrechend gewirkt.

1. Bevor das systematische Verhältnis der genannten beiden Gruppen untersucht wird, mögen einige Worte über den Stammlerschen Aufsatz Platz finden.

Es ist bedauerlich, daß Stammler den KrA als Garantievertrag nicht erkannt hat, und daß ihm daher das ganze Gebiet der Garantieverträge mit Beziehung auf einen einzelnen Obligationstatbestand verschlossen geblieben ist. Er faßt den KrA als Auftrag (S. 119), der in erster Linie zur Ausführung des Aufgetragenen verpflichte, wobei er einen äußerst weiten Mandatsbegriff — vgl. bei ihm A. 259 — zugrunde legt. Wegen seines Mandatsbegriffs und seiner Auffassung des KrA STAMMLER zu widerlegen, ist nach unseren obigen Ausführungen unnötig. STAMMLER unterscheidet zwar auch für das heutige Recht KrA und Bürgschaft, aber er vergleicht diesen Unterschied mit dem angeblich auch zwischen Garantieauftrag und Garantievertrag noch bestehenden (S. 118f.), den er analog den beiden Formen des römischen Garantievertrags, dem in Stipulations- (promissio indemnitatis im Vormundschafts- und Erbschaftsrecht, l 8 § 1, l 19 pr. D. ad SC. Vell. 16, 1, l 6 Cod. ad SC. Vell. 4, 29, l 2 Cod. si mater 5, 46) und in Mandatsform (Auftrag an Erbschaftsdelaten, l 32 D. h. t., vgl. l 19 §§ 1, 2 D. ad SC. Vell. 16, 1), aufstellt. Dieser Vergleich basiert auf durchaus unrichtiger Grundlage. Einerseits ist der KrA keine Bürgschaft in Auftragsform, sondern ein Geschäft von ganz anderer materieller Konstruktion (keine materielle Identität), andererseits kann ein Unterschied zwischen Garantievertrag und sog. Garantieauftrag keineswegs anerkannt werden. Die Garantieverträge in Stipulations- und Mandatsform sind von gleicher juristischer Natur. Von der modernen Theorie muß ebenso wie die Stipulations- auch die Mandatsform abgestreift werden; denn auch bei den Garantiemandaten, die STAMMLER zitiert (S. 65ff.), liegt negotium proprium des Mar vor, sie sind also unechte Mandate. Dann aber bleibt, ganz genau wie es beim KrA nachgewiesen wurde, vom Garantiemandat nur noch der reine Garantievertrag übrig. Heute gibt es also nur Garantieverträge, keine Garantieaufträge mehr (vgl. übrigens oben Anm. [1] S. 76). Es ist daher auch unzulässig, wie STAMMLER S. 78 tut, zwischen akzessorischen und prinzipalen Garantieübernahmen zu scheiden: unter erstere rechnet STAMMLER KrA und Bürgschaft, unter letztere den Garantievertrag i. e. S. Eine Garantieübernahme liegt erstens in der Bürgschaft überhaupt nicht, denn diese enthält kein Schadensersatzversprechen, Garantievertrag und Bürgschaft sind getrennte Welten;[1] sodann ist der

---

[1] Die Bürgschaft ist durchaus keine „Form des Garantievertrags“: irrig WINDSCHEID a. a. O. S. 763.

KrA nicht akzessorisch, wie nachgewiesen worden ist: das wäre eine ganz äußerliche Akzessorietät, die sich auf rein tatsächliche Beziehung einer Obligation auf eine andere ohne rechtliche Abhängigkeit beschränkt. Der KrA ist so selbständig wie der Garantievertrag i. e. S.

2. Die Gegenüberstellung der im Anfang erwähnten zwei Gruppen beruht keineswegs auf einer rechtlichen Verschiedenheit derselben. Die Funktion und der rechtliche Bau (insbesondere die Selbständigkeit, d. h. der besondere Vertragsinhalt) sind bei den Garantieverträgen mit Beziehung auf einen einzelnen Obligationstatbestand und den Garantieverträgen i. e. S. gleich. Aber es ist zweckmäßig, weil übersichtlicher, liegt überdies historisch nahe, jene Scheidung nach den Objekten der Garantieverträge (ob eine einzelne persönliche Verpflichtung oder ein Vermögenskomplex bez. eine Summe wirtschaftlicher Beziehungen ohne persönliche Richtung gesichert werden soll) vorzunehmen. Auch das besondere, nur auf Obligationen bezügliche Institut der Bürgschaft, an das sich zwanglos der KrA und sein Gefolge anreiht, regt dazu an. Praktisch sind die beiden Gruppen sehr leicht auseinanderzuhalten. Z. B. l 32 D. h. t., die das „Garantiemandat" der Erbschaftsgläubiger gegenüber dem zögernden Delaten bespricht, enthält einen Garantievertrag i. e. S., auch wenn die Aktiva der Erbschaft ausschließlich aus Forderungen bestehen sollten: denn garantiert wird hier der unschädliche Gesamteffekt des Erbschaftsantritts, die Bonität der Erbschaftsforderungen als solcher wird nicht übernommen. Dasselbe gilt für die Fälle der l 19 pr. §§ 1, 2 D. ad SC. Vell. 16, 1. Dagegen der Fall der l 19 § 4 eod. ist ein Garantievertrag mit ausdrücklicher Beziehung auf die Erbschaftsschuldner als solche, die Gefahr wird unmittelbar für deren Schulden übernommen.

Eine Besprechung des Garantievertrags i. e. S. ist hier überflüssig, da ihn Stammler erschöpfend behandelt hat (eine große Anzahl konkreter Beispiele für den Garantievertrag i. e. S. findet sich bei ihm a. a. O. S. 3ff.). Nach Stammler liegt jener vor, wenn jemand einer auf Vermögenserwerb gerichteten Unternehmung eines anderen dadurch Unterstützung und Förderung angedeihen läßt, daß er unentgeltlich das Risiko, das mit derselben verbunden ist, ganz oder in bestimmter Begrenzung vertragsmäßig übernimmt. An anderer Stelle sagt er (S. 5), sein Zweck sei „unentgeltliche Sicherung eines geschäftlichen Unternehmens aus irgend welchem tatsächlichen Interesse des Garantierenden.“[1] Mit Recht betont er, daß der Garantievertrag „ein materiell charakterisierter“, kein abstrakter Vertrag sei. Die Grundregeln für unser Institut finden sich a. a. O. S. 118 ff. — Wenden wir uns jetzt der anderen Gruppe der Garantieverträge zu.

II. Garantieverträge mit Beziehung auf ein einzelnes Schuldverhältnis begegnen schon in den römischen Quellen vielfach (abgesehen von KrA und Stundungsauftrag). Solche enthalten z. B. l 19 § 4 D. ad SC. Vell. 16, 1, l 60 § 1 D. h. t., l 12 § 15 eod., l 7 Cod. de loc. e. cond. 4, 65; solche sind das mandatum ut pro Titio fideiubeas bez. ut mandes ut Titio credas, das mandatum ut deponas periculo meo (l 1 § 14 D. dep. 16, 3), das mandatum ut pro me fideiubeas bez. ut alicui mandes ut is mihi credat (vgl. u. S. 158 ff.). Alle diese Mandate verfolgen nicht Mandats-, sondern Garantiezwecke, alle haben sie ein negotium proprium des Mar zum Gegenstand, alle müssen sie, was dem römischen Rechte nicht möglich war, vom echten Mandat abgeschieden werden: in derselben Weise, wie das für den KrA oben geschehen ist. Schon die Römer haben übrigens hier und da Garantiemandate solcher Art schlechthin mit Beziehung auf bereits bestehende Obligationen — auch bei Mangel der Stundungsabsicht — zugelassen, Beweis l 60 § 1 cit., also den reinen Schadloshaltungsvertrag zum Zwecke der Sicherung eines Forderungstatbestandes gekannt. Indes weist nur der KrA feste Rechtssätze und eine historische Entwicklung auf, das rechtliche Wesen der anderen Garantieverträge ist jeder konkreten Gestaltung gegenüber selbständig unter Berücksichtigung der bona fides zu analysieren.

Für die Gruppe der Garantieverträge mit Beziehung auf ein einzelnes Schuldverhältnis fehlt bis jetzt der Name, die systematische Einteilung und fast jede theoretische Behandlung.

1. Als Gruppenname sei die Bezeichnung „relativer Garantie-

[1] Die Angabe dieses Zweckes hätte Stammler freilich schon in die Definition aufnehmen sollen.

vertrag“ vorgeschlagen (vgl. o. Anm. 3 S. 108). Dieselbe bringt die tatsächliche Abhängigkeit dieser Art Garantieverträge von einem anderen Obligationstatbestand zum Ausdruck und kann in einem weiteren Sinne wohl auch für diejenigen Garantieverträge verwendet werden, die sich auf einen rechtlich ungiltigen Obligationstatbestand beziehen (z. B. KrA zugunsten eines Wahnsinnigen). Höchst nötig ist ferner, für den Hauptvertrag der ganzen Gruppe, den KrA, dessen Name unglücklich gewählt ist, eine andere, seine Garantievertragsnatur hervorhebende Bezeichnung zu gewinnen. Sokolowski hat vorgeschlagen, ihn „Mandatsbürgschaft“ im Gegensatz zur „Stipulationsbürgschaft“ zu nennen.[1] Vielleicht ist diese Benennung noch unglücklicher als die ursprüngliche „Kreditauftrag“, denn sie führt zu dem Glauben, als sei der KrA wirklich Mandat und Bürgschaft in einem verbunden, während gerade jede Verwandtschaft mit den beiden Instituten fehlt. Sokolowski konnte diesen Namen nur wählen, weil ihm der wahre Garantievertragscharakter des KrA gar nicht aufgegangen ist, weil er die Bürgschaft noch als Garantievertrag faßt. Wir würden in Ermangelung eines besseren Namens einstweilen vorschlagen, den KrA als „Kreditgarantievertrag“ zu bezeichnen. Das Wort dürfte ebensowohl den Gegensatz des KrA zum Garantievertrag i. e. S. und seine Zugehörigkeit zur 1. Gruppe der Garantieverträge als seine eigenartige Stellung innerhalb der letzteren deutlich hervorheben. Die drei Namen: „Kreditauftrag“, „Mandatsbürgschaft“ und „Kreditgarantievertrag“, nebeneinander gehalten, zeigen übrigens klar die Verschiedenheit der Anschauungen.

2. Wollen wir eine Einteilung der ersten Gruppe versuchen, so dürfen wir füglich zwei Kategorien trennen. Der Garantievertrag wird entweder mit dem Gläubiger oder mit dem Schuldner des garantierten Schuldverhältnisses abgeschlossen: entweder wird die Gefahr der Nichterfüllung der Schuld oder die der Notwendigkeit ihrer Erfüllung übernommen, ein Drittes ist nicht denkbar. Hiernach scheiden wir: „Forderungsgarantievertrag“ und „Schuldgarantievertrag“. Repräsentant der ersten Kategorie ist der Kreditgarantievertrag,[2] Repräsentant der zweiten das römische mandatum

---

[1] Vgl. a. a. O. S. 104. Ebenso Dernburg, Pand. Bd. II S. 211. Vgl. dazu Krüger a. a. O. S. 535 und Rothenberg a. a. O. S. 343.

[2] In sie gehört auch das mand., ut deponas periculo meo.

ut fideiubeas (der unten zu besprechende „Bürgschaftsgarantievertrag“). Natürlich zugunsten des Schuldners einer Obligation ist ein Garantievertrag nur insoweit möglich, als eine Ungewißheit über das Zahlenmüssen besteht — sonst fehlte das Risiko, ohne das kein Garantievertrag denkbar ist —: also z. B. bei bedingten Verpflichtungen, bei der Bürgschaft, dem Garantievertrag. Der Forderungsgarantievertrag hingegen ist bei allen Obligationen zulässig, aus deren Nichterfüllung dem Gläubiger ein Schaden erwachsen kann. Von einer weiteren Einteilung dieser Kategorie kann Abstand genommen werden, da die einzelnen Arten der Schuldverhältnisse schon an sich eine solche herstellen.[1] Der Forderungsgarantievertrag ist ein Parallelinstitut zur Bürgschaft, bei dem der Sicherungszweck auf eigenartige Weise erreicht wird (vgl. o. S. 151). Der Schuldgarantievertrag jedoch hat mit der Bürgschaft gar nichts zu tun, denn diese ist Vertrag mit dem Gläubiger eines Schuldverhältnisses, jener ist Vertrag mit dem Schuldner.

3. Gemeinsame Rechtssätze für die relativen Garantieverträge, insbesondere die Forderungsgarantieverträge, sind außer den allgemeinen, zum Begriff des Garantievertrags gehörenden, wie: Formlosigkeit, Unentgeltlichkeit sowie Walten der bona fides, insbesondere drei: einmal der, daß der Garantievertragsschuldner bei der Zahlung Abtretung der in der Hand des Garantievertragsgläubigers befindlichen Befriedigungsmittel verlangen kann, sodann der, daß dem Garantievertragsschuldner niemals Einreden aus der Person des Vertragsgegners des Garantievertragsgläubigers zustehen, und endlich als fundamentaler Satz die Subsidiarität. Weitere Rechts-

[1] Nur dem Kreditgarantievertrag, d. i. dem Garantievertrag mit Beziehung auf künftige oder bereits abgeschlossene Kreditgeschäfte — vgl. oben S. 119 f. — (Darlehen, Kreditkauf oder -tausch, Leihe) ist seiner historischen Bedeutung wegen innerhalb der Kategorie eine gesonderte Stellung auch in Zukunft zu belassen. Man bemerke, daß der vorstehende Begriff des Kreditgarantievertrags einerseits weiter ist als der des römischen KrA (des mand. ad credendum), denn er umfaßt auch den mit Beziehung auf ein bereits bestehendes Kreditgeschäft abgeschlossenen Garantievertrag. Er ist aber auch nicht aus einer Verschmelzung von KrA und Stundungsauftrag im römischen Sinn entstanden, denn dieser bezog sich auf alle (nicht nur Kredit-)Obligationen, vgl. S. 6.

sätze sind aus der konkreten Gestaltung jedes Falles, insbesondere dem konkreten Parteiwillen zu entnehmen.

III. Es mögen noch einige Bemerkungen über das mandatum ut fideiubeas pro Titio bez. pro me angeschlossen werden.

1. Das erstere wird z. B. in l 6 § 4 D. h. t. (ut pro Seio intervenias), l 21 eod. mit dem KrA zusammen genannt und weiter z. B. in l 2 §§ 2, 3 D. h. t., §§ 4, 5 J. h. t., l 62 § 1, l 22 pr. § 1, l 12 § 11 D. h. t. erwähnt. Wie ist es zu konstruieren? Durch dies Mandat wird ein anderer beauftragt, Bürgschaftsschuldner des Gläubigers eines Vierten zu werden und zwar diese Bürgschaftsschuld in eigener Person zu übernehmen und zu behalten, also ein negotium proprium auszuführen. Wir stehen vor einem echten Garantievertrag: der Mt will nur die Gefahr übernehmen, daß der Mar aus der Bürgschaft zahlen muß. Haftet nun der Mt schon, wenn der Bürge gezahlt hat, oder garantiert er nur für den Fall, daß auch der Regreß des Bürgen gegen den Hauptschuldner erfolglos sein werde? Der Begriff des Garantievertrags verlangt vollkommene Subsidiarität, d. h. Eintritt eines irreparablen Schadens: das fehlt, solange noch die Möglichkeit besteht, daß der Garantievertragsgläubiger sich auf andere Weise schadlos halten kann. Also nur, wenn eine Regreßmöglichkeit überhaupt nicht besteht oder der Regreß erfolglos gewesen ist oder zweifellos erfolglos sein wird, kann Mt auf Schadensersatz belangt werden. Die Römer freilich werden dem Mar die Klage bereits mit erfolgter Zahlung der Bürgenschuld gegeben haben. Daß Mar auch bei diesem Mandat die ihm gegen den Vierten zustehenden Regreßmittel (sei es die zedierte Klage des Gläubigers oder die besondere Regreßklage) abtreten mußte, bezeugt l 6 § 4 cit. Die bona fides äußert sich bei diesem Mandat insbesondere darin, daß Mt Zahlung verweigern kann, wenn Mar versäumt hat, dem Gläubiger gegenüber eine ihn befreiende Einrede vorzuschützen.

2. Das mand. ut fideiubeas pro me gibt uns Veranlassung, das Regreßverhältnis zwischen zahlendem Bürgen oder KrMt und dem Dritten überhaupt näher zu untersuchen. Für den Regreß des Bürgen und des KrMt gilt dabei ganz das Gleiche.

Sowenig wie das mandatum ut fideiubeas pro Titio kann nun das mandatum ut fideiubeas pro me ein echtes Mandat sein.

Auch letzteres hat ein negotium proprium des Mar zum Gegenstand, denn die Bürgschaftsübernahme für den Schuldner ist ein Geschäft, dessen rechtliche und wirtschaftliche Folgen ausschließlich die Person des Mar berühren, und die Bürgschaftshaftung soll vom Mar auch dauernd übernommen werden. Überdies ist es logisch unmöglich, daß in der Bürgschaftsübernahme zugunsten des Schuldners einer Obligation ein eigenes Geschäft dieses Schuldners, mag er auch noch so sehr an der Bürgschaftsübernahme interessiert sein, erblickt wird: denn der Schuldner könnte nie die Bürgschaft selbst auf sich nehmen, während jeder echte Mt fähig sein muß, das Aufgetragene selbst zu tun und die entstandenen Rechte und Verbindlichkeiten auf sich als Subjekt zu übernehmen. Der Garantievertrag liegt klar zu Tage: der Mt (Schuldner) verspricht dem Mar (Bürgen oder KrMt) Rücksicherung, Schadloshaltung für den Fall, daß er, vom Gläubiger belangt, zahlen muß. Da kein Mandat vorliegt, besteht natürlich für den Mar auch keine Verpflichtung zur Ausführung, wenn die Parteien sie nicht ausdrücklich ausmachen; sie bestand auch nach römischem Rechte nicht, denn das „Mandat" zur Verbürgung ist offenbar nur um der contraria, der Schadensersatzklage willen, aufgekommen (vgl. o. S. 88).

Die Konsequenz der Auffassung, daß der sog. Mandatsregreß lediglich die Folge einer vom Hauptschuldner gegenüber dem Bürgen oder KrMt übernommenen Garantiehaftung ist, ist die Erkenntnis, daß ein Gestionsregreß des Bürgen oder KrMt gegen den Hauptschuldner überhaupt ausgeschlossen ist: denn durch Übernahme einer Bürgschaft können nie die Geschäfte des Hauptschuldners im technischen Sinne geführt werden. Etwas ganz anderes ist es, wenn der Bürge nicht als Bürge zahlt, sondern, wie jeder beliebige Dritte auch kann, die Leistung des Hauptschuldners in dessen Stellvertretung erbringt. Diese Zahlung kann natürlich jederzeit im Auftrage des Schuldners oder gestionsweise erfolgen, denn Bezahlung einer Schuld ist stets negotium proprium des Schuldners. Dagegen Zahlung einer Bürgenschuld ist nie Geschäft des Hauptschuldners, sowenig wie die Bürgschaftsübernahme, der gegenüber ja jene Zahlung als ihre einfache rechtliche Konsequenz gar keine selbständige Bedeutung besitzt. Da aber der Bürge oder

KrMt bei Zahlung formell (der KrMt auch materiell) seine eigene (Bürgschafts- bez. Garantievertrags-)Schuld tilgt, ist für sie regelmäßig sowohl der Regreß auf Grund Mandats als der kraft negotiorum gestio ausgeschlossen. An Stelle dieses Regresses tritt, wenn die Verbürgung im Auftrage des Schuldners geschehen war, die Garantiehaftung des Schuldners, sonst bleibt nur die actio cessa übrig. Will sich der Bürge den Regreß kraft negotiorum gestio sichern, so muß er die Zahlung in oben bezeichnetem Sinne leisten.[1]

IV. Der richtige Platz für den Kreditgarantievertrag und überhaupt die relativen Garantieverträge ist jedenfalls im besonderen Teile des Obligationenrechts, da er, wie diese, eine materiell selbständige Obligationsart ist. Die Bürgschaft hingegen gehört korrekt an den Schluß des allgemeinen Teiles des Obligationenrechts, da ihr ein spezifischer Vertragsinhalt fehlt. Um des gemeinschaftlichen Sicherungszwecks willen erscheint es jedoch zweckmäßig, Bürgschaft und relative Garantieverträge samt dem Garantievertrag i. e. S. zusammenzustellen, diesen die Gruppe der Versicherungsverträge, die ja Sicherung durch Schadloshaltungsversprechen bezwecken, anzugliedern, und alle diese Verträge zusammen am Schlusse des besonderen Teiles des Obligationenrechts zu behandeln. Unter dem Namen

Sicherungsverträge

zusammengefaßt, würden sich die genannten Verträge hiernach so präsentieren:

A. Bürgschaft (als von den übrigen wegen seines rechtlichen Wesens — materielle Identität — streng zu sondernder Vertrag),
B. Garantievertrag i. w. S.:
   1. Relativer Garantievertrag:
      a) Forderungs- (insbes. Kredit-)garantievertrag,
      b) Schuld- (insbes. Bürgschafts-)garantievertrag;
   2. Garantievertrag i. e. S.
C. Versicherungsvertrag. Anhang: Lebensversicherungsvertrag als unechter Sicherungsvertrag.

---

[1] Sehr gut über den Bürgschaftsgarantievertrag Endemann a. a. O. S. 240. Merkwürdig Rothenberg, Gruchots Beitr. Bd. 33 S. 366ff. Vgl. auch Bucher, Recht der Ford. S. 274.

Die drei Rubriken schließen sich rechtlich aus. Allen gemeinsam ist außer dem juristischen Zwecke der Sicherung gegen Schaden der Rechtssatz, daß der zahlende Sicherungsvertragsschuldner Zession der Rechte des Sicherungsvertragsgläubiger verlangen kann. Dies beides verleiht dem Begriff des „Sicherungsvertrags" eine selbständige systematische Berechtigung; mit dem völlig unbrauchbaren römischen Interzessionsbegriff hat er, wie wohl kaum betont zu werden braucht, nichts zu tun.

Eine scharfe Systematik ist die Vorbedingung einer gesunden Rechtspraxis. Vorstehende Systematisierung dürfte der rechtlichen Eigenart des Kreditgarantievertrags nach allen Seiten gerecht werden. Dem juristischen Zwecke nach, den der letztere mit der Bürgschaft teilt, stellt sie diese und den Kreditgarantievertrag als verwandt nebeneinander, kraft der Verschiedenheit der juristischen Konstruktion aber reißt sie den Kreditgarantievertrag von der verderblichen Verbindung mit der Bürgschaft los und bringt ihn an der Stelle unter, wo er heimisch ist, in der Klasse der Garantieverträge.

V. Anhang.

1. Wie unterscheidet sich der Kreditgarantievertrag von der sog. Kreditbürgschaft? Die Kreditbürgschaft ist normaler Bürgschaftsvertrag, bezogen auf eine zwischen zwei Geschäftsleuten bestehende Geschäftsverbindung von bestimmter oder unbestimmter Dauer und die daraus entstehenden Verbindlichkeiten des einen Teiles. Die Geschäftsverbindung kann eine aus gegenseitigen Lieferungen zusammengesetzte (Kontokorrent) oder eine solche sein, bei der nur der eine Teil fortgesetzt Waren auf Kredit liefert oder sonst Kredit gewährt und für den andern eine laufende Rechnung führt. Charakteristisch für den Kreditbürgen ist, daß er auch haftet, wenn auf dem Konto des Schuldners, für den er bürgt, zufällig einmal im Laufe des Jahres infolge gegenseitiger Verrechnung ein Schuldposten nicht existiert. Dies erklärt sich beim echten Kontokorrent daraus, daß die Kreditbürgschaft nicht als Bürgschaft für die einzelnen Schuldposten, sondern für den Saldo am Schlusse des für die Saldierung bestimmten Zeitraums, bei der zweiten obengenannten Art der Geschäftsverbindung daraus, daß die Kreditbürgschaft als Bürgschaftsvertrag mit Beziehung auf gegenwärtige und künftige Verbindlichkeiten, die innerhalb des Abrechnungszeitraums

be- bez. entstehen, gedacht ist. Die Billigkeit fordert, daß der Kreditbürge sich mangels besonderer Vereinbarung durch Aufkündigung befreien kann, wenn angemessene Zeit verstrichen ist. Der Inhalt der Haftung ist der gewöhnliche bürgschaftliche. An sich kann natürlich eine Haftung zum Zwecke der Sicherung der aus einem Krediteröffnungsvertrag entstehenden Verbindlichkeiten auch durch Kreditgarantievertrag übernommen werden, aber die Regel ist bürgschaftliche Haftung.

2. Aufs schärfste muß vom Kreditgarantievertrag der Kreditbrief oder Akkreditiv getrennt werden.

Auch der Aussteller eines Kreditbriefs, der Adressant, sagt zu einem andern, dem Adressaten: bitte gib dem X, dem Akkreditierten, 1000 Mark. Aber diese Summe soll nicht auf Rechnung des Adressaten hergeliehen oder gezahlt werden, sondern auf Rechnung des Adressanten; auch ist nicht nötig, daß dem Akkreditierten gerade Kredit gewährt werden soll: derselbe kann ja in Berlin beim Adressanten die 1000 Mark in deutschem Gelde eingezahlt haben, um sie in Rom in italienischem wieder zu erheben. Der Kreditbrief ist Zahlungsanweisung, also negativ: weder Auftrag zur Kreditgewährung (denn die Zahlung braucht keine Kreditierung zu bedeuten), noch Übernahme einer Garantie mit Beziehung auf einen anderen Obligationstatbestand (denn zwischen Adressatem und Akkreditiertem kommt durch die Auszahlung der 1000 Mark kein Rechtsverhältnis[1] zustande); positiv: eine doppelte Ermächtigung, einmal an den Akkreditierten, auf Rechnung des Adressanten beim Adressaten eine bestimmte Summe zu erheben, sodann an den Adressaten, dieselbe dem Akkreditierten auf Rechnung des Adressanten zu gewähren (zugleich verbunden mit dem echten Auftrag, dies zu tun). Ein gutes Beispiel, das den Unterschied von Kreditgarantievertrag

---

[1] Zwischen Adressantem und Akkreditiertem einer- und Adressantem und Adressatem andrerseits können sehr verschiedenartige Rechtsverhältnisse bestehen: der Adressant kann dem Akkred. ein Darlehen gewähren oder ihm eine Schuld zurückzahlen, er kann vom Adressaten das Geld leihen wollen, er kann es von ihm auch aus irgend einem Grunde zu fordern haben. Die Zahlung des Adressaten an den Akkreditierten kann also recht verschiedene juristische Wirkung haben. Für das Wesen des Kreditbriefs kommen diese internen Verhältnisse nicht in Betracht.

und Kreditbrief scharf kennzeichnet, vgl. bei ÖSTERLEY, a. a. O. S. 37f. Der markanteste Unterschied liegt darin, daß der Garantieempfänger beim Kreditgarantievertrag mit dem Dritten einen eigenen, selbständigen Vertrag abschließt, der Adressat dagegen nicht.[1]

Zweiter Abschnitt.

§ 7.

Die nachrömische Entwicklung des Kreditauftrags in Gesetzgebung und Literatur.

I. Das im justinianischen Rechte bestehende KrAs-Recht bestand im gemeinen Recht in Deutschland bis auf unsere Tage unverändert fort.[2] Im deutschen Partikularrecht finden sich mancherlei Nüanzierungen. Ziehen wir als Beispiele nur die für das moderne Recht wichtigsten Kodifikationen, die des preußischen und sächsischen Rechtes, heran.

1. Das preußische Landrecht behandelt den KrA in Teil I Tit. 14 §§ 213—218.[3] Es unterscheidet hiernach zwei Gestaltungen des

---

[1] Über den Unterschied des Kreditgarantievertrags vom abstrakten Vertrag s. oben S. 120, vom bedingten Versprechen s. oben S. 126. Der Kreditgarantievertrag ist keine Schenkung, denn es wird Sicherung, nicht Bereicherung beabsichtigt. Er ist nicht Schuldübernahmevertrag, denn die Schuld des Dritten wird vom Kreditgaranten nicht übernommen (auch nicht zur Erfüllung). Über den Unterschied von der Konventionalstrafe s. STAMMLER a. a. O. S. 49 Anm. 108. Der Kreditgarantievertrag ist kein Vertrag zugunsten eines Dritten i. t. S., denn der Dritte soll aus jenem durchaus nicht ein unmittelbares Recht auf Gewährung des Kredits (als wäre ein pactum de mutuando abgeschlossen) gegen den Garantieempfänger erlangen.

[2] Abgesehen von der sog. provocatio ex lege si contendat, die durch die gemeinrechtliche Praxis im Anschluß an die bürgschaftlichen Beneficien wie für die Bürgschaft, so auch für den Kreditgarantievertrag eingeführt wurde.

[3] § 213. Wer schriftlich erklärt, daß jemandem auf seine Gefahr Kredit gegeben werden könne, wird als Bürge verhaftet. § 214. Ein Gleiches,

KrA: einmal den Auftrag zum Kreditieren auf Gefahr, sodann den Auftrag zum Kreditieren auf Rechnung des KrMt. Nur der erste Auftrag ist der echte KrA (§§ 213, 214), der als Bürgschaft gilt; der andere ist vom gewöhnlichen Auftrag in nichts verschieden (§§ 215 ff.), da hier unmittelbares Forderungsrecht des Mar gegen den Mt auf Erstattung der Auslagen entsteht, während dort der Dritte echter Schuldner des Mar ist und Mt bloß für den Schaden haftet. Nach preußischem Landrecht ist die Definition des wahren KrA die: er ist der Vertrag, bei dem der eine dem andern erklärt, für die Forderungen, die er dem Schuldner kreditiere, übernehme er Garantie,[1] § 213.

Hervorzuheben ist an der Normierung des KrA im preußischen Landrecht:

a) Die klare Abscheidung des echten KrA vom normalen Auftrag in den §§ 213, 215;

b) die Bestimmung des § 283 (Teil I Tit. 14),[2] wonach dem KrMt von Gesetzes wegen Subsidiarität der Haftung (leider nur im

---

gilt von einer mündlichen Erklärung, wenn die Summe des zu gebenden Kredits auf fünfzig Thaler oder weniger eingeschränkt war. § 215. Wer jemandem den Auftrag macht, auf seine eigene Rechnung einem anderen Geld oder Ware zu kreditieren, der haftet als Hauptschuldner. § 216. Zwischen demjenigen, der einen solchen Auftrag gibt, und dem, welcher ihn befolgt, entstehen eben die Rechte und Pflichten, wie zwischen einem Machtgeber und Bevollmächtigten. § 217. Auch erwirbt der Auftragende gegen den, welchem der Kredit gegeben worden, alle die Rechte, die einem Machtgeber durch die Handlungen seines Bevollmächtigten erworben werden. § 218. Ist in der Erklärung oder dem Auftrage (§§ 213, 215) die Summe des zu gebenden Kredits nicht bestimmt, so haftet der Erklärende oder Auftragende für alles, was auf Kredit gegeben worden, insofern nicht der Kreditgebende sich mit dem Schuldner eines Verständnisses, zum offenbaren Mißbrauche des von erstern in letztern gesetzten Vertrauens, schuldig gemacht hat. — Vgl. Förster-Eccius, Preuss. Privatrecht, Berlin 1896, II. Bd. S. 413 f., Koch, Recht der Ford., Breslau 1843, 3. Bd. S. 870 ff., Koch, Allg. Landrecht, Berlin u. Leipzig 1886, 2. Bd. S. 246 ff., Dernburg, Lehrb. d. preuss. Privatrechts, Halle 1897, 2. Bd. S. 759 ff., Rehbein, Entsch. d. vorm. Preuss. Obertrib., Berlin 1887, 2. Bd. S. 686—692.

[1] Vgl. Rehbein a. a. O. S. 686 unter b.

[2] § 283: In der Regel kann der Gläubiger an den Bürgen sich nicht eher halten, als bis er durch Verfolgung seines Rechtes gegen den Hauptschuldner erwiesen hat, daß dieser seine Verbindlichkeit zu erfüllen, ganz oder zum Teil nicht imstande sei.

Sinne der unechten Subsidiarität der römischen fideiussio) gewährleistet wird;

c) andererseits der fundamentale Irrtum, daß der KrA als Bürgschaft aufgefaßt wird: das preußische Landrecht verkennt damit, obwohl es negativ das Wesen des KrA zutreffend erkannt hat, seine positive Rechtsnatur, denn mit der Behandlung des KrA als Bürgschaft ist der Ausschluß einer vollwirksamen Diligenzpflicht und vor allem die Gewährung der Einreden aus dem garantierten Schuldverhältnis an den KrMt gegeben;

d) die damit zusammenhängende Vorschrift des § 214, durch den für den KrA Schriftform von einem Kreditwertsbetrage von 150 Mark an vorgeschrieben und sonach auch die äußere Zusammengehörigkeit von KrA und Bürgschaft dokumentiert wird.

Im übrigen ist die Klagenzession und die Giltigkeit des KrA auch bei Nichtzustandekommen der garantierten Forderung vorgesehen, aber auch Widerruf und Kündigung vor Kreditgewährung ist zulässig. Alles in allem: ein widerspruchsvolles Recht, ebenso viele Ansätze zum Fortschritt als zum Rückschritt enthaltend, insbesondere, insofern es Bürgschaft und KrA dem rechtlichen Wesen nach identifiziert — was das römische Recht nie getan hatte —, romanistischer als das römische Recht.

2. Das sächsische Recht weist schon aus früherer Zeit eine höchst interessante Bestimmung über den KrA auf. Sie findet sich unter den sächsischen sog. „älteren Decisionen von 1661“ als 42. decisio (Cod. Aug. I S. 316)[1] und lautet: „Wenn einer vorsätzlich und wissentlich eine solche Person, so keine Mittel zu bezahlen, rühmt, und andere Leute, ihm als einen guten Manne zu trauen, und bei dem keine Gefahr sey, durch solches Vorgeben zu einem Anleihen, oder sonst Kredit zu geben, bewegt, oder verspricht, er wolle verschaffen, daß der Creditor bezahlt werde, oder doch ohne Gefahr seyn solle: so ordnen und setzen Wir: daß eine solche Person um dieser Reden willen, wofern der Schuldner die Zahlung nicht leisten kann, für die erborgte Summe oder getrauete Waaren haften und gelten solle. Wenn er aber keine verbindlichen Worte gebraucht,

[1] Vgl. HAUBOLD, Lehrb. d. Kgl. sächs. Privatrechts, Leipzig 1829, S. 303 ff., KURTIUS, Handbuch des im Kgr. Sachsen gelt. Civilrechts, Leipzig 1831, 4. Teil, 1. Abth. S. 212 ff.

sondern nur entweder eine blose Intercession für einen andern eingewendet, oder seinen Fleiß bei der Zahlung anzuwenden versprochen, so mag er auch deswegen actione mandati, oder in factum, oder auch sonst beständiglich nicht belanget, noch die Zahlung für den andern zu leisten angehalten werden." Der Begriff des KrA („oder verspricht . . . .") ist hier höchst glücklich als reines Haftungsversprechen gefaßt. Die kurze, aus dem juristischen Zwecke des KrA geschöpfte Bestimmung ist auch insofern sehr glücklich, als sie den KrMt nur haften läßt, „wofern der Schuldner die Zahlung nicht leisten kann": die Subsidiarität ist gesetzlich gewährleistet. Formlosigkeit und bona fides-Haftung sind selbstverständlich. Auch die Konstruktion des KrA als Schadensersatzversprechens erscheint nach dem Wortlaut nicht ausgeschlossen.

In scharfem Gegensatz zu der treffenden Behandlung des KrA in der 42. decisio des Jahres 1661 steht die Regelung, die der KrA 200 Jahre später im Sächs. Bürg. Gesetzbuche (§§ 1476—1479[1]) gefunden hat. Das römische Recht ist hier in dem oben bezeichneten Sinne wieder überboten. Der KrA, dessen Begriff hier — viel weiter als der römische — als der eines allgemeinen Forderungsgarantievertrags dahin geht: er ist Auftrag, im eigenen Namen und auf eigene Rechnung, jedoch auf Gefahr des Auftraggebers mit einem Dritten einen Vertrag zu schließen oder demselben eine Forderung zu stunden, wird als Bürgschaft behandelt, soweit die Schuld auftragsgemäß entstanden oder gestundet ist,

---

[1] § 1476: Hat jemand einem anderen in der Weise Auftrag gegeben, daß der Beauftragte in eigenem Namen und auf eigene Rechnung, jedoch auf Gefahr des Auftraggebers, mit einem Dritten einen Vertrag schließen oder demselben eine Forderung stunden soll, Kreditauftrag, so haftet der Auftraggeber als Bürge für die Schuld des Dritten, soweit sie seinem Auftrag gemäß entstanden oder gestundet worden ist. — § 1477: Der Auftraggeber kann Einreden des Dritten, welche darauf beruhen, daß der Dritte zu Übernahme der Verpflichtung persönlich unfähig gewesen sei, nicht geltend machen. — § 1478: Die Haftpflicht des Auftraggebers für die Schuld des Dritten erlöscht, wenn der Beauftragte ohne Einwilligung des Auftraggebers dem Dritten Stundung gibt. — § 1479: Der Auftraggeber kann, selbst nachdem er den Beauftragten befriedigt hat, verlangen, daß dieser ihm seine Klage gegen den Dritten abtritt. — Vgl. dazu Österley a. a. O. S. 40, Hoffmann, Kommentar z. S. B.G.B., Leipzig 1889, Grützmann, Sächs. Arch., 3. Bd. S. 701, Sintenis, Anleitung z. Stud. d. S. B.G.B., Leipzig 1864, S. 409

d. h. insbesondere: die Einreden des Dritten stehen dem KrMt zu. Freilich sind die Widersprüche im KrAs-Recht doch nicht zu beseitigen, deshalb gibt das S. BGB in §§ 1477—1479 Ausnahmevorschriften, die einerseits eine weitergehende Zessionspflicht anordnen (§ 1479), andrerseits teils Einreden des Dritten, die der Bürge hätte — § 1459 —, dem KrMt versagen (§ 1477), teils ihm Einwendungen geben, die der Bürge nicht hätte (§ 1478). Über die Geltung von Mandatsregeln sagt das S. BGB ausdrücklich nichts, aber § 1300 macht zweifellos, daß die Bestimmungen des Auftragsrechts für die Zeit vor erfolgter Kreditgewährung Anwendung finden sollen, also insbesondere die Normen über Endigung des Auftragsverhältnisses durch Tod oder einseitige Aufhebungserklärung einer Partei.[1]

II. Die Geschichte der Literatur des KrA hat bei den Juristen, die sich in der Neuzeit mit dem KrA näher beschäftigt haben, bereits eingehende Erörterung gefunden.[2] Es ist daher überflüssig, auf die Einzelheiten dieser Entwicklungsgeschichte einzugehen. Uns kommt es im folgenden nur darauf an, die großen Phasen derselben festzustellen.

Wie hat man in der gemeinrechtlichen Literatur im Laufe der Zeiten über den KrA und sein Verhältnis zur Bürgschaft gedacht? Da lassen sich ohne Mühe drei große Strömungen[3] unterscheiden, deren früheste am längsten geherrscht hat:

1. Die erste Periode (von der Glosse bis zum Beginn des 19. Jahrhunderts) identifiziert Bürgschaft und KrA dem rechtlichen Wesen nach, sich in äußerlichster Art auf das justinianische Recht

---

[1] Der Code civil, das Badische Landrecht und das öst. B.G.B. enthalten über den KrA keine Bestimmung, stellen also, wie am richtigsten, dessen Interpretation ganz frei. Über den KrA im schweiz. Obligationenrecht (Art. 418—421) vgl. Haberstich, Handb. d. schw. Obl.-R. II. Bd. S. 239f., Schneider-Fick, Komm. z. Schw. Obl.-R., Zürich 1891, S. 534f.

[2] Vgl. insbesondere Girtanner a. a. O. S. 196ff., Michels a. a. O. S. 81—93, Österley a. a. O. S. 18ff., sowie die zahlreichen literarhistorischen Bemerkungen bei Sokolowski a. a. O., Hauser im Centralorgan f. Handelsrecht, Bd. 4 S. 340ff., Endemann, Zschft. f. Handelsrecht, Bd. 4 S. 223ff.

[3] Natürlich begegnen nicht nur innerhalb derselben feindifferenzierte Anschauungen, sondern auch die Strömungen als Gesamtheiten greifen z. T. ineinander über oder einander vor.

stützend, von dessen äußerlich uniformiertem Bürgschaftsrecht (SC. Vell., benef. excuss., div., Zessionsrecht sowohl für die fideiussio als für KrA und constitutum) sie oberflächlich auf innerliche Gleichartigkeit schloß. Als Unterschied von Bürgschaft und KrA wird zunächst noch die Form und der Umstand, daß der KrA der Hauptschuld vorangeht, angesehen (Glossatoren, Glosse, Postglossatoren. französische Schule des Cuiacius); die deutschen Juristen (Hering, Schilter, ebenso Stryk, Bachov, Just Henning Böhmer, Höpfner usw.) erkennen nach Aufgabe der Stipulationsform für die fideiussio nur noch letzteren Unterschied an. Noch Glück und Gesterding halten den KrA im Grunde für eine „antizipierte Bürgschaft". An Ausnahmen, die den KrA tiefer fassen, aber gegenüber der herrschenden Meinung durchaus ohne Geltung blieben, sind aus der französischen Schule Donellus, von den deutschen Juristen Jakob Voorda zu nennen.

2. Eine Wandlung dieser Anschauung, die wir, wenn wir sie zu den Quellen in Beziehung setzen, nicht anders als „mechanisch" bezeichnen können, war erst möglich, als man begann, auf die Quellen zurückzugehen und mit gründlicher Erforschung derselben eingehende historische Studien zu verbinden. Da wurde denn die tiefe Kluft zwischen Bürgschaft und KrA erkannt, denn die Quellen fassen den KrA durchweg als Mandat, und seine Rechtssätze sind, soweit sie grundlegend sind, dem Mandatsrecht entnommen. Das Mandat hat aber mit der Bürgschaft an sich recht wenig gemein, und so kam man bald von der Identifizierung von Bürgschaft und KrA ab. Die mit dem 19. Jahrhundert beginnende neue Periode in der Auffassung des KrA betont also den mandatlichen Charakter desselben im Einklang mit dem römischen Recht und der geschichtlichen Entwicklung. Man ging dabei von der Konstruktion des KrA als reinen Mandats bald zu dem sog. gemischten System über, das bis heute von der herrschenden Meinung vertreten wird: d. h. der KrA gilt als reiner Auftrag, solange der Kredit noch nicht gewährt ist (Widerruf, Kündigung, Klage auf Ausführung), darnach tritt der bürgschaftliche Zweck in den Vordergrund und es gelten den bürgschaftlichen analoge Rechtssätze[1] (vgl. oben

[1] In der Art allerdings, wie diese Rechtssätze entwickelt werden (ob

S. 116f.). Namen können entbehrt werden: von THIBAUT und ZIMMERN bis zu BRINZ, WÄCHTER und DERNBURG huldigt die gemeinrechtliche Theorie fast ausnahmslos diesem Prinzip. Eine Nebenphase in dieser Periode der Literatur des KrA bilden ARNDTS' bekannte Bestrebungen, auf Grundlage des KrA einen einheitlichen Bürgschaftsbegriff zu konstruieren, vgl. über ihn und seine Anhänger oben S. 1 Anm. 1.

3. Die neueste Entwicklungsphase, die den letzten Jahrzehnten angehört, verwirft beide Anschauungen der vorangegangenen Perioden und sagt, der KrA sei weder Bürgschaft noch Auftrag bez. ein aus Bürgschaft und Auftrag gemischtes Geschäft, sondern ein Geschäft besonderer homogener Art, nämlich Garantievertrag. Die Repräsentanten dieser Anschauung sind insbesondere v. THUR (a⁰ de in rem verso), SOKOLOWSKI, schwankend WINDSCHEID. Am reinsten, leider bloß nebenbei und daher unvollständig, behandelt v. THUR den KrA als Garantievertrag. Bei SOKOLOWSKI ist zwar die Garantievertragsnatur scharf betont, aber einmal sind nicht alle Konsequenzen derselben gezogen (die Zession aus Mandatsgrundsätzen erklärt), andererseits bringt er — de lege ferenda — unter Berufung auf ARNDTS den KrA wieder mit der Bürgschaft in Beziehung, indem er für eine Verschmelzung beider plädiert. Endlich WINDSCHEID erklärt den KrA zwar ausdrücklich für einen Garantievertrag, also ein Schadloshaltungsversprechen, fügt aber widerspruchsvoll hinzu, als solcher sei er eine Form der Bürgschaft. Es fehlt bei WINDSCHEID also noch die klare Erkenntnis der spezifischen Garantievertragsnatur des KrA[1] — denn Bürgschaft und Garantievertrag sind polare Gegensätze! —, immerhin ist es von Wert, daß er das Fehlen des Auftragswesens gebührend hervorhebt. — Es ist jedenfalls höchst interessant, daß die Entwicklung des Begriffs des KrA zu dieser letzten Ausgestaltung durch die mandatliche

aus der Bürgschaft im Sinne der fideiussio oder aus einem spezifischen Schadensersatzversprechen, das als im KrA enthalten erkannt wird), unterscheiden sich die einzelnen Juristen nicht unwesentlich. Diese Unterschiede sind in den Ausführungen unter § 1 und im dogmatischen Teile im einzelnen genügend hervorgehoben worden.

[1] Dasselbe gilt von ARNDTS (Pand. S. 556, 558), der den KrA als reinen Sicherungsvertrag erkennt.

Auffassung hindurchgegangen ist. Erst die letztere vertiefte die übliche Betrachtungsweise; die zweite Epoche bereitete so die dritte wirksam vor, indem sie den Unterschied von der Bürgschaft gründlich festlegte und es der späteren Zeit leichter machte, trotz Aufgabe der Mandatskonstruktion den KrA auch weiterhin von der Bürgschaft getrennt zu halten, obwohl gerade die Garantievertragsauffassung den auch der Bürgschaft wesentlichen ausschließlichen Sicherungszweck als prinzipiellen betont.

Inwieweit die neueste Ansicht Erfolg haben wird, läßt sich nur auf Grundlage des heute geltenden Rechtes beurteilen. Wir wenden uns deshalb dem Bürgerlichen Gesetzbuch und seiner Normierung des KrAs-Rechts zu.

Dritter Abschnitt.

Der Kreditauftrag im heutigen bürgerlichen Recht.

§ 8.

I. Die Vorgeschichte des § 778 BGB.

I. Der von der 1. Kommission ausgearbeitete Entwurf eines bürgerlichen Gesetzbuchs für das Deutsche Reich enthielt in § 680 folgende (einzige) Bestimmung über den KrA:

„Hat jemand den ihm von einem anderen erteilten Auftrag, in eigenem Namen und für eigene Rechnung einem Dritten Kredit zu geben, angenommen, so ist das aus dem Vertrage entstehende Rechtsverhältnis, soweit nicht ein anderer Wille der Vertragschließenden erhellt, nicht nach den Vorschriften über den Auftrag, sondern nach den Vorschriften über die Bürgschaft zu beurteilen."

Zweierlei fällt bei dieser Normierung auf:

1. die radikale Ablehnung der Mandatsauffassung; der KrA ist nach Anschauung des Entwurfs I normalerweise (d. h. nach dem

regelmäßigen Parteiwillen) nicht Auftrag, die Verpflichtung zur Kreditbewilligung ist nicht das Wesen des Geschäfts;

2. die ebenso radikale Anwendung der Bürgschaftsvorschriften; das Haftungsversprechen ist als allein bedeutsam erkannt, der ganze Vertrag vom Abschluß desselben an (nicht etwa erst von der Kreditgewährung an) gilt als Bürgschaft, ohne daß daneben noch andersartige Rechtssätze Geltung hätten.

Diese originelle, vom neueren Recht und der neueren Literatur abweichende Regelung, die der Anschauung der 1. Periode der Behandlung des KrAs-Rechts (vgl. S. 167f.) entspricht, ist in den Motiven, wie folgt, begründet (Mot. S. 682—684):

„Es kann in Zweifel gezogen werden, ob es überhaupt besonderer Bestimmungen über den Kreditauftrag (mandatum qualificatum) bedarf. Für die Entbehrlichkeit könnte man geltend machen: Der Auftrag, zu kreditieren, könne möglicherweise ein wahrer Auftrag im juristischen Sinne (§§ 585ff.) sein, so daß auf das eintretende Rechtsverhältnis ausschließlich die Rechtsnormen über das Auftragsverhältnis Anwendung zu finden hätten. Regelmäßig werde jedoch der Kreditauftrag sich dieser Beurteilung entziehen, aus den Umständen des Falles vielmehr erhellen, daß der Auftraggeber in der äußeren Form des Auftrags nur die Garantie für den aus diesem entstehenden Schaden zu übernehmen versprochen habe. Wie der Vertrag zu verstehen und wie er namentlich, wenn für den letzteren Sinn desselben zu entscheiden, hinsichtlich der Einzelnheiten auszudeuten sei, bestimme sich stets nach den Umständen des konkreten Falles. Indessen liegen doch schwerwiegende Gründe vor, den Kreditauftrag nicht zu übergehen. Er spielt im Verkehre, zumal im Handelsverkehre, eine große Rolle. Beim Schweigen des Gesetzes wäre eine schädliche Rechtsunsicherheit unausbleiblich. In den zahlreichen Fällen des einfachen Kreditauftrages würde der durch das bisherige Recht genährte Zweifel sich erheben, ob nur eine, einzig und allein nach den Regeln der Bürgschaft zu beurteilende Kreditbürgschaft oder umgekehrt nur ein ausschließlich unter das Mandat fallendes Auftragsverhältnis oder ein aus Bürgschaft und Mandat gemischtes Mandatsverhältnis anzunehmen, bz. wie bei Annahme des gemischten Verhältnisses die einen oder anderen Regeln den Vorzug behaupteten. Es haben deshalb auch die neueren Kodifikationen über den Kreditauftrag besondere dispositive Rechtsnormen getroffen (ALR aO. § 213 [dagegen § 215], Eccius 2 § 144 Nr. 8, Dernburg 2 § 248; sächs. GB §§ 1476—1479; schweiz. Oblig.-R 418 bis 421; hess. Entw. 616—621, bayer. Entw. 896—901, Dresd. Entw. 951—953; s. Windscheid § 412 Nr. 2, ROHG 3 Nr. 4). Der Entwurf folgt denselben hierin.

Von selbst verbietet sich die Vorschrift, der Kreditauftrag gelte als gewöhnlicher Auftrag. Eine solche Bestimmung würde in ihrer vollen Konsequenz mit dem Begriff des Auftrags, welcher in Beziehung auf den Mandatar ein negotium alienum erheischt, sich kaum vertragen, jedenfalls zu Folgen führen, an welche im praktischen Leben bei Erteilung eines Kreditauftrags nicht gedacht wird. Die neuere Gesetzgebung befolgt vorwiegend (s. besonders das sächs. BG, schweiz. Oblig.-R., und die neueren Entw. aO.; dagegen ALR aO.) das erwähnte gemischte System, ohne daß hierdurch das Verhältnis erschöpfend und zweifelfrei geregelt würde. Diese Regelung, auf welche augenscheinlich die aus wesentlich rechtshistorischen Gründen sich erklärenden Vorschriften des römischen Rechtes (s. Windscheid § 412 Nr. 18) eingewirkt haben, verdient gleichfalls keine Billigung. Sie schafft ein verwickeltes Rechtsverhältnis, welches manchen Streitfragen Raum läßt. Die Dispositivvorschrift des Entwurfs, daß im Falle des angenommenen Kreditauftrags das aus dem Vertrage entstehende Rechtsverhältnis nicht nach den Vorschriften über den Auftrag, sondern nach denjenigen über die Bürgschaft zu beurteilen sei, steht dagegen nicht nur mit dem regelmäßigen Parteiwillen in vollem Einklang, sondern empfiehlt sich auch durch ihre Einfachheit. Im praktischen Leben will, wie die Erfahrung lehrt, derjenige, welcher auf die Erteilung eines Kreditauftrags sich beschränkt, in der Regel nur die Bürgschaft für die Kreditbewilligung übernehmen. Der Auftrag ist nur die äußere Form, in welcher die Bürgschaftsleistung sich vollzieht. Durch diese bedeutungslose, zum Teile aus Einwirkungen des römischen Rechts sich erklärende Form hört das intendierte Garantieversprechen nicht auf, eine Kreditbürgschaft zu sein, gleich derjenigen, welche nicht in der Form des Auftrags übernommen wird. Man kann gegen die Regelung des Entw. nicht einwenden, sie entziehe dem Garanten den Anspruch (die actio mandati directa) auf Bewilligung des Kredits. Denn keineswegs verpflichtet sich derjenige, welchem die Garantie für die Kreditbewilligung geleistet wird, dem Garanten gegenüber immer zur Kreditbewilligung. Hat er aber eine solche Verpflichtung übernommen, so liegt neben dem Bürgschaftsvertrage noch ein besonderer Vertrag vor, welcher seine eigenen Wege geht. Es kann gegen die Vorschrift des Entw. mit Fug auch nicht eingewendet werden, daß hiernach auf der einen Seite derjenige, welcher den Kredit zu bewilligen habe, von jeder Diligenzpflicht befreit und anderenteils der Garant nicht durch Kündigung usw. nach den für das Erlöschen des Mandats geltenden Grundsätzen von der Garantie für die Zukunft entlastet werde. In beiden Beziehungen steht die in der Form des Mandats sich vollziehende Kreditbürgschaft jeder anderen Kreditbürgschaft gleich, so daß nur in Frage kommen könnte, ob nicht in der einen oder anderen Beziehung oder in beiden Beziehungen besondere Vorschriften für die Kreditbürgschaft im allgemeinen am Platze wären. Solche sind jedoch nicht angängig, weil nur nach den Umständen des konkreten Falles und dem daraus zu folgernden Parteiwillen sich entscheiden läßt, inwiefern die Kreditbürgschaft in den genannten Beziehungen unter besonderen Regeln steht.

Zur Anordnung einer besonderen Formvorschrift, wie sich solche im geltenden Rechte (ALR I 14 §§ 213, 214; schweiz. Oblig.-R 418 und bayer. Entw. 897) findet, ist hier so wenig, als für die Bürgschaft überhaupt, Anlaß."

Es ist nicht zu beklagen, daß der Entwurf I, was den KrA anlangt, nicht Gesetz geworden ist: während der KrA als Garantievertrag der Bürgschaft fundamental entgegengesetzt ist, vollzieht der Entwurf in toto die Gleichung zwischen beiden Instituten, besonders unangenehm empfindet man die beständige Durcheinanderwürfelung der Begriffe Garantieversprechen, Kreditbürgschaft und KrA. Dem Entwurf ist das Wesen des KrA als Schadloshaltungsvertrags, als welcher er dem Geiste der Bürgschaft ganz fremd ist, nicht aufgegangen. Es ist aber anzuerkennen, daß der Entwurf seine Normierung wissenschaftlich zu rechtfertigen unternimmt, daß er unter energischer Ablehnung des gemischten Systems die Erkenntnis zum Ausdruck bringt, der KrA sei unmöglich als

Mandat — denn die Kreditgewährung sei negotium proprium des KrMt —, sondern ausschließlich als Sicherungsvertrag zu konstruieren, die Klage auf Ausführung des „Aufgetragenen“ fehle und die Vorschriften über Kündigung usw. fänden keine Anwendung. Schade, daß der Entwurf zu sehr in der Auffassung WINDSCHEID's befangen ist; ein kleiner Schritt, ein feineres Durchdenken, und der KrA als selbständiger Schadloshaltungsvertrag wäre erkannt gewesen.

II. Der Entwurf wurde ob seiner Gestaltung des KrA heftig angegriffen. Die herrschende Meinung der Wissenschaft fußte auf dem gemischten System, sie mußte deshalb an dem — überwundenen — Standpunkt des Entwurfs, der die bürgschaftliche Auffassung schlechthin inthronisierte, Anstoß nehmen. Namentlich BÄHR, Gegenentwurf § 720, und ROTHENBERG im civilist. Arch. Bd. 77 S. 323ff. nahmen gegen den Entwurf Stellung, letzterer mit ausführlicher sachlicher und historischer Begründung (vgl. u. S. 209f.). Beide vertraten die herrschende theoretische Ansicht, und ihre Gegnerschaft bewirkte tatsächlich die inhaltliche Abänderung des § 680 Entw. I.

Der von der 2. Kommission in 1. Beratung beschlossene, auf amtliche Veranlassung 1894/95 veröffentlichte Entwurf eines BGB enthält in § 717, nachdem beantragt worden war, den § 680 Entw. I folgendermaßen zu fassen: „Wer einem anderen den Auftrag erteilt, im eigenen Namen und auf eigene Rechnung einem Dritten Kredit zu geben, haftet dem Kreditgeber für die aus der Kreditgewährung sich ergebende Verbindlichkeit des Dritten als Bürge“ mit geringfügiger Abweichung hiervon folgende Bestimmung:

„Wer einen anderen beauftragt, im eigenen Namen und auf eigene Rechnung einem Dritten Kredit zu geben, haftet dem Beauftragten für die aus der Kreditgewährung entstehende Verbindlichkeit des Dritten als Bürge.“

Diese Normierung ist nun freilich eine ganz andere als im Entw. I. Sie charakterisiert sich durch ein Zwiefaches — Näheres in § 9 —:

1. durch das Fehlen einer ausdrücklichen Bestimmung darüber, ob beim KrA Auftragsrechtssätze anzuwenden seien oder nicht; die mandatliche Auffassung ist weder sanktioniert noch abgelehnt;

2. durch die Beschränkung der Anwendung der Bürgschaftsvorschriften auf den Fall, daß aus der Kreditgewährung eine Verbindlichkeit des Dritten entsteht. Keinesfalls — das ist damit klar zum Ausdruck gebracht — soll das ganze Rechtsverhältnis von seiner Begründung bis zur Beendigung als Bürgschaft behandelt werden, sondern KrMt haftet als Bürge nur von dem Zeitpunkt an, in dem der Kredit nicht nur tatsächlich gewährt, sondern auf Grund der tatsächlichen Gewährung auch eine Kreditverbindlichkeit des Dritten zustande gekommen ist. Was vor diesem Zeitpunkt liegt, sowie was gilt, wenn die Kreditgewährung keine Verbindlichkeit des Dritten produziert, das zu normieren, wird stillschweigend abgelehnt.

Hören wir die Begründung der Materialien für diese Bestimmung (Kommissionsprotokolle II S. 2544f.). Bei Annahme der oben zitierten Antragsfassung erwog man:

„Der Antrag weiche vom Entwurf darin ab, daß er nicht auf das durch Annahme des Kreditauftrags entstehende Rechtsverhältnis die Bestimmungen über die Bürgschaft für anwendbar erkläre, sondern ausspreche, daß der Auftraggeber nach auftraggemäßer Kreditgewährung dem Kreditgeber für die aus der Kreditgewährung entstandene Verbindlichkeit als Bürge hafte. Vor erfolgter Kreditgewährung sollten somit die Bestimmungen über Auftrag (in bezug auf Kündigung, Widerruf usw.) Anwendung finden. Diese Abweichung sei zu billigen. Sie entspreche einer für das gemeine Recht verbreiteten Ansicht (z. B. Bruns in v. Holtzendorff's Encyklopädie, 5. Aufl. I S. 521; Dernburg, Pand. II § 277), dem sächs. GB § 1476, dem schweiz. Oblig.-R 418 und den kritischen Äußerungen von Bähr, Gegenentw. § 720 und Rothenberg, civ. Archiv 77 S. 323ff.“

Man sieht: für die Bestimmung des § 717 Entw. II fehlt im Gegensatz zu der in § 680 Entw. I vollständig die tiefere juristische Begründung. Die Protokolle berufen sich einfach auf „eine für das gemeine Recht verbreitete Ansicht“ und auf Bähr und Rothenberg. Sie huldigen dem gemischten System und wollen dasselbe in vollem Umfang und in der bisherigen Bedeutung (insbesondere also auch die Geltung der Auftragsbestimmungen über Kündigung, Widerruf usw. für die Zeit vor der Kreditgewährung) im § 717 legislativ verwirklicht sehen. Über diese Ansicht der Protokolle und ihren Widerspruch mit der objektiven, dem unbefangenen Beurteiler sich bietenden Fassung des § 717 (vgl. die Bemerkungen unter II 1 und 2) s. in § 9 S. 194f. Schon jetzt sei bemerkt, daß die gesetzgeberischen Materialien niemals eine zwingende Interpretation des Gesetzes selbst enthalten, ein Satz, der zwar in der Theorie allgemein anerkannt ist, dem aber in der Praxis der Literatur leider allzu oft durch sklavisches Nachsprechen der in den Materialien „sanktionierten" Auffassung widersprochen wird; was sie sagen, kann dem Geiste des Gesetzes gemäß, aber auch nicht gemäß sein, jedenfalls ist den Materialien gegenüber freie wissenschaftliche Kritik wie gegenüber jeder privaten Abhandlung über eine gesetzlich geregelte Materie zulässig.

Erwähnt sei noch, daß Rothenberg a. a. O. a. E. den Vorschlag gemacht hatte, in der Norm über den KrA eine besondere Bestimmung folgenden Inhalts aufzunehmen:

„Soweit durch die Gewährung des Kredits eine Verbindlichkeit des Dritten nicht entsteht, bleiben dem Kreditgeber seine Rechte aus dem Auftrag gegen den Auftraggeber vorbehalten."

Die Aufnahme eines solchen Passus ist jedoch ohne Grundangabe unterblieben.[1]

III. Die Vorschrift des Entw. II über den KrA hat zwar ihre Paragraphennummer noch öfters gewechselt: aus dem § 717 des Entw. II wurde im revidierten und von der 2. Kommission dem Bundesrat vorgelegten Entw. II der § 763, aus diesem der § 762 im Entw. III, d. h. dem dem Reichstag 1896 vorgelegten Entwurf des BGB, als § 778 ging die Vorschrift endlich in das fertige BGB über. Aber weder formell noch inhaltlich ist die Fassung des § 717 verändert worden.

IV. Die gesetzgeberischen Materialien zum BGB enthalten außer den angeführten Stellen über den KrA ausdrücklich nur noch eine Bemerkung. In den Motiven S. 557 wird bei Gelegenheit der Behandlung der Anweisung ausgeführt: Beim Kreditbrief komme niemals eine unmittelbare rechtliche Beziehung zwischen dem Dritten und dem Adressaten zustande, anders sei es beim KrA.

---

[1] Vgl. Unger a. a. O. (S. 1 Anm. [1]) S. 304f.

Wie e contrario zu schließen, ist hier für den KrA die Ansicht aufgestellt, daß, während bei der Anweisung der Adressat auf Rechnung des Adressanten zahlt und den Dritten nicht zu seinem Schuldner macht, der KrMar auf eigne Rechnung dem Dritten den Kredit gewährt und dessen wahrer Gläubiger wird. Die Stelle ist auch von Wert für die Beurteilung des Verhältnisses von KrA und Auftrag nach BGB.

Im übrigen kommen als Interpretationsmaterial natürlich noch die gesamten Partien der Materialien, die über das Bürgschafts- und Auftragsrecht handeln, in Frage (vergl. Mot. S. 525—554, S. 657—682, Protokolle S. 2287—2342, S. 2498—2544).

§ 9.

II. Die Interpretation des § 778 BGB.

§ 778 BGB zerfällt in zwei sichtlich getrennte Teile: die Worte „wer" bis „geben" enthalten die Angabe des rechtlichen Gegenstands, der geregelt werden soll, die übrigen die vom Gesetz getroffene Regelung selbst.[1]

I. Nach den Worten des Gesetzes soll in § 778 dasjenige Geschäft geregelt werden, bei dem der eine einen anderen beauftragt, einem Dritten im eigenen Namen und auf eigene Rechnung Kredit zu geben. Wir sehen, der KrA wird hier im allgemeinen so charakterisiert, wie wir vom römischen Rechte her wissen. Als Unterschied fällt uns allerdings äußerlich zweierlei auf: einmal ist das Vertragsmoment nicht herausgehoben, d. h. es ist nicht erwähnt, daß der andre die Aufforderung zum Kreditieren angenommen haben muß, sodann ist nicht zum Ausdruck gebracht, daß das Kreditieren „auf Gefahr" des dazu Auffordernden geschehen soll. Warum das

[1] Die nachstehenden Ausführungen wollen lediglich als Versuch einer Darstellung des heute geltenden Kreditauftrags-, besser Kreditgarantievertragsrechts (vgl. oben S. 156) angesehen sein. Der Verfasser hat sich zwar überall bestrebt, tiefer in die sich bietenden Probleme einzudringen, wie weit indes deren Lösung gelungen ist, wird erst beurteilt werden können, wenn die Literatur sich eingehender mit unserem Institut beschäftigen wird, was bisher überhaupt nicht geschehen ist; dazu eine Anregung zu geben, ist der Zweck der nachstehenden Untersuchungen.

BGB die Erwähnung dieser beiden Wesensmomente unterlassen hat, wird im folgenden klar werden. Für jetzt seien die Begriffsmomente des KrA kurz besprochen, die das BGB besonders aufführt.

1. Was heißt Kreditgewährung? Kreditgewährung liegt dann vor, wenn der Gläubiger in der Hoffnung, daß der Dritte das Gewährte zu ausdrücklich bestimmter oder sich nach den Umständen bestimmender Zeit zurückerstatten bez. bezahlen werde, entweder Geld oder Fungibilien dem Dritten zu Eigentum übergibt (Darlehen, Verwahrungsvertrag im Sinne von § 700) oder Waren, d. h. geldwerte Objekte des Verkehrs ohne Empfang sofortigen Gegenwerts in das Eigentum des Dritten überträgt (Verkauf unter Übereignung der verkauften Ware, Tausch bei gleicher Voraussetzung, vgl. §§ 433, 515[1]). Der Begriff der Kreditgewährung setzt voraus, daß die Vertragsleistung des Dritten von einer noch nicht erbrachten Gegenleistung des Gläubigers nicht abhängig ist, daß vielmehr aus dem abgeschlossenen Vertrag lediglich eine einseitige Verbindlichkeit für den Dritten zur Erstattung bez. Zahlung entsteht oder übrig bleibt.[2] [3]

---

[1] Auch wer einen andern beauftragt, auf eigene Rechnung und im eigenen Namen, aber auf Gefahr des Beauftragenden einem Dritten Unterhalt zu gewähren, dürfte als KrMt anzusehen sein.

[2] Keine Kreditgeschäfte sind, weil der Kreditzweck fehlt, d. h. die Absicht, dem Dritten den Genuß der wirtschaftlichen Güter um dieses Genusses willen zu verschaffen: Verwahrungsvertrag und Verpfändung einer Sache. — Auch die Miete ist kein Kreditgeschäft, vgl. die folgende Anm.

[3] Die vorstehend vertretene Auffassung vom Begriff des Kreditierens ist die Auffassung des Verkehrs, der in der Leihe keine Kreditgewährung erblickt. Nur die Verkehrsauffassung aber ist maßgebend, da „Kreditieren" kein Rechtsbegriff ist. Will man, wie das römische Recht tut, einen besonderen Rechtsbegriff des Kreditierens aufstellen, so kann man sagen: Kreditgewährung liegt dann vor, wenn jemand einem anderen wirtschaftliche Güter zum Genusse im Vertrauen auf künftige Erstattung des Gegenwertes (Kauf, Tausch auf Kredit, Darlehen, depos. irreg.) bez. Erstattung in specie (Leihe) in der Weise überläßt, daß das einzige Äquivalent für den Empfang jener Güter das bloße Versprechen der Erstattung des Gegenwertes bez. der Rückgabe in specie ist. Hiernach scheidet vom Begriff des Kreditierens auf alle Fälle der Verkauf mit Eigentumsvorbehalt und die Miete aus, da dort der Gläubiger außer dem Versprechen der Erstattung des Gegenwertes noch die Möglichkeit in der Hand hat, die verkaufte Sache selbst zurückzunehmen, hier außer dem Versprechen der Erstattung in specie noch das weitere Ver-

Kein Kreditieren im technischen Sinn liegt beim sogen. Stundungsauftrag des römischen Rechts (l 12 § 14 D. mandati 17, 1, vgl. o. S. 6) vor: denn Kreditieren bedeutet nur die unmittelbare körperliche Hingabe wirtschaftlicher Güter zum Genusse an einen anderen.[1] Daß der Stundungsauftrag nach BGB nicht unter den Begriff des KrA fällt, sagt überdies § 778 selbst deutlich genug, wenn er lediglich von dem Falle spricht, daß infolge der Kreditgewährung eine Verbindlichkeit des Dritten erst entsteht. Vgl. über den Stundungsauftrag unten S. 203 unter VIII.

2. Der Kredit wird nach dem Gesetz beim KrA „im eigenen Namen und auf eigene Rechnung“ des Beauftragten gewährt. „Im eigenen Namen“: also nicht im Namen, d. h. in Stellvertretung des Auffordernden; sondern der mit dem Dritten abzuschließende Vertrag muß den KrMar zum formellen Subjekte haben. Es darf also kein formelles oder direktes Vertretungsverhältnis zwischen Aufforderndem und Aufgefordertem bestehen. „Auf eigene Rechnung“: also nicht aus den Mitteln und auf Kosten des Auffordernden; sondern das mit dem Dritten zu schließende Kreditgeschäft muß den KrMar auch zum materiellen Subjekte haben, der KrMar muß den Kredit aus eigner Tasche unter zunächst eigner Verantwortung gewähren, ohne daß ihm aus der Kreditgewährung als solcher ein unmittelbarer Ersatzanspruch gegen den KrMt wegen der Verminderung seines Vermögens erwächst. Es darf also auch kein materielles oder indirektes Vertretungsverhältnis vorliegen. Auf Rechnung des Auffordernden würde das Kreditgeschäft abgeschlossen, wenn diesen die Vorteile und Nachteile des Geschäfts unmittelbar treffen sollten, wenn der Aufgeforderte nur Mittelsperson sein sollte, um dem Auffordernden als wahrem Herrn des Geschäfts die gesamten rechtlichen und wirtschaftlichen Konse-

---

sprechen der Mietzinszahlung empfängt; also kommt nur die Leihe zur Reihe der Kreditgeschäfte hinzu. Wie gesagt, ist aber der Verkehr für diesen weiteren Begriff des Kreditierens unempfindlich, der letztere ist daher m. E. abzulehnen. Es muß überdies noch aus einem ganz besonderen Grunde das Bestreben der Jurisprudenz sein, den Begriff der Kreditgewährung so eng als möglich auszulegen, vgl. S. 208.

[1] Wenigstens ist eine andere Begriffsbestimmung für den Juristen unbrauchbar, der nur mit klar bestimmbaren, fest umgrenzten Tatbeständen operieren kann; sonst zerfließt der Begriff des Kreditierens ins Nebelhafte.

quenzen desselben sofort zu übertragen. Beim KrA ist der KrMar der wahre und dauernde — formelle und materielle — Gläubiger (wie er die den Gegenstand des Kreditgeschäfts bildenden wirtschaftlichen Güter aus seinem Vermögen gewährt, so bezieht er auch die Zinsen), der Dritte dessen echter und ausschließlicher Schuldner: nicht der Auffordernde will den Kredit gewähren, sondern der Aufgeforderte soll ihn gewähren. Der Auffordernde hat überhaupt keinerlei Bestimmungsmacht im Bezug auf das Kreditgeschäft und keine direkte Beziehung zu dessen Inhalt. Das verlangt das Gesetz unzweideutig vom Begriff des KrA, wenn es direktes und indirektes Stellvertretungsverhältnis ausschließt.

3. Was heißt „beauftragen"? Wir haben gesehen, daß das Wesen des KrA darin besteht, daß der KrMar zur Vornahme eines eignen Geschäfts aufgefordert wird. Wir fragen da: wie unterscheidet sich diese Aufforderung von einem Rate bez. einer Empfehlung: gib einem bestimmten Dritten Kredit, er ist kreditwürdig (§ 676)? Es ist ja gerade auch das Wesen des Rates, daß der Anratende die. Anregung mit Beziehung auf ein ausschließlich dem Beratenen zugehöriges Geschäft erteilt, über das der Anratende keinerlei Disposition in Anspruch nehmen will. Die Tatbestände sind also an sich ganz die gleichen. Wo liegt der Unterschied? Und ein solcher muß doch da sein, da das Auffordern zum Kreditgeben nach § 778 für den Auffordernden eine Haftbarkeit begründet, während der Rat bez. die Empfehlung, abgesehen von den in § 676 aufgeführten Fällen, niemals eine Verbindlichkeit für den Ratgeber erzeugt. Das Gesetz sagt in § 778: „wer . . beauftragt". Dieses „beauftragen" kann also unmöglich ein bloßes Auffordern bedeuten, es muß darin ein rechtlich qualifiziertes Auffordern liegen, ein Auffordern, das die Haftung des Auffordernden gerade bewirkt.

Auf welchem Rechtsgrunde beruht die Haftung des Auffordernden beim KrA? Ziehen wir wieder den Thatbestand des Rates heran. Welches ist das charakteristische Merkmal des Rates? Dies, daß der Ratgeber eine Verantwortung für das von ihm Angeratene nicht übernehmen will. Er will für den Willen des Beratenen lediglich ein Motiv setzen, das der Beratene selbständig prüfen und eventuell als ausschlaggebend oder mitbestimmend in den innerlichen Prozeß der Willensbildung, der zum rechtsgeschäftlichen Handeln führt, aufnehmen mag. Beim KrA des § 778 liegt an sich derselbe Tatbestand wie beim Rate vor, aber der Auffordernde haftet für die aus der Befolgung seiner Aufforderung, der Kreditgewährung, entstehende Verbindlichkeit. Diese entgegengesetzten Folgen (hier Haftung, dort Nichthaftung) bei äußerlich gleichen Tatbeständen lassen nur einen Schluß zu: die Willen der Auffordernden müssen bei KrA und Rat verschieden sein. Der Ratgeber haftet deshalb nicht, weil er sich nicht verbindlich machen will, der zur Kreditgewährung nach § 778 Auffordernde haftet, weil er sich für die Folgen seiner Aufforderung — verbindlich machen will. Dieser Schluß ist zwingend, denn wenn sich der KrA gerade dadurch aus der Sphäre des Rates heraushebt, daß er eine Haftung des Auffordernden begründet, so muß der Grund, warum dies der Fall ist, notwendig dem entgegengesetzt sein, der beim Rate die Haftung ausschließt. Stände nicht dieser Wille des „Haftenwollens" beim KrA hinter dem Auffordern, wodurch unterschiede sich dann der KrA vom Rate? Gerade der Ausdruck des Haftungswillens gibt das einzige Kriterium, ob Rat oder KrA, d. h. ob ein dem geselligen Verkehr angehöriges Gespräch oder ein der Rechtswelt zugehörendes Rechtsgeschäft vorliegt. Wäre jener Haftungswille nicht vorhanden, wie könnte man dann die Haftbarkeit des KrMt begründen, die das Gesetz für alle Fälle des Auftragens einer Kreditgewährung schlechthin vorschreibt, also auch für die, die den Tatbestand einer unerlaubten Handlung (Vorsatz, Fahrlässigkeit) nicht enthalten? Oder sollte das BGB an die Aufforderung zur Kreditgewährung schlechthin die gesetzliche Folge der Haftbarkeit knüpfen? Welcher Grund läge aber vor, gerade dieses Auffordern so singulär zu behandeln? Wenn aber die Haftung des KrMt nicht auf dem Gesetz als solchem, auch nicht auf deliktischem Handeln beruht, so bleibt nur die Erklärung der Haftbarkeit aus dem rechtsgeschäftlichen Willen, als gewollter Rechtsfolge, übrig. Denn Schuldverhältnisse entstehen nach BGB nur durch Rechtsgeschäft, Gesetz oder Delikt (auch infolge Bereicherung, was hier aber nicht in Frage kommt).

Möge nun das rechtliche Wesen des KrA sein, welches es wolle — darüber unten —: soviel steht auf Grund des § 778 fest, daß in dem „beauftragen“ des § 778 stets eine Verbindlichmachung des Auffordernden für die Folgen der Kreditgewährung, eine Übernahme der Kreditgefahr liegen muß. Der Rechtsgrund der Haftung des „Beauftragenden“ (d. h. des unter Abgabe einer Haftungserklärung Auffordernden) ist dann die Erklärung dieses Willens, die ausdrücklich erfolgen oder aus dem Umständen hervorgehen kann, aber nicht allein — denn einseitige Erklärungen erzeugen obligatorische Haftungen nur in den vom Gesetz ausdrücklich bezeichneten Fällen —, sondern verbunden mit der Annahme der Verpflichtungserklärung durch den Aufgeforderten, also die vertragsmäßige Übernahme der Gefahr der Kreditgewährung durch den dazu Auffordernden. Würde der Aufgeforderte den Kredit an den Dritten gewähren, ohne den Willen zu haben, damit zugleich die Verpflichtungserklärung des Auffordernden anzunehmen, so würde der letztere nicht haften. Es ist sonach zweifellos, daß, obwohl das BGB weder des Vertragsmomentes noch des Begriffserfordernisses, daß die Kreditgewährung „auf Gefahr“ des KrMt zu geschehen habe, gedenkt, dennoch beide Momente auch nach jetzigem bürgerlichen Rechte zum Begriff des KrA gehören. Ob der Zweck der Gefahrübernahme, d. i. der Sicherungszweck, beim KrA der einzig vorhandene sei oder ob er noch andren Zwecken diene, kann jetzt dahin gestellt bleiben, jedenfalls können wir aus dem Umfang der gesetzgeberischen Regelung, die der KrA in § 778 gefunden hat, schon jetzt schließen, daß der Sicherungszweck auch nach BGB die Eigenart des KrA bildet.

II. Die positive Norm, die das Gesetz für den im 1. Teil des § 778 geschilderten Tatbestand des KrA aufstellt, lautet: „wer . . beauftragt, . ., haftet dem Beauftragten für die aus der Kreditgewährung entstehende Verbindlichheit des Dritten als Bürge.“ Die Interpretation hat zunächst nach drei Richtungen zu erfolgen — was sich mittelbar aus der Fassung der Bestimmung ergibt, bleibt vor der Hand außer Betracht. —

1. Der Kern der Norm des § 778 ist, daß der zur Kreditgewährung Auffordernde „als Bürge haftet“. Das heißt, seine Haftung ist nach den Regeln der bürgschaftlichen Haftung zu beurteilen; er hat nicht nur die Pflichten eines Bürgen, sondern auch dessen Rechte und Rechtswohltaten, insbesondere die des gesetzlichen

Forderungsübergangs (§ 774) und der Einrede der Vorausklage (§ 771).

a) Aber nur die bürgschaftliche Haftung gilt, keineswegs finden alle Bürgschaftsvorschriften Anwendung. Über den Abschluß und die Beurteilung des KrA vor erfolgter Kreditgewährung sagt das Gesetz nichts, bloß das Verhältnis zwischen Auffordernden und Aufgefordertem nach erfolgter Kreditgewährung ist nach den Bürgschaftsregeln zu beurteilen. Folglich gilt die Formvorschrift des § 766 für den KrA nicht. Dieser kann, da das Gesetz eine besondere Form nicht vorschreibt, formlos geschlossen werden.[1]

b) Ist eine Verbindlichkeit aus der Kreditgewährung entstanden, so gelten die Bürgschaftsnormen ausschließlich. Sollte auch das rechtliche Wesen des KrA anders beschaffen sein, als es den bürgschaftlichen Rechtssätzen entspräche, so werden doch alle etwa aus der Natur des KrA theoretisch abzuleitenden Rechtssätze vollständig von jenen absorbiert, der KrMt haftet, wenn obige Voraussetzung zutrifft, nie weiter oder beschränkter, als ein Bürge haften würde. Das Gesetz dekretiert mit absoluter Schärfe, daß vom Moment des Entstehens einer Verbindlichkeit schlechthin bürgschaftliche Haftung eintreten solle.

c) Hiernach gelten für den KrA die Vorschriften der §§ 767—777 BGB. Auch § 777 dürfte trotz des Wortlauts „hat sich der Bürge für eine bestehende Verbindlichkeit auf bestimmte Zeit verbürgt" analog für den KrA anzuwenden sein, wenn der KrMt seine Haftung auf bestimmte Zeit, von der Kreditgewährung an gerechnet, beschränkt hat. Über die einzelnen Bestimmungen vgl. u. S. 206ff.

2. Voraussetzung der eben charakterisierten Haftung ist erfolgte Kreditgewährung, denn jene greift erst Platz, wenn mindestens diese vorliegt. Die Kreditgewährung ist erfolgt, wenn die oben als Gegenstände der Kreditgeschäfte bezeichneten wirtschaftlichen Güter (vgl. I. 1.) dem Kreditzweck entsprechend in das Eigentum des Dritten gelangt sind. Für die Eigentumsübertragung gelten die einschlagenden Bestimmungen des BGB, vgl. §§ 929ff., §§ 873, 925. Vgl. aber noch unten S. 199f.

---

[1] Weiteres über das Verhältnis der Schriftform des § 766 zum KrA s. S. 201f.

3. Weitere Voraussetzung der unter 1. bezeichneten Haftung ist, daß aus der tatsächlichen Kreditgewährung auch eine rechtsgiltige Verbindlichkeit entspringt. Das ist ja keineswegs stets notwendig: z. B. ich gebe einem Geisteskranken ein Darlehen. Hier liegt tatsächlich eine Kreditgewährung vor, aber eine Verbindlichkeit aus dem Darlehen entsteht für den Darlehnsempfänger nicht (§§ 104 f.). Für solche Fälle also gilt die Bestimmung des § 778 nicht (s. über diese Fälle u. unter VII).

a) „Verbindlichkeit" heißt: es muß eine rechtsgiltige „Kreditverbindlichkeit" aus der Kreditgewährung entstehen, nicht eine beliebige andere. Wenn also z. B. der KrMar einem Wahnsinnigen Kredit gewährt, ohne zu wissen, daß er mit einem Wahnsinnigen kontrahiert, so würde zwar eine Kreditverbindlichkeit des Dritten nicht entstehen, wohl aber eine Forderung des Gläubigers aus ungerechtfertigter Bereicherung (§ 812). Für die Bereicherungsverbindlichkeit haftet der KrMt nicht als Bürge, sondern § 778 trifft in dem Fall überhaupt nicht zu, weil eine Verbindlichkeit im Sinne dieses Paragraphen nicht entstanden ist. Würde der KrMt für die Bereicherungsforderung als Bürge haften, so würde sich der Inhalt seiner Haftung nach dem jeweiligen Inhalt der Bereicherungsschuld richten: das wäre zugleich ungerecht für den KrMar als dem Willen der Parteien zuwider, denn der KrMt muß und will mindestens für den Gesamtbetrag des gewährten Kredits, nicht aber nur für den nach § 818 sich bestimmenden Betrag aufkommen. Das natürliche und gerechte Empfinden gebietet sonach die restriktive Auslegung des Wortes „Verbindlichkeit" in dem angegebenen Sinne. Über die Haftung des KrMt in dem besprochenen Falle s. u. S. 199 ff.

b) Der Passus „für die aus der Kreditgewährung entstehende Verbindlichkeit" bedarf noch einer weiteren, beschränkenden Auslegung. Dem Wortlaut nach würde, wenn der Auffordernde dem andern sagte: gib dem X ein Darlehen von 100 Mark, ich hafte für den Schaden, der Aufgeforderte gäbe aber dem X ein Darlehen von 1000 Mark, der Auffordernde nach Höhe von 1000 Mark für die Kreditgefahr einstehen, denn das Gesetz bestimmt, daß er für die aus der Kreditgewährung entstehende Verbindlichkeit als Bürge hafte, aus der Kreditgewährung ist hier aber eine Verbindlichkeit in Höhe von 1000 Mark erwachsen. Das meint aber zweifellos das Gesetz nicht, die Unbilligkeit liegt auf der Hand. Der KrMt kann nicht weiter haften, als er sich verbindlich machen will. Das Gesetz will vielmehr sagen: der KrMt haftet „für die aus der unter Beobachtung der Vertragsbedingungen erfolgten Kreditgewährung entstehende Verbindlichkeit“ als Bürge.

c) Das Wort „entstehende“ im 2. Teile des § 778 bedeutet, daß es lediglich auf das Entstehen der Verbindlichkeit ankommt, nicht auf das Fortdauern derselben. Fällt die Verbindlichkeit nachträglich weg, so bestimmt sich die Wirkung dieses Wegfalls auf die Haftung des KrMt nach Bürgschaftsgrundsätzen; ist nur die Verbindlichkeit entstanden, so gilt von da an ausschließlich bürgschaftliche Haftung: also z. B. eine anfechtbare Verbindlichkeit (§§ 119—124) ist jedenfalls eine entstandene Verbindlichkeit, es gilt § 770.

III. Was gilt vor erfolgter Kreditgewährung? Was gilt, wenn eine Kreditverbindlichkeit nicht entsteht? Die beiden Fragen beantwortet § 778 nicht, das BGB lehnt gerade ab, sie zu beantworten. Da ihre Beantwortung aber notwendig und wichtig ist, muß in die Frage eingetreten werden: welches ist das rechtliche Wesen des KrA nach BGB? Oder: welcher Vertragskategorie gehört er an? Nur wenn der materielle Vertragscharakter des KrA festgestellt ist, können jene ersten beiden Fragen gelöst werden. Soviel ist klar, daß das BGB einen weiteren Begriff des KrA kennt, als der Tatbestand ist, den es bürgschaftlichen Grundsätzen unterstellt. Man darf sagen, daß das BGB nur einen Ausschnitt aus dem Vertragsganzen des KrA normiert. § 778 betrifft nur das Stadium des KrA von erfolgter Kreditgewährung an und dies Stadium überdies nur unter der Voraussetzung, daß eine giltige Kreditverbindlichkeit entstanden ist. Aber nach dem offenbaren Gedanken des Gesetzes umfaßt der Begriff des KrA den Auftrag, einem Dritten auf eigne Rechnung und im eignen Namen Kredit zu gewähren, schlechthin, d. h. vom Abschluß (nicht erst von der Kreditgewährung) an und einschließlich des Falles, daß aus der Kreditgewährung eine Verbindlichkeit des Dritten nicht entsteht; denn der KrA bezieht sich lediglich auf das Kreditgewähren als solches, d. h. eine Handlung wirtschaftlicher Natur (vgl. oben

S. 28f.)[1] und hat mit dem Entstehen oder Nichtentstehen einer giltigen Verbindlichkeit des Dritten zunächst gar nichts zu tun.

Wollen wir das rechtliche Wesen des KrA in dieser Gesamtbedeutung ergründen, so müssen wir gemäß den anerkannten Interpretationsregeln zuerst untersuchen, ob das BGB, insbesondere § 778 selbst, angibt, als was für einen Vertrag es den KrA angesehen wissen will. Gibt das BGB ausdrücklich oder stillschweigend hierüber keine Auskunft, so sind wir auf freie, aus der Natur des KrA geschöpfte Wesensbestimmung angewiesen.

IV. Sagt § 778, was für ein Geschäft der KrA sei? § 778 scheint allerdings Andeutungen zu enthalten, welcher Vertragskategorie das BGB den KrA einreiht.

1. Bezeichnet § 778 den KrA nicht als „Auftrag“ im technischen Sinne?

a) Für die Bejahung der Frage spricht äußerlich die Anwendung der Worte „beauftragt“, „Beauftragten“. Aber man erwäge Folgendes: einmal steht § 778 unter dem Titel „Bürgschaft“, nicht unter den Auftragsvorschriften §§ 662ff., mithin ist keineswegs gesagt, daß die Worte hier technisch gebraucht sind. Wären sie es, so müßte, wie das auch an anderen Stellen des Gesetzbuchs, die von anderen Materien handeln, der Fall ist (vgl. z. B. § 27 Abs. 3, § 712 Abs. 2, § 713, § 1835, § 2218, § 2226) — besonders charakteristisch ist der Fall des § 775, der mitten im Bürgschaftsrecht ausdrücklich von den „Rechten eines Beauftragten“ spricht —, ausdrücklich auf das Auftragsrecht der §§ 662ff. verwiesen sein. Schon aus dem formalen Grunde, weil in § 778 solcher Hinweis fehlt, kann den Worten „beauftragt“, „Beauftragten“ nicht die Bedeutung beigemessen werden, daß das Gesetz durch ihre Anwendung habe zum Ausdruck bringen wollen, der KrA sei Auftrag. — Sodann erklären sich besagte Worte viel natürlicher auf andere Weise, wie unter c) ersichtlich.

b) Bedeutsamer ist eine andere Argumentation, die man im Gegensatz zu unseren Ausführungen oben unter I. 3. anstellen könnte: „das Gesetz spreche nicht aus, daß das Kreditieren auf

---

[1] Über dieses Kreditgewähren und sein Verhältnis zu dem unter I, 1 Gesagten s. unter VII, S. 199f.

Gefahr des Auffordernden geschehen solle; folglich sei nach BGB nicht erforderlich, daß der Wille des Auffordernden auf Übernahme der Kreditgefahr gerichtet sei. Wenn aber die Haftung des Auffordernden nicht den Verpflichtungswillen desselben voraussetze, worin sollte jene dann weiter begründet sein als in dem Vorhandensein eines normalen Auftrags, bei dem ja die Haftung des Mt für Erstattung der Auslagen auch nicht einen besonderen Erstattungswillen desselben voraussetze, sondern ipso iure mit dem Bewirken der Auslagen entstehe?"

Diese Schlußfolgerungen sind irrig. Sie fußen darauf, daß zur Haftung des KrMt ein besonderer Haftungswille nicht erforderlich sei, daß man sich also einen KrA denken könne, bei dem dieser Wille fehle. Es ist nicht schwer nachzuweisen, daß im Gegenteil stets ein besonderer Gefahrübernahmewille des KrMt da sein muß. Der praktische Grund dafür ist, daß der Haftungswille und seine Erklärung gerade das einzige Kriterium — s. o. — bilden, um zu entscheiden, ob verbindlicher KrA oder nur unverbindlicher Rat vorliege. Fehlte der Haftungswille und seine Erklärung beim KrA, welche Anhaltspunkte wären dann im Normalfalle des KrA, wenn nämlich der Auftrag des KrMt nicht ausdrücklich unter Schließung eines echten Vertrags angenommen wird, sondern durch die konkludente Handlung der Kreditgewährung, für die Abscheidung des KrA vom Rate vorhanden? Sodann ist es auch logisch undenkbar, daß der Haftungswille beim KrA fehle. Zweifellos kann es Aufträge geben, bei denen ein besonderer, auf Auslagenersatz zielender Wille des Mt nicht vorhanden ist. Aber man überlege, was beim KrA — wenn wir ihn einmal als „Auftrag" ansehen — aufgetragen wird: Kreditgewährung, d. h. das Bewirken von Auslagen! Da das Bewirken von Auslagen somit zum Zweck und Wesen des KrA gehört, so umfaßt notwendig der Wille des KrMt auf Ausführung des Auftrags den Erstattungswillen hinsichtlich der Kreditgefahr mit. Wenn aber bewiesen ist, daß der KrMt stets den Willen hat, für die Kreditgefahr einzustehen, so kann aus dem Fehlen der Worte „auf Gefahr des Auftraggebers" nichts zugunsten der Auftragskonstruktion gefolgert werden, es fehlt der Syllogismus, denn es könnte zwar trotz Vorhandenseins eines ausdrücklichen Haftungswillens echter Auftrag bestehen, aber wegen des begrifflichen Vorhandenseins dieses Willens ist nicht gesagt, daß die Haftung des KrMt auf dem Auftrag beruhen müsse.[1]

c) Überhaupt leiden die zugunsten der Auftragstheorie aus der Fassung des § 778 gezogenen Schlußfolgerungen (unter a und b) an einem großen Irrtum, nämlich dem, daß geglaubt wird, das BGB habe im ersten Teile des § 778 eine gesetzliche Definition des KrA aufgestellt. Um diese Auffassung, kraft der dann allerdings mit dem Scheine der Richtigkeit aus dem Wortlaut wichtige Schlüsse gezogen werden, als grundirrtümlich nachzuweisen, ist hervorzuheben, daß das Gesetz in § 778 einerseits einen Tatbestand regelt, dessen Formulierung historisch im römischen Recht und durch Übung in der nachrömischen Jurisprudenz und Gesetzgebung so festgelegt ist, wie das Gesetz sie wiedergibt, daß andererseits der KrA ein Institut des praktischen Lebens ist, das in der Regel heute wie immer die Form der Aufforderung oder Auftragserteilung zum Kreditgewähren an einen Dritten im eignen Namen und auf eigne Rechnung mit oder ohne ausdrückliche Gefahrübernahmeerklärung aufweist. In dieser Formulierung fand der Gesetzgeber des BGBs den KrA vor, und das Gesetz übernahm mit der bezeichneten traditionellen und im Verkehr üblichen Fassung zugleich das Wort „beauftragen" als einen Bestandteil derselben. So erklärt sich der Gebrauch dieses Wortes auf die natürlichste Weise. Der erste Teil des § 778 enthält also weiter nichts als die Angabe des praktischen, im Leben vorgefundenen Tatbestandes des KrA, wie er regelungsbedürftig ist, die Beschreibung des tatsächlichen Verhältnisses.

Wie wenig das BGB eine Definition des KrA hat geben wollen, geht abgesehen davon, daß § 778 ganz konkret disponiert ist: „wer einen anderen beauftragt . . ." — sonst beliebt das Gesetz durchgängig eine andre Ausdrucksweise, vgl. z. B. §§ 433, 516, 535, 581, 589, 611, 631, 662 usw. — daraus hervor, daß der Ver-

[1] Es ist nicht uninteressant, die Fassung des § 680 Entw. I zur Vergleichung heranzuziehen, woselbst die Worte „auf Gefahr" gerade so fehlen, wie in § 778, und doch gerade ausdrücklich gesagt ist, der KrA sei nicht als Auftrag, sondern als Bürgschaft zu behandeln. Offenbar ist die Wiedergabe des Tatbestandes des KrA, wie wir sie in § 680 Entw. I finden, vom BGB einfach übernommen worden: ein weiteres Indiz für die Unrichtigkeit der bekämpften Beweisführung.

tragscharakter des KrA, d. h. das juristisch wesentliche Erfordernis des Annahmewillens des KrMar, überhaupt nicht erwähnt ist. Es steht nur da: „wer beauftragt — haftet“. Man vergleiche dagegen § 662, der beim echten Auftrag das Annahmemoment ausdrücklich heraushebt. Dieses Argument ist schlagend und wird noch beweiskräftiger, wenn wir uns klar machen, worauf das Fehlen der Hervorhebung des Annahmewillens und seiner Erklärung beruht. Praktisch kommt ja der Annahmewille des Kreditgebers, wenn er auch vorhanden ist, fast nie zum Ausdruck, denn in der Regel wird ein besonderer Annahmewille weder vor noch bei der Kreditgewährung erklärt, sondern es liegt meist die bloße Tatsache der Kreditgewährung vor. Will der Auffordernde seine Nichthaftung auf den Mangel des Annahmewillens stützen, so muß er beweisen, daß in der tatsächlichen Kreditgewährung vermöge anderer Umstände eine konkludente Erklärung des Annahmewillens nicht erblickt werden kann, und dieser Beweis dürfte meist sehr schwierig sein. Also für das praktische Leben hat die Annahmeerklärung so gut wie gar keine Bedeutung, für dieses kommt nur die Haftungserklärung des Auffordernden in Frage. Genau so denkt das Gesetz; es nimmt die konkrete Gestaltung des KrA auf, wie es sie findet, und regelt nur die rechtlichen Folgen der Haftungserklärung des Auffordernden. — Desgleichen wird im gewöhnlichen Leben bei Erteilung eines KrA nicht selten die ausdrückliche Erklärung: „kreditiere auf meine Gefahr“ weggelassen. Es genügt, wenn der Haftungswille aus den Umständen hervorgeht. Deshalb erwähnt auch weder § 680 Entw. I., noch das Gesetz das Moment „auf Gefahr des Auftraggebers“.[1]

Ist hiernach unrichtig, in den Worten „wer“ bis „geben“ eine gesetzliche Definition des KrA zu erblicken, so wird es zugleich unzulässig, erstens in den Worten „beauftragt“, „Beauftragten“ einen technischen Ausdruck im Sinne der §§ 662ff. zu finden, zweitens aus dem Fehlen der Worte „auf Gefahr des Auftrag-

[1] Vom Standpunkt der juristischen Definition hätte es nicht weggelassen werden dürfen. So aber ist es recht gut, daß es fehlt. Hätte das Gesetz die Worte in seinen Tatbestand des KrA ausdrücklich aufgenommen, so hätte die Auffassung nahe gelegen, daß das Gesetz zur Haftung stets die ausdrückliche Erklärung: „ich übernehme die Gefahr“ verlange.

gebers" einen so komplizierten juristischen Schluß zu ziehen, wie oben dargestellt worden ist. Dann fehlt die begriffliche Schärfe der angewendeten Worte, und es dürfen juristische Konsequenzen aus der Fassung als solcher nicht entnommen werden. Das Leben gibt keine Definition. Es schafft die Form der Rechtsgeschäfte nach seinem Bedürfnis ohne Rücksicht darauf, ob diese ohne weiteres auch ins System der Juristen paßt und das auch rechtlich ist, was sie äußerlich scheint.

Nach alledem ist die zu Beginn gestellte Frage: Sagt das BGB in § 778, daß es den KrA als Auftrag angesehen haben will? entschieden zu verneinen. Auch an andrer Stelle spricht sich das BGB nicht in diesem Sinne aus, weder unmittelbar — denn § 778 ist die einzige Stelle im Gesetz, die vom KrA handelt — noch mittelbar.

2. Will das Gesetz den KrA etwa als Bürgschaftsvertrag angesehen haben? Ebenfalls nicht. Das ist gerade die Auffassung, die in § 680 Entw. I Ausdruck gefunden hat, aber für das Gesetz abgelehnt wurde. Das BGB sagt in § 778 nur, daß der KrMt als Bürge hafte, nicht, daß der KrA Bürgschaftsvertrag sei. Die Definition der Bürgschaft in § 765 gilt für den KrA gerade nicht. — Das vorstehend im Schlußabsatz von 1. Gesagte ist hier entsprechend zu wiederholen.

V. Fügen wir den Feststellungen unter IV. hinzu, daß das BGB auch sonst nirgends eine Andeutung gibt, daß es den KrA zu einer bestimmten Vertragskategorie rechne, so dürfen wir konstatieren, daß sich das BGB mit dem theoretischen Wesen des KrA überhaupt nicht beschäftigt. Das Gesetz will das auch gar nicht: in § 778 lehnt es deutlich ab, sich über den KrA als Ganzes und sein rechtliches Wesen auszusprechen (arg. e contr.), es will sich vielmehr nur mit dem befassen, was praktisch die Hauptsache war: mit dem unter III. so genannten bürgschaftlichen Ausschnitt. Mithin sind wir für die Feststellung jenes Wesens auf freie, auf die Prinzipien des BGB gestützte, im übrigen aber aus der Natur der Sache geschöpfte Würdigung angewiesen. Dabei sind aufs genaueste die Resultate der geschichtlichen Entwicklung des KrA zu prüfen und die Bestimmungen des BGB über Auftrag und Bürgschaft zu vergleichen.

Über dieses Ergebnis unsrer bisherigen Erörterungen — insbesondere daß aus § 778 nicht zu folgern ist, der KrA sei Auftrag, sondern daß es der Prüfung der Wissenschaft obliegt, ob der KrA Auftrag sei — muß unbedingt Übereinstimmung aller Juristen herrschen, wenn sie auch die folgenden Ausführungen nicht anerkennen. Damit, daß das BGB an keiner Stelle sagt, der KrA sei Auftrag, ist ja noch nicht gesagt, daß nicht trotzdem der KrA Auftrag sein könne, nur liegt das dann nicht in der Bestimmung des § 778, sondern ist das Resultat freier wissenschaftlicher Forschung, die eventuell auch ein anderes Resultat haben könnte.

VI. Versuchen wir nun das rechtliche Wesen des KrA nach BGB festzustellen. Wir fragen zunächst: Ist der KrA Auftrag nach BGB und gelten für ihn die Bestimmungen der §§ 662ff.?

1. Wiederholen wir, was für ein Geschäft beim KrA in Auftrag gegeben wird. Die Kreditgewährung — das ist dieses Geschäft — soll im eigenen Namen und auf eigene Rechnung des Aufgeforderten erfolgen. Der KrMar wird also aufgefordert, ein formell und materiell eigenes Geschäft, auf eigene Kosten, zu eigenem Vorteil (Zinsen), an dem der Auffordernde keinen Teil hat, vorzunehmen. Wahrer Gläubiger des Dritten ist nicht KrMt, sondern KrMar. Der Auffordernde will nicht, daß der Dritte sein Schuldner werde, sondern er will im Notfall für den Schuldner des Aufgeforderten haften. Der Auffordernde will nicht Gläubiger des Aufgeforderten in dem Sinne werden, daß er von ihm jederzeit Herausgabe des aus der Ausführung der Aufforderung, der Kreditgewährung, Erlangten (der Kreditforderung, der Zinsen) fordern könnte, sondern er will im Gegenteil lediglich sein Schuldner werden, insofern er für die Kreditgefahr haften will. Die Vermögensaufwendungen, die KrMar zum Zwecke der Kreditgewährung machen muß, sind nicht „Auslagen“ im rechtlichen Sinne, zu deren Ersatz derjenige, zu dessen Gunsten sie gemacht werden, mit ihrer Entstehung verpflichtet ist; „Auslagen“ macht man für fremde Geschäfte, hier aber liegt eigenes Geschäft des KrMar vor. Der KrMt will daher auch nicht sofort haften, sondern nur, falls der KrMar vom Dritten nicht befriedigt wird.

2. Dieser Tatbestand ist mit dem zu vergleichen, was das BGB über den Auftrag in §§ 662—675 und anderwärts bestimmt. Was

für ein Geschäft (tatsächlicher oder rechtlicher Natur) soll derjenige vornehmen, dem von einem anderen ein normaler Auftrag erteilt wird?

a) Das Gesetz gibt zwar in der Definition des Auftrags § 662 und auch sonst keine direkte Auskunft darüber, welche Beziehungen das aufgetragene Geschäft zu Auftraggeber und Beauftragten haben muß oder nicht haben darf. Aber es spricht doch seinen Willen deutlich genug aus. Wenn § 662 sagt: „Durch die Annahme eines Auftrags verpflichtet sich der Beauftragte, ein ihm von dem Auftraggeber übertragenes Geschäft für diesen unentgeltlich zu besorgen," so bringt schon der Wortlaut unzweideutig zum Ausdruck, daß beim Auftrag nach BGB ein eigenes Geschäft des Auftraggebers dem Beauftragten zur Ausführung übertragen wird. Ein Geschäft „für jemanden" besorgen, heißt eben dessen Geschäfte besorgen, und das „Übertragen" eines Geschäfts auf einen andern (scil. zur Besorgung) setzt voraus, daß das Geschäft ein eigenes des Übertragenden ist, an dem der Beauftragte an sich nicht beteiligt ist; soll formell und materiell nur der Beauftragte Herr des Geschäfts sein, so kann ihm das Geschäft von einem andern nicht „übertragen" werden, der Wortsinn gestattet nicht, daß die erwähnte Geschäftsart als Auftrag bezeichnet wird. Also „Auftragen" heißt nach BGB „einem andern ein eigenes Geschäft (d. i. des Auftraggebers) zur Besorgung übertragen." Der Auftraggeber kann oder will die zur Vornahme des Geschäfts, das er gern ausgeführt sähe, erforderlichen Handlungen nicht selbst vornehmen, darum soll es ein anderer an seiner Stelle so tun, als wenn er (Auftraggeber) es selbst täte. Natürlich will er allein Herr des Geschäfts sein und dessen gesamte wirtschaftlichen und rechtlichen Konsequenzen, insbesondere Vorteile und Nachteile, ausschließlich auf sich bezogen haben, die Person des Beauftragten soll höchstens formelles Durchgangssubjekt, nicht materielles Subjekt des Geschäfts sein. Das Wort „besorgen" drückt dies deutlichst aus. Der Beauftragte vollzieht bloß all' die Aktionen tatsächlicher und rechtlicher Natur, die zum Abschluß des Geschäfts führen, während er an dem materiellen Effekt desselben keinen Teil hat (insbesondere nicht an den Vorteilen und Nachteilen). § 663 spricht dasselbe aus, wenn er sagt: „Wer zur Besorgung gewisser Ge-

schäfte öffentlich bestellt ist oder sich öffentlich erboten hat ..."
Man vergleiche auch die in § 675 als auftragsähnlich bezeichneten Verträge, Dienstvertrag (§ 611 „Dienste") und Werkvertrag (§ 631 „Besteller"), die dem Auftragsverhältnis verwandte Geschäftsführung ohne Auftrag (§ 677 „das Interesse des Geschäftsherrn", vgl. § 679, § 687) sowie alle die Rechtsverhältnisse, auf die im BGB kraft ausdrücklicher Sonderbestimmung die Auftragsvorschriften Anwendung finden (vgl. o.): überall begegnen wir dem gleichen Typus, daß nämlich der, der die dem Beauftragten analoge Stellung einnimmt, Dienste leistet bez. Geschäfte besorgt, die er nicht auf eigene, sondern auf Rechnung anderer vornimmt.

b) Aber auch das gesamte positive Auftragsrecht der §§ 662 ff. in seinen Einzelbestimmungen beweist den Willen des Gesetzes, daß ein Auftrag nur dann anzunehmen sei, wenn ein Geschäft aufgetragen wird, dessen wirtschaftliches und rechtliches Subjekt nicht der Beauftragte, sondern der Auftraggeber ist. Ziehen wir nur die §§ 667 und 669 heran. „Der Beauftragte ist verpflichtet, dem Auftraggeber alles, was er zur Ausführung des Auftrags erhält und was er aus der Geschäftsbesorgung erlangt, herauszugeben," d. h. auf Verlangen jederzeit. Die Herausgabepflicht bezüglich alles dessen, was aus der Geschäftsbesorgung erlangt wird, hat zur logischen Voraussetzung, daß der Auftraggeber der Geschäftsherr ist; dasselbe besagt die in § 667 mittelbar ausgedrückte Bestimmung, daß die Herausgabe jederzeit — sobald etwas erlangt ist — gefordert werden kann. Sodann: „Für die zur Ausführung des Auftrags erforderlichen Aufwendungen hat der Auftraggeber dem Beauftragten auf Verlangen Vorschuß zu leisten." Auch diese Vorschrift basiert darauf, daß es sich beim Auftrag um ein eigenes Geschäft des Auftraggebers handelt; als Geschäftsherr muß er die Mittel, die zum Geschäftsabschluß notwendig sind, bereit halten, er kann von dem Beauftragten, der das Geschäft auf fremde Rechnung führt, nicht verlangen, daß dieser Aufwendungen aus seinem Vermögen macht. Wäre das aufgetragene Geschäft als eigenes des Beauftragten möglich, so könnte das Recht, Vorschuß zu fordern, auf keinen Fall zugestanden werden.

3. Vergleicht man das unter 2. aus dem BGB entwickelte Wesen des Auftrags mit dem unter 1. geschilderten des KrA, so

ergibt sich für jeden Unbefangenen als zweifellos, daß der KrA nach BGB als Auftrag nicht angesehen werden kann. Der KrA zielt auf ein — römisch ausgedrückt — negotium proprium des KrMar, der Auftrag auf ein negotium proprium des Mt.[1] Man kann beides zusammen nicht unter einen Hut bringen. Freilich das römische Recht mußte neben dem normalen Auftrag, dessen Begriff es genau so kannte und feststellte, wie er im BGB geordnet ist, in seinem Mandatssystem vermöge der geschlossenen Zahl seiner Kontrakte noch für den KrA Platz haben — die Zwiespältigkeit des römischen Mandatsbegriffs ist oben genügend gekennzeichnet worden —; für das BGB hingegen, das engende Schranken für sein Obligationensystem nicht kennt, besteht keine Notwendigkeit, den KrA in sein Auftragsrecht einzupfropfen. Für uns hat der KrA auch außerhalb des Auftragsrechts Heimatberechtigung als ein freier Vertrag, dessen rechtliche Gestaltung aus seinem konkreten Auftreten, insbesondere dem Parteiwillen abzuleiten ist.

Hiernach ist zu konstatieren, daß die gesamten Vorschriften des BGB über den Auftrag auf den KrA vermöge der fundamentalen Verschiedenheit der beiden Institute keine Anwendung finden, also insbesondere nicht die §§ 662 (Klage auf Ausführung des Auftrags), 669 (Vorschußpflicht), 671 (Widerruf, Kündigung), 673 (Tod des Beauftragten).

Absolut unzulässig ist es, unter Berufung auf Motive und Protokolle folgendermaßen zu argumentieren: § 680 Entw. I habe die Auftragskonstruktion radikal abgelehnt und auf den KrA schlechthin Bürgschaftsrecht angewendet; von diesem Standpunkt sei der Gesetzgeber in § 778 abgegangen und habe im Anschluß an die herrschende Meinung der gemeinrechtlichen Literatur die Auftragsvorschriften nur insoweit ausschließen wollen, als die Haftung des Auffordernden für die aus der Kreditgewährung ent-

---

[1] Einzige Ausnahme hiervon ist der „Bürgschaftsgarantievertrag" — vgl. o. S. 158ff. — des § 775. Aber hier ist ausdrücklich die Anwendung der Auftragsvorschriften dekretiert: der Fall liegt also ganz anders als beim KrA des § 778. Jedenfalls kann jene durchaus singuläre Bestimmung, deren Aufnahme nur der ungenügenden theoretischen Durchbildung des in Rede stehenden Geschäfts zuzuschreiben ist, nicht verallgemeinert werden. — Vgl. noch Mot. S. 527.

stehende Verbindlichkeit des Dritten in Frage komme; daß der Gesetzgeber im übrigen den KrA als Auftrag angesehen wissen wolle, sei auch in den Protokollen ausdrücklich gesagt. — Aber ein Gesetz ist mit dem Augenblicke seines Inkrafttretens losgelöst von seiner Vergangenheit, seiner Entstehungsgeschichte. Was die Schöpfer der Entwürfe zum Gesetz gedacht, gewollt und niedergeschrieben haben, ist als solches keineswegs identisch mit dem Willen und Inhalt des Gesetzes. Das Gesetz drückt oft nicht alles aus, was jene gewollt haben, auch können sich jene irren, jedenfalls ist für uns nur das entscheidend, was das Gesetz selbst sagt. Dem klaren Willen des Gesetzes in unserer Frage gegenüber vermögen auch ausdrückliche entgegengesetzte Behauptungen der Protokolle nichts. Es ist zwar bequem, den Protokollen in diesem Punkte nachzusprechen, aber sachdienlicher wäre es, aus dem Geiste des Gesetzes heraus zu interpretieren.

Es könnte sich nun fragen: ist der KrA, wenn er nicht Auftrag ist, vielleicht Bürgschaft, da das Gesetz bestimmt, der Auffordernde solle als Bürge haften? Das ist aus zwei Gründen zu verneinen. Abgesehen davon, daß aus der Fassung des § 778 unzweideutig folgt, daß nach dem Gesetz Bürgschaftsrecht nur für die Haftung von der Kreditgewährung an gelten solle, der ganze Vertrag aber nicht als Bürgschaftsvertrag, sondern als selbständiger zu beurteilen sei, — vgl. o. S. 185f. und § 680 Entw. I —, ist einmal der Mangel der Schriftform beim KrA der Bürgschaftsauffassung entgegen: eine Bürgschaft ohne Schriftform ist nach BGB keine Bürgschaft; sodann ist nach dem Gesetz auch der Fall, in dem infolge der Kreditgewährung eine Verbindlichkeit des Dritten nicht entsteht, KrA: dieser kann also nicht Bürgschaftsvertrag sein, weil eine Bürgschaft für eine nichtexistente Forderung unmöglich ist.

VII. Wollen wir das wahre Wesen des KrA nach BGB feststellen, so gilt es, einen einheitlichen Vertragscharakter zu suchen. der beide Fälle — des Entstehens und Nichtentstehens einer Verbindlichkeit des Dritten aus der Kreditgewährung — begrifflich umfaßt. Für die Erforschung desselben sind wir auf die Absicht der Parteien bei Abschluß des KrA angewiesen, und da kann es nach den Ausführungen in Abschnitt 2 (oben §§ 2—4) nicht zweifelhaft sein, was für ein Vertrag der KrA ist. Er ist Garantievertrag im oben entwickelten Sinn, d. h. einseitiger, formloser Vertrag, durch den sich die eine Partei der anderen verpflichtet, ihr den Schaden, der ihr etwa aus der Kreditgewährung an einen Dritten (nicht aus einer künftigen Kreditforderung) erwachsen werde, zu ersetzen, Garantievertrag mit all den prinzipiellen Rechtssätzen (Subsidiarität, Diligenzpflicht usw.), die im dogmatischen Teil entwickelt wurden und die auch für das BGB nicht abzuändern sind, weil dasselbe Bestimmungen über Garantieverträge nicht enthält. Übernahme der Kreditgefahr, Schadloshaltung: das ist der wahre natürliche Sinn des „Auftrags": gib dem C auf meine Gefahr Kredit. Die Kreditverschaffung an den Dritten ist zwar häufig der wirtschaftliche Zweck der Erteilung des KrA, aber gewollt wird nur das juristische Mittel zur Erreichung desselben, das Schadloshaltungsversprechen, das motivierend auf den KrMar wirken soll — vgl. o. S. 84f. —. Soll der KrMar zur Kreditgewährung verpflichtet werden, so muß ein besonderer, dahin zielender Vertrag vorliegen, der aber mit dem Haftungsversprechen nichts zu tun hat und auch keinesfalls Auftrag ist, da negotium proprium des KrMar vorliegt. Sodann ist zwar der KrA reiner Sicherungsvertrag zugunsten des Gläubigers eines anderen, aber sein Inhalt ist nicht mit dem der Drittschuld identisch, sondern der KrMt will den Gläubiger schadlos halten, er schuldet nicht die Leistung des Dritten, sondern die selbständige Leistung des Schadensersatzes. Diese Interpretation des Parteiwillens, die den KrA gleichmäßig von Auftrag und Bürgschaft abscheidet, entspricht — dogmatisch betrachtet — auch den Prinzipien des BGB, denn § 133 sagt ausdrücklich: „Bei der Auslegung einer Willenserklärung ist der wirkliche Wille zu erforschen und nicht an dem buchstäblichen Sinne des Ausdrucks (— z. B. des Wortes „beauftragen" beim KrA —) zu haften." Die Auffassung des KrA als Garantievertrags ist auch angesichts des § 778 für das BGB die einzig haltbare. Denn würde man sich auf den Boden der „Doppelnatur" des KrA oder des gemischten Systems stellen, das den KrA als Auftrag ansieht und nur bezüglich der Pflicht des Auftraggebers zur Erstattung der Auslagen Bürgschaftsvorschriften unterstellt, so stände man vor einer höchst merkwürdigen Metamorphose: ein gewöhnlicher Auftrag nach §§ 662ff.[1] würde sich zur Bürgschaft herauswachsen: ein Phänomen, das bei der Zusammenhangslosigkeit des rechtlichen Charakters von Auftrag und Bürgschaft juristisch-theoretisch unfaßbar wäre.[2] Konstruiert man hingegen den KrA als Garantievertrag, d. h. als reinen Sicherungsvertrag, so ist die Anwendung der Bürgschaftsvorschriften zwar auch nur auf Grund eines fundamentalen Irrtums über das rechtliche Wesen des KrA möglich, aber doch einigermaßen verständlich und erträglich, da Bürgschaft und Garantievertrag wenigstens gleiche juristische Zwecke — und zwar ausschließlich diese — verfolgen: nämlich Sicherung des Gläubigers hinsichtlich der Kreditgefahr.

Daß der Garantievertragscharakter des KrA in dogmatischer Reinheit zu Geltung komme, verhindert allerdings für den normalen Fall des KrA (vgl. unter VIII) die Bestimmung des § 778, aber nur im Falle, daß aus der Kreditgewährung für den Dritten eine Kreditverbindlichkeit entsteht, und auch dann nur, soweit das Stadium des KrA von erfolgter Kreditgewährung an in Frage kommt. Im übrigen gilt infolge des Schweigens des BGB Garantievertragsrecht, also sowohl für das Stadium des KrA vor der Kreditgewährung, als für den Fall, daß aus der Kreditgewährung eine Verbindlichkeit für den Dritten nicht entsteht (vgl. S. 127f., S. 119, 131ff.). Der KrA kommt demnach zustande nnd bindet mit der Annahme des Schadloshaltungsversprechens (§§ 130—132, §§ 145—155, über Willensmängel gelten §§ 116ff.), die auch vor der Kreditgewährung ausdrücklich erklärt werden kann,[3] — vorausgesetzt, daß das Ver-

[1] Als solchen faßt das gemischte System den KrA. Vgl. Rothenberg u. S. 209.

[2] Der juristische Zweck des Auftrags ist Ausführung des Geschäfts des Auftraggebers, nicht Auslagenersatz, nicht Entschädigung des Beauftragten. Die Zwecke des Auftrags und des Garantievertrags, der letzteres bezweckt, laufen mithin ohne Berührungspunkte aneinander vorbei. Ihre Vereinigung in einem Geschäft wäre ein juristisches Monstrum.

[3] § 778 sagt nur, daß der KrMt von der Kreditgewährung an als Bürge hafte, nicht, daß er vorher nicht hafte. Allerdings wird in der Regel Haftungsbeginn und Kreditgewährung zusammenfallen, weil in der letzteren meist erst die konkludente Annahmeerklärung liegt. Beginnt die Haftung, d. h. das vertragsmäßige Gebundensein vor der Kreditgewährung, so erhält sie konkreten Inhalt erst mit dieser, und zwar untersteht dieser Vertrags-

sprechen des KrMt, für die Gefahr einstehen zu wollen, bestimmt abgegeben ist (insbesondere was die Höhe der Haftung und die Person des Dritten betrifft). Nach dem Zustandekommen ist die einseitige Aufhebung des Vertrags durch eine Partei ausgeschlossen, auch der Tod einer Partei ändert am Bestehen nichts. Freilich gebietet im Falle ausdrücklichen Vertragsschlusses vor der Kreditgewährung die Billigkeit, daß der KrMt, falls die Vermögensverhältnisse des Dritten sich wesentlich verschlechtern, sich von seiner Haftung befreien kann — gerade so gilt das übrigens von der Bürgschaft für künftige Schuld. Denn es ist davon auszugehen, daß der KrMt die Haftung nur rebus sic stantibus übernahm: ein Grundsatz, der bereits in § 610 BGB, wenn auch die Verhältnisse etwas anders liegen, gesetzlichen Ausdruck gefunden hat. Ebenso muß sich der KrMt befreien können, wenn der KrMar in einer den Umständen nach angemessenen Zeit nach Vertragsabschluß den Kredit nicht gewährt, denn es besteht dann keine Gewähr mehr dafür, daß die Verhältnisse noch dieselben seien wie früher. Immerhin kann der KrMt, da er formell bedingungslos verpflichtet ist, seine Befreiung nur durch ausdrückliche Erklärung an den KrMar, die er unverzüglich, nachdem er von den geänderten Verhältnissen Kenntnis erlangt hat, abzugeben hat, herbeiführen. Im 2. Falle wird der KrMt erst eine Frist zur Kreditgewährung zu setzen haben; nach deren unbenutztem Ablauf wird er frei. Weiß aber der Gläubiger nichts von den veränderten Umständen und gewährt er den Kredit, bevor er die Widerrufserklärung des KrMt erhalten hat, so haftet der KrMt trotz rechtzeitiger Erklärung vermöge seines unbedingt abgegebenen Haftungsversprechens. Praktisch sind die genannten Fälle deshalb nicht häufig, weil einerseits der Gläubiger dem Dritten bei mißlichen Verhältnissen schon selbst keinen Kredit gewähren, andererseits der Dritte bei übermäßig langer Zeit das Interesse an der Gewährung des Kredits regelmäßig verloren haben wird.[1] — Wenn aus der Kreditgewährung eine Kreditverbindlichkeit des Dritten nicht entsteht, so ist zunächst

---

inhalt dann, je nachdem eine Verbindlichkeit des Dritten entsteht oder nicht, zufolge der Bestimmung des § 778 entweder Bürgschafts- oder Garantievertragsregeln.

[1] Vgl. Planck, Komm. z. BGB, II. Bd. S. 520.

zu fragen: haftet KrMt überhaupt? Er haftet zweifellos nicht, wenn er ausdrücklich oder in anderer Weise bei Abschluß des Vertrags erklärt hat, daß er für die Gefahr nur bei giltiger Kreditverbindlichkeit des Dritten einstehen wolle. Er haftet ferner nicht bei wucherischem Kreditgeschäft oder einem Kreditgeschäft zu unsittlichen Zwecken, überhaupt bei einem solchen, das gegen ein gesetzliches Verbot oder die guten Sitten verstößt (§§ 134, 138). Ist der KrA ausdrücklich auf ein Kreditgeschäft dieser Art gerichtet, so ist er schon an sich nichtig; verstößt der KrMar nur für seine Person gegen Gesetz oder Sitte, so muß eine Haftung des KrMt deshalb verneint werden, weil der KrMt nur dann haften will, wenn bei der Kreditgewährung die Schranken der Rechts- und Sittenordnung eingehalten werden. Im übrigen aber haftet der KrMt regelmäßig für den aus der Kreditgewährung entstehenden Schaden, auch wenn der Dritte rechtlich nicht obligiert wird, und auch ohne ausdrückliche Übernahme der Gefahr auch für diesen Fall. Denn seine Erklärung: gewähre dem C auf meine Gefahr Kredit, bedeutet, daß er für den Erfolg der Kreditgewährungshandlung schlechthin einstehen wolle.[1] Die Hauptfälle, die hier in Frage kommen, sind: der Dritte ist geisteskrank, wegen Geisteskrankheit entmündigt, noch nicht 7 Jahre alt (§ 104); er ist minderjährig oder wegen Geistesschwäche, Trunksucht oder Verschwendung entmündigt (§§ 106, 114) und handelt bei Abschluß des Kreditgeschäfts ohne Zustimmung des gesetzlichen Vertreters: das sind alles Fälle, in denen der Dritte zur Eingehung einer Kreditverbindlichkeit persönlich unfähig ist.[2] Natürlich muß eine Kreditgewährung im wirtschaftlichen Sinne (vgl. o. S. 5f.) vorliegen, d. h. nicht nur eine Überführung wirtschaftlicher Güter in die Wirtschaft des Dritten, damit dieser wie ein Eigentümer über sie ver-

---

[1] Das Gesetz sagt nur, daß der KrMt in den bekannten Fällen als Bürge haftet, nicht, daß er, wenn eine Verbindlichkeit des Dritten nicht entsteht, nicht haftet. Auch nach BGB ist der KrA ein Garantievertrag mit Beziehung auf den tatsächlichen Effekt eines Unternehmens wirtschaftlicher Art und setzt im Unterschied zur — akzessorischen — Bürgschaft begrifflich ein Forderungsrecht des Gläubigers zu seiner Wirksamkeit nicht voraus. Vgl. die Ausführungen in § 3, S. 102ff.

[2] Im Sächs. BGB § 1477 war die Haftung des KrMt in diesen Fällen ausdrücklich festgelegt.

füge,[1] sondern auch ein Übereinkommen, daß der Dritte die gewährten Güter in genere oder dem Werte nach in bestimmter oder sich nach den Umständen bestimmender Frist zurückerstatten werde.[2] Liegt das vor, so haftet der KrMt für den Fall, daß der Dritte das Versprochene nicht freiwillig erstatten werde, auf dasselbe, was er zu erstatten hätte, wenn der Dritte giltig verpflichtet wäre. Welche Rolle das Wissen oder Nichtwissen der Parteien von der persönlichen Unfähigkeit des Dritten zur Eingehung einer Kreditobligation spielt, ist oben (S. 131ff.) ausgeführt worden, das Gesagte wäre hier zu wiederholen. Tritt Haftung des KrMt ein, so gelten in jedem Falle die oben entwickelten Regeln des Garantievertragsrechts (besonders Subsidiarität und Diligenzpflicht), die also hier auch nach BGB uneingeschränkt vom Abschluß des Vertrags bis zu seiner Beendigung zur Anwendung kommen. Entsteht aus der Kreditgewährung zwar keine giltige Kreditverbindlichkeit, aber eine Schuld des Dritten aus ungerechtfertigter Bereicherung, so schlägt ebenfalls reines Garantievertragsrecht ein, insbesondere

[1] Gleichgiltig, ob mit der faktischen Übergabe juristisch Eigentum übergeht oder nicht. Ersteres ist der Fall bei beschränkt Geschäftsfähigen (§ 107 „durch die er nicht lediglich einen rechtlichen Vorteil erlangt"), es kann auch der Fall sein bei Geschäftsunfähigen (z. B. sofortige Vermischung der dargeliehenen Fungibilien mit solchen des Dritten, Verbindung der gekauften Sache mit einer dem Dritten gehörigen, Verarbeitung der gekauften Sache durch den Dritten, §§ 946—950). Insofern ist das oben über den Begriff des Kreditierens Gesagte zu erweitern. Dem dort aufgestellten Begriffe liegt aber der im Texte genannte zugrunde. Wenn oben Eigentumsübertragung verlangt wurde, so galt das dem Normalfall des KrA, dem auf eine giltige Verbindlichkeit des Dritten bezüglichen, der praktische Ausnahmefall, mit dem wir es jetzt zu tun haben, konnte zunächst außer Betracht bleiben. Die Hauptsache ist jedoch in beiden Fällen — deshalb wurde auch oben entsprechend den rechtlichen Verhältnissen des voraussetzlich angenommenen Normalfalls die Eigentumsübertragung energisch betont —, daß die Übergabe der Güter an den Dritten vorbehaltlos erfolgt, d. h. daß diese dauernd dem Dritten verbleiben sollen. Die Hingabe jener Güter darf lediglich von dem Kreditübereinkommen, dem nackten einseitigen Genus- oder Werterstattungsversprechen begleitet sein.

[2] Das Kreditübereinkommen ist in den Fällen der genannten persönlichen Unfähigkeit des Dritten stets rechtlich ungiltig. Aber der Kredit ist eine Sache persönlichen Vertrauens; solches kann auch einem nicht normal Geschäftsfähigen entgegengebracht werden, indem man ihm auf die bloße Versicherung der Wiedererstattung kreditiert.

muß der Gläubiger den Dritten erst aus der Bereicherung verklagen.

VIII. Es bleibt noch übrig, das Verhältnis des § 778 zu dem reinen Kreditgarantievertrag, dessen Wesen in § 5 dargestellt wurde, zu beleuchten. § 778 ist eine Dispositivbestimmung, d. h. sie gilt nicht, wenn eine besondere Parteienverabredung existiert, die den Inhalt der zu begründenden Haftung selbständig regelt.[1] Die Aufforderung zur Kreditgewährung an einen Dritten kann z. B. mit bürgschaftlichem Willen, der vom Auffordernden ausdrücklich oder sonst aus den Umständen erkennbar erklärt wird,[2] auftreten, dann ist § 778 ausgeschlossen, der ganze Vertrag ist Bürgschaft, nicht nur in Ansehung der Haftung des Auffordernden. Oder die Parteien wollen bei Abschluß des KrA offenbar einen Schadloshaltungsvertrag — so insbesondere, wenn Haftung „für Schaden" zugesagt wird, — dann gilt § 778 wiederum nicht, sondern Garantievertragsrecht in voller Ausdehnung,[3] wie es in § 5 geschildert wurde. Läßt sich dagegen in concreto bei solchem Aufforderungstatbestand ein besonderer Parteiwille ohne weiteres nicht feststellen, obwohl es deutlich ist, daß der Auffordernde eine Haftung übernehmen wollte — das ist der bei weitem häufigste Fall, — so schlägt § 778 ein. Dasselbe ergibt sich aus einer Vergleichung von § 778 mit § 766.[4] Es ist zweifellos unrichtig, was die meisten Kommentatoren sagen: daß die KrAs-Parteien normal Bürgschaft wollten; dann müßte Schriftform gefordert werden.[5] Also wollen die KrAs-Parteien in der Regel gerade nicht Bürgschaft?

---

[1] In § 680 Entw. I war ausdrücklich gesagt: „sofern nicht ein anderes erhellt". In allen früheren Gesetzgebungen ist die Bestimmung über den KrA ebenfalls dispositiver Natur, vgl. die Äußerung der Mot. o S. 172.

[2] Das Wort entscheidet nicht, sondern das Erfüllenwollen fremder Verbindlichkeit.

[3] Ebenso PLANCK, Komm., II. S. 509.

[4] Die letztere Vorschrift ist erst durch die Reichstagskommission in das BGB gebracht worden. Die früheren Entwürfe hatten die Aufstellung einer Form für die Bürgschaft ausdrücklich abgelehnt.

[5] Keinesfalls darf § 766 durch Einkleidung echten Bürgschaftswillens in KrAs-Form umgangen werden. Ist solcher vorhanden, so muß das Bürgschaftsversprechen stets schriftlich erteilt sein. Ist dasselbe mangels Schriftform nichtig, so kann es auch nicht als KrA aufrecht erhalten werden, da offenbarer Bürgschaftswille vorhanden ist.

Das wäre ebenso unrichtig, dann würde ja nach dem Willen der Parteien bürgschaftliche Haftung, die in § 778 dekretiert wird, gerade ausgeschlossen sein. Also bleibt nichts anderes übrig als zu sagen: § 778 gilt nur, wenn mit Sicherheit weder festgestellt werden kann, daß die Parteien Bürgschaft oder Garantievertrag gewollt, noch daß sie eins von beiden nicht gewollt haben, sondern bloß der nackte Tatbestand des Auftrags zur Kreditgewährung („bitte gib dem C auf meine Gefahr Kredit" oder „gib ihm Kredit, ich hafte dafür", „ich stehe für die Gefahr ein" u. a.)[1] und offenbarer Haftungswille vorliegt. In diesem Falle können im Verkehr Zweifel über den Sinn der Haftungserklärung auftauchen, zur Vermeidung solcher Zweifel ist die Bestimmung des § 778 getroffen worden. Dogmatisch kann freilich die Möglichkeit eines Zweifels nicht anerkannt werden. Denn die Gefahr der Kreditgewährung übernehmen heißt dem natürlichen Sinne nach nichts anderes als erklären: du sollst keinen Schaden von dem Kreditieren haben, und die Gefahr der Kreditgewährung übernehmen heißt: für den Erfolg des Kreditierens als einer Handlung wirtschaftlicher Natur schlechthin einstehen wollen, ohne Rücksicht auf die persönliche Fähigkeit oder Unfähigkeit des Dritten zur Begründung einer Kreditobligation. Diese natürliche Interpretation des Parteiwillens führt aber zwangslos auf die Garantievertragskonstruktion. Indes das BGB denkt anders, und wir müssen uns mit § 778 bescheiden. Es ist aber jedenfalls falsch, in § 778 eine zwingende Interpretation des Parteiwillens beim KrA zu sehen, sonst müßte man konsequent Schriftform verlangen, die das Gesetz für den KrA ablehnt; sondern § 778 enthält eine zwingende Rechtsnorm, die die Interpretation aus der Natur der Sache, wie sie eben skizziert wurde, ausschließt.

[1] Es möge hervorgehoben werden, daß die Auftrags- bez. Aufforderungsform unbedingt notwendig ist, wenn § 778 zutreffen soll. Die bloße Erklärung: ich hafte für den Kredit, den du dem C gewähren willst, ist ohne Rücksicht auf § 778 zu interpretieren, wie der konkrete Parteiwille es gebietet, also entweder in bürgschaftlichem Sinne — dann ist der ganze Vertrag Bürgschaft — oder im Sinne eines Garantievertrags. Das merkwürdige Phänomen, daß aus einem zum Zwecke der Sicherstellung eines Gläubigers erteilten Haftungsversprechen bürgschaftliche Haftung entspringt, ohne daß § 766 zutrifft, ist nur dem formellen Auftragstatbestande des KrA, als welcher er im Verkehr heimisch ist, eigen.

Dispositiv bleibt aber die Bestimmung insofern, als sie durch jede ausdrückliche Erklärung des Parteiwillens ausgeschlossen wird.

Was den Stundungsauftrag anlangt, so steht er mangels besonderer gesetzlicher Bestimmung ausschließlich unter Garantievertragsrecht, es sei denn, die Parteien beabsichtigten in Wahrheit eine Bürgschaft und wollten die Schriftform umgehen. Auch ohne daß Stundung bezweckt wird, kann nach BGB die Gefahr einer bestehenden Kreditforderung oder eines anderen Forderungstatbestandes durch Garantievertrag übernommen werden; Garantievertrag ist stets anzunehmen, wenn der die Haftung Übernehmende dem anderen den entstehenden Schaden ersetzen will.

IX. Der Regreß des KrMt gegenüber dem Dritten bestimmt sich nach dem besonderen Verhältnis, das zwischen beiden besteht. Es kann zwischen ihnen ein echter Schuldgarantievertrag im oben S. 158ff. entwickelten Sinne abgeschlossen sein, normal aber will das BGB, wie aus § 775 ersichtlich ist, auf den Regreß Auftragsrecht oder die Vorschriften über Geschäftsführung ohne Auftrag angewendet sehen. Neben diesem besonderen Regreß hat der KrMt noch die Möglichkeit, sich auf Grund der zedierten Rechte, deren Abtretung, im Falle, daß § 778 zutrifft, nach § 774, andernfalls nach den in § 5 oben ausgeführten Regeln erfolgt, schadlos zu halten.

X. Anhang.

Über die Literatur des KrA nach bürgerlichem Recht ist kurz zu berichten. Die Wissenschaft hat bei der Fülle wichtigerer Fragen, die das BGB zur Beantwortung bietet, noch nicht Zeit gehabt, sich mit unserem Institut eindringlicher zu beschäftigen. Die Literatur des § 778 vertritt daher fast durchweg in skrupelloser Anlehnung an die Protokolle und die im gemeinen Rechte herrschende Lehre das gemischte System, d. h. sie wendet, soweit § 778 den KrA nicht normiert, Auftragsvorschriften an. So von den Kommentaren: Kuhlenbeck, Kommentar zum BGB, Berlin 1899, Bd. 1, S. 531, Landé, Kommentar zum BGB, Berlin 1897, § 778, Neumann, Handausgabe des BGB, Berlin 1900, Bd. 1, § 778, Örtmann, Kommentar zum BGB, das Recht der Schuldverhältnisse, Berlin 1899, S. 504, Haidlen, Bürg. Gesetzbuch, Stuttgart 1897, 1. Bd., S. 865, Staudinger, Kommentar zum BGB, München 1901, Bd. 2,

S. 629, SCHERER, Recht der Schuldverhältnisse des BGB, Erlangen 1899, S. 1126; von größeren und kleineren systematischen Darstellungen: ENDEMANN, Einführung in das Studium des BGB, Berlin 1898, Bd. 1, S. 860, ENNECCERUS-LEHMANN, Das Bürgerliche Recht, Marburg 1901, 1. Bd. S. 763, ALTSMANN, Das Recht des BGB, Berlin 1899 S. 152, SCHOLLMEYER, Das Recht der einzelnen Schuldverhältnisse im BGB, Berlin 1897, S. 82, MATTHIASS, Lehrbuch des bürgerlichen Rechts, Berlin 1900 Bd. 1, S. 641, PHILLER, Vorlesungen über das BGB, Leipzig 1899, S. 179, BENDIX, Deutsches Privatrecht, Breslau 1899, S. 487, SIMÉON, Recht und Rechtsgang im Deutschen Reich, Berlin 1901, Bd. 1, S. 481 [1], DERNBURG, Das bürgerliche Recht des Deutschen Reichs und Preußens, Halle 1899, 2. Band, die Schuldverhältnisse, 2. Abt. S. 360, BUCHKA, Vergleichende Darstellung des BGB und des gemeinen Rechts, Berlin 1897, S. 142, ENGELMANN, Das alte und das neue bürgerliche Recht Deutschlands, Berlin 1897, S. 426, COSACK, Lehrbuch des deutschen bürgerlichen Rechts, Jena 1900, S. 584, TRÄNKNER, Vorträge über die einzelnen Schuldverhältnisse, Sächs. Arch. Bd. 9, S. 189: um nur die hauptsächlichen zu nennen. SCHERER a. a. O. verlangt Schriftform für den KrA.[2] Die Haftung des KrMt bei Nichtentstehen einer Verbindlichkeit des Dritten und zwar Haftung nach Auftragsrecht verteidigen DERNBURG, NEUMANN, ENGELMANN, SCHOLLMEYER. Im einzelnen ist noch interessant: DERNBURG bemerkt zu § 778, es sei anzunehmen, daß der KrMt nicht nur die Pflichten, sondern auch die Rechte des Bürgen (§§ 771, 774) habe. ENNECCERUS-LEHMANN behauptet, daß der KrA den Beauftragten zur Kreditgewährung verpflichte, er wendet auf den KrA alle Bürgschaftsvorschriften (außer § 766) an. Dagegen sagt COSACK, die Rechte des KrMt gegenüber dem Dritten bestimmten sich nicht nach Bürgschaftsrecht, der KrMt trete bei Befriedigung des KrMar keineswegs in dessen Forderung gegen den Dritten von Gesetzes wegen ein, auch könne er vom Dritten nicht fordern, daß dieser ihn von der Bürgschaftshaftung befreie, während der offenbare Sinn von § 778 die Anwendung aller Vorschriften des Bürgschaftstitels auf den KrA (außer von § 766) ver-

[1] Dieser verwechselt jedoch, wie aus dem einen von ihm gebrachten Beispiel hervorgeht, KrA und Kreditbürgschaft.

[2] Dagegen auch PLANCK, Kommentar, Bd. 2. S. 522.

langt. ENDEMANN behandelt den KrA durchaus als Auftrag, schließt aber Recht des KrMt auf Vorschuß (§ 669) aus und nimmt an, daß der KrA i. Z. beim Tode des Beauftragten nicht erlösche (§ 673). Sonderbarerweise behauptet er, durch § 778 werde die Gleichung zwischen Bürgen und KrMt nur für den Regreßanspruch vollzogen, im übrigen gelte für die Haftung des KrMt Auftragsrecht. — Als besonders bedauerlich fällt bei der Durchsicht der Literatur die häufige Verwendung des Interzessionsbegriffs auf, unter den Bürgschaft, KrA und Garantievertrag subsumiert werden (vgl. als Beispiele nur KUHLENBECK und LANDÉ). Es ist nicht ersichtlich, welche begriffliche oder systematische Bedeutung heutzutage dieser Gruppenname noch hat.[1] Im römischen Rechte mit dem SC. Velleianum aufgekommen, steht und fällt er mit diesem, denn der einzige allen als Interzessionen bezeichneten Verträgen gemeinsame Rechtssatz war eben die Geltung des SC. Velleianum, im übrigen waren die Verträge unter sich ihrer juristischen Konstruktion nach völlig geschieden. Auch systematisch — als allgemeine Kategorie aller Verträge mit gleichem wirtschaftlichen und juristischen Zweck — ist der Interzessionsbegriff unzulänglich und wertlos, denn auch der Garantievertrag i. e. S. und der Schadensversicherungsvertrag verfolgen den Sicherungszweck, erstreben Schutz gegen Schaden und sind doch nicht Interzessionen. Was soll uns daher der überlebte Interzessionsbegriff noch? Will man jene Verträge systematisch zusammenfassen, so wähle man die oben (S. 160) vorgeschlagene Bezeichnung „Sicherungsvertrag".

Die einzige tiefere Behandlung des KrA in der bisherigen Literatur des BGB findet sich bei PLANCK, Bürgerliches Gesetzbuch, Bd. 2, Schuldverhältnisse, Berlin 1900, S. 521f., der ebenso treffend wie unabhängig von den Protokollen diesen zwar zugibt, daß vor der Kreditgewährung Auftragsrecht gelte, aber hinzufügt: „vorausgesetzt, daß der KrA als eigentlicher Auftrag erteilt und angenommen ist" und dann fortfährt: „Häufig wird aber der Vertrag in dem Sinne geschlossen, daß der Beauftragte nicht die Verpflichtung eingehen will, seinerseits den Auftrag auszuführen, d. h.

[1] Vgl. dazu die ausgezeichneten Worte DEURERS im Arch. f. d. civ. Pr. Bd. 28. S. 409.

dem Dritten Kredit zu geben, sondern daß lediglich, wenn er in Ausführung des Auftrags Kredit erteilt, der Auftraggeber für die Verbindlichkeit des Dritten einstehen soll. In diesem Falle liegt ein eigenartiges Rechtsverhältnis vor. Es dürfte der Absicht der Parteien entsprechen (?), in bezug auf Widerruf und Kündigung auch in diesem Falle die Vorschriften über den Auftrag anzuwenden. Ob und inwieweit noch andere Bestimmungen über den Auftrag anzuwenden sind, ist auf Grund der Auslegung des Vertrags zu entscheiden." Man sieht, es fehlt bei PLANCK noch die Erkenntnis des KrA als konsequenten Schadloshaltungsvertrags, aber seine Bemerkung über das „häufige" Fehlen der „eigentlichen" Auftragsnatur beim KrA ist so entschieden gehalten, daß man hoffen darf, seine Autorität werde künftig die Interpreten veranlassen, die Protokolle auf die Richtigkeit der von ihnen geäußerten Ansicht über die Auftragsnatur des KrA recht genau zu prüfen. Über den Fall der Ungiltigkeit der Hauptverbindlichkeit äußert PLANCK, daß eine etwaige Haftung des KrMt sich dann nach den Umständen des einzelnen Falls entscheide: eine mehr vorsichtige als durchdachte Behauptung (vgl. o. S. 198ff.).

Dies das dürftige Ergebnis der bisherigen Literatur. Was in Zukunft zu erwarten steht, soll im folgenden Paragraphen noch kurz berührt werden.

§ 10.

Schlussbemerkungen.

Der KrA ist von der Literatur von jeher verkannt worden, auch alle bisherigen Gesetzgebungen haben ihn verkannt. Sowenig wie die früheren ist auch die neueste Kodifikation des bürgerlichen Rechtes dem wahren Charakter des KrA als reinen Garantievertrags gerecht geworden. Wenden wir uns der kritischen Betrachtung des § 778 zu, so mag es immerhin als Vorteil empfunden werden, daß das BGB die Haftung des KrMt nicht nach Auftrags- (wie das römische Recht), sondern nach Sicherungsvertragsrecht konstruiert. Von Bedeutung ist dies namentlich für die juristische Stellung der Zession beim KrA. Diese Zession ist keine Leistung, die der KrMt kraft des abgeschlossenen KrA vertragsmäßig fordern kann, sondern ein freies Geschenk der Billigkeit, das aus dem Wesen des KrA sowenig wie aus dem der Bürgschaft abgeleitet werden kann. Das BGB stellt daher für den KrA gerade so wie für die Bürgschaft die cessio legalis (§ 774) auf. Äußerst günstig für eine gedeihliche Weiterentwicklung des KrA ist die Tatsache, daß das BGB der Jurisprudenz hinsichtlich der Feststellung des wahren Wesens des KrA freie Hand läßt, indem es seinerseits ablehnt, über dasselbe sich zu äußern. Es wurde nachgewiesen, daß das BGB den KrA weder ausdrücklich noch mittelbar als Auftrag oder Bürgschaft bezeichnet: es zwingt uns also insbesondere die Auftragsnormen nicht auf.

Freilich sind auf der anderen Seite, wenn wir den Maßstab der oben in § 4 entwickelten Grundsätze anlegen, bedeutsame Mängel an der Regelung, die der KrA in § 778 gefunden hat, zu konstatieren. Der KrA, ein echter Schadloshaltungsvertrag, ist wieder in das fremdartige Bürgschaftsgewand gezwängt worden. Für die Haftung des KrMt, deren Inhalt Schadensersatz sein sollte, gilt Bürgschaftsrecht, d. h. der KrMt haftet lediglich für die Erfüllung der Verbindlichkeit des Dritten, deren jeweiliger Bestand für seine Verpflichtung maßgebend ist (§ 767). Im einzelnen steht die Anwendung der Bürgschaftsvorschriften namentlich in drei Punkten mit dem eigensten Wesen des KrA in Widerspruch. Der KrMt kann die dem Dritten zustehenden Einreden geltend machen (§ 768, vgl. aber Konk. O. § 193, S. 2) — materielle Identität —[1]; er kann die Befriedigung des Gläubigers verweigern, solange nicht der Gläubiger eine (!) Zwangsvollstreckung gegen den Dritten ohne Erfolg versucht hat (Einrede der Vorausklage, § 771) — die Subsidiarität ist einerseits eine unvollständige, §§ 771, 772[2], andrerseits verzichtbar, § 773 Z. 1 —; er kann endlich vom KrMar nicht Beobachtung einer allgemeinen Diligenzpflicht fordern[3], sondern § 776 gewährt ihm nur in ganz bestimmtem Umfang Befreiung

[1] Bei Anfechtungsrecht oder Aufrechnungsmöglichkeit auf Seite des Dritten kann er die Befriedigung des KrMar so lange verweigern, als der Dritte jene Befreiungsmittel hat, § 770.

[2] Nach Handelsrecht hat KrMt die Einrede der Vorausklage in Gemäßheit von § 349 HGB sogar überhaupt nicht.

[3] Vgl. dazu PLANCK, Kommentar, Bd. 2. S. 519f.

im Falle verletzter Diligenz.[1] Mit solchen Sätzen ist dem Garantievertragsrecht direkt Hohn gesprochen. Es ist daher von besonderer Wichtigkeit, daß das Anwendungsgebiet des § 778 möglichst eingeschränkt bleibe und der Begriff des Kreditierens (v. o. Anm. [3] S. 178) möglichst eng interpretiert werde, damit nicht mehr Verträge, als unumgänglich ist, der freien, natürlichen Interpretation als echter Schadloshaltungsverträge entzogen werden. — Dazu kommt ein merkwürdiger Widerspruch, der infolge der Normierung des KrA in § 778 durch das ganze Bürgschaftsrecht geht. Die Redaktoren des § 778 basierten wenigstens darauf, daß der Bürgschaftsvertrag formlos abgeschlossen werden könne. Nach BGB — auf Grund der Reichstagsüberarbeitung — gilt aber für das Bürgschaftsversprechen Schriftform, für den KrA nicht. Das Gesetz sagt also unzweideutig: der KrA ist an sich kein Bürgschaftsvertrag — denn dieser ist vor der Erfüllung der Hauptverbindlichkeit durch den Bürgen nur bei Schriftform bindend —, aber auch: der KrA erzeugt bürgschaftliche Haftung. Wie seltsam: bürgschaftliche Haftung ohne Bürgschaftsvertrag, obwohl der KrA nach BGB echter Sicherungsvertrag ist![2] Ein Bürgschaftssystem, das Schriftform fordert, duldet nicht die Anwendung bürgschaftlicher Vorschriften auf den formlosen KrA.

Wir sehen, daß die Regelung des KrAs-Rechts im BGB schwerwiegenden Bedenken unterliegt; immerhin darf man im allgemeinen sagen, daß das BGB in Sachen des KrA einen Fortschritt gegen früher bedeutet. Es kommt nur ganz darauf an, ob die Jurisprudenz von ihrer bisherigen Haltung dem § 778 gegenüber abgeht und den prinzipiellen Garantievertragscharakter des KrA auch nach BGB anerkennt. Freilich ist zunächst wenig Aussicht hierauf vorhanden. Ist doch höchst bedauerlicherweise gerade in neuester Zeit wieder ein Verteidiger der falschen Mandatslehre erstanden, der,

[1] Die übrigen Vorschriften: in § 769 — gesamtschuldnerische Haftung mehrerer KrMt, auch wenn sie den KrA nicht gemeinschaftlich erteilt haben —, § 775 — Anspruch des KrMt auf Befreiung von der Haftung gegenüber dem Dritten —, § 777 — Übernahme der Haftung für bestimmte Zeit —, betreffen das Wesen der Bürgschaft bez. des KrA nicht.

[2] Von den positiven Einzelbestimmungen in § 571 Abs. 2 S. 1 und § 1251 Abs. 2 S. 2 kann abgesehen werden, da hier ein Sicherungsvertrag gar nicht vorliegt.

weil er bestimmenden Einfluß auf die Fassung des § 778 — vergl. oben S. 174 — geübt hat, den Interpreten des BGB wohl auch ferner als Autorität, auf dessen verba sie schwören werden, gelten wird. ROTHENBERG hat im Archiv für die civilistische Praxis Bd. 77, S. 323 ff. ausführlich über den KrA gehandelt, indem er sich gegen die Ausführungen der Motive zu § 680 Entw. I wandte. In ROTHENBERG sind gewissermaßen noch einmal alle reaktionären Ideen über den KrA konzentriert. Er meint, der KrA verfolge zunächst keineswegs den Sicherungszweck, auch geschehe bei ihm das Kreditieren wesentlich auf Veranlassung des KrMt (S. 328). Er mißt dann dem KrA den berühmten rechtlichen Doppelcharakter bei: juristisches Mittel (Auftrag) und ökonomischer Zweck seien zu unterscheiden, erst nach vollzogenem Auftrag werde der Sicherungszweck akut und erhalte rechtliche Ausgestaltung (S. 329 f.).[1] ROTHENBERG gibt zu, daß die Verpflichtung des KrMar zur Kreditbewilligung nicht notwendig zum Begriff des KrA gehöre; wenn sie aber vorhanden sei, dann lägen nicht zwei Verträge vor, sondern eine Vertragseinheit mit doppelter rechtlicher Qualifikation, ein einziger Rechtskörper, beseelt von zwei verschiedenen Rechtscharakteren, der Januskopf eines zweifachen Rechtsinstituts, nicht ein Rechtsinstitut mit doppelter Funktion (S. 333 f.). Die Haftung des KrMt auch im Falle der Ungiltigkeit der Hauptschuld führt ROTHENBERG darauf zurück, daß KrMt ja Veranlassung zur Kreditierung gegeben habe (S. 341): kurz überall die Mandatsauffassung, die er — S. 344 — so formuliert: „die Willensrichtung des Mandators zielt wesentlich nur auf die Vornahme einer Handlung seitens des Beauftragten, das Kreditgeben, und nicht auf die Verpflichtung für eine fremde Schuld. Die Haftbarkeit des Mandators ist regelmäßig nur die von seiner Willensrichtung unabhängige gesetzliche Folge seiner . . . Willenserklärung.“ Der Bekämpfung gerade dieser Ansicht ist die vorliegende Schrift gewidmet, es kann deshalb auf nochmalige Widerlegung des Standpunktes, den ROTHENBERG vertritt, verzichtet werden. Daß wir im Grunde mit ROTHENBERG nicht übereinstimmen können, hindert uns nicht, manche

[1] Darüber, daß das Verhältnis von juristischem Mittel und ökonomischem Zweck beim KrA gerade umgekehrt ist, als es ROTH. auffaßt, vgl. S. 84 f.

seiner Thesen, die sich gegen die Gestaltung des KrA im § 680 Entw. I und gegen SOKOLOWSKI richten, anzuerkennen. So betont er S. 337 f. den fundamentalen Unterschied von fideiussio und mand. qual., insbesondere beweise denselben die Haftung des Gläubigers für culpa in exigendo beim KrA, die bei der Bürgschaft völlig fehle; er behauptet gegenüber SOKOLOWSKI, ein Ausgleich von KrA und Bürgschaft habe im römischen Recht nie stattgefunden, eine Diligenzpflicht für die Bürgschaft sei ebenso unmöglich wie unnötig, da diese in erster Linie dem Gläubiger Sicherheit gewähren solle und die Einführung der Diligenzpflicht letztere bloß schmälern und damit die Brauchbarkeit der Bürgschaft sehr beeinträchtigen würde (S. 343 ff.).

Leider ist bei ROTHENBERG Richtiges und Falsches so durcheinander gemischt, daß sein Aufsatz mit großer Vorsicht zu lesen ist. Möchten die Quellenbeispiele, die er mehrfach zitiert, eine Anregung geben, die Quellen über den KrA wieder eingehend zu befragen. Wird in diesen richtig gelesen und dabei nicht auf Äußerlichkeiten der römischen Gestaltung, sondern auf die im KrA wirksame Rechtsidee gesehen, so wird auch unser vielumstrittenes Institut, eines der allerinteressantesten des Obligationenrechts, dessen Schicksale in Gesetzgebung und Literatur so merkwürdig geschwankt haben, endlich seine wahre Heimat unter den Garantieverträgen, fern vom Auftrags- und Bürgschaftssystem, finden. Gegenüber dem BGB gilt einstweilen der Ruf: Zu retten vom reinen Kreditgarantievertrag, was zu retten ist! Weg mit den Auftragsregeln über Kündigung, Widerruf, Tod usw. für das Stadium des KrA vor der Kreditgewährung, weg mit der Auftragskonstruktion für den Fall der Ungiltigkeit der Hauptverbindlichkeit! Weg mit jener Theorie vom Doppelcharakter des KrA, die doppelt irrt, wenn sie den KrA als Auftrag, der sich zur Bürgschaft auswachse, faßt! Ein Irrtum ist gesetzlich festgelegt: der KrMt haftet im Zweifel als Bürge. Mit diesem müssen wir uns bescheiden; der KrA bedurfte einer legislativen Regelung im Interesse des Verkehrs, und so müssen wir sagen: besser eine Norm als gar keine. Aber der andere Irrtum, daß der KrA Auftrag sei, dürfte er länger geduldet werden, da das Gesetz ihn nicht gebietet, da es die Garantievertragskonstruktion nicht verbietet? Wir haben nach BGB schon an sich weder ein einheitliches Bürgschaftsrecht

— denn es gibt eine Bürgschaftshaftung, die ohne Bürgschaftsvertrag entsteht — noch ein einheitliches KrAs-Recht — denn für den KrA gelten teils Bürgschafts- teils Garantievertragsnormen —: soll der KrAs-Begriff durch Aufrechterhaltung der Mandatstheorie innerlich noch mehr gespalten werden? Garantievertrag und Bürgschaft sind wenigstens beide Sicherungsverträge, also mit gleichem juristischen Zweck ausgestattet, aber Auftrag und Bürgschaft sind zwei geschiedene Rechtsbereiche, die sich auch nicht in einem Punkte berühren.

Für eine spätere Zeit freilich muß als Losung gelten: reinlichste Trennung von Bürgschaft und KrA, Reinerhaltung des Bürgschafts- als akzessorischen (d. h. rechtlich abhängigen) Versprechens, eine fremde Schuld zu erfüllen, und Reinerhaltung des Kreditgarantievertrags als selbständigen (von der Hauptschuld rechtlich unabhängigen) Schadloshaltungsversprechens mit Beziehung auf den einem Dritten gewährten Kredit. Theorie und Praxis haben gleichmäßig das größte Interesse, eine Vermengung zweier juristisch so scharf zu scheidender Begriffe zu verhüten: es darf nur eine Bürgschaft mit Wegfall aller KrAs-Elemente, nur einen gleichberechtigt neben der Bürgschaft bestehenden, freien, nach eigenen Gesetzen (absolute Subsidiarität, Diligenzpflicht) konstruierten Kreditgarantievertrag, der keineswegs auf den Fall der Aufforderung zur Kreditgewährung beschränkt, sondern gleichermaßen vor und nach erfolgter Kreditgewährung zur Sicherung des Gläubigers gegen die Kreditgefahr zulässig ist, geben. Es unterliegt keinem Zweifel, daß eine nähere oder entferntere Zukunft beides bringen wird. Der Weg dahin führt über das BGB. Auf dessen Grundlage, soviel als möglich ist, für jenes ferne Ziel, für Reinigung der Bürgschafts- und KrAs-Lehre in obenbezeichneter Richtung, zu schaffen, ist daher die Aufgabe der heutigen Jurisprudenz: der Zweck vorliegender Schrift wäre erfüllt, wenn sie — im Interesse der Erfüllung dieser Aufgabe — einiges Material zur Klärung der einschlägigen Fragen beigebracht hätte, ganz besonders aber der juristischen Wissenschaft Anregung gäbe, sich auf der Grundlage des BGB erneut und eindringlich mit dem Problem des sogenannten Kreditauftrags zu beschäftigen.

Literatur.

A. Auf das römische Recht und das Partikularrecht bezügliche Literatur.

ARNDTS, Lehrbuch der Pandekten, 4. Aufl., München 1861.
BARON, Pandekten, 8. Aufl., Leipzig 1893.
BEKKER, Die processualische Konsumption im klassischen römischen Recht, Berlin 1853.
BRINKMANN, Wissenschaftlich praktische Rechtskunde, Schleswig 1831, 1. Bd.
BRINZ, Lehrbuch der Pandekten, Erlangen 1879, 2. Bd.
BUCHER, Das Recht der Forderungen, Leipzig 1830.
BURCHARDI, Lehrbuch des römischen Rechts, Stuttgart 1843/44, 2. Bd.
BURCHARDI, Die Lehre von der Wiedereinsetzung in den vorigen Stand, Göttingen 1831.
CURTIUS, Handbuch des im Königreich Sachsen geltenden Civilrechts, Leipzig 1831, 4. Teil, 1. Abth.
DERNBURG, Pandekten, 5. verb. Aufl., Berlin 1897, 2. Bd.
DERNBURG, Lehrbuch des preußischen Privatrechts, Halle 1897, 2. Bd.
DEURER, Über den Begriff der Intercession, Archiv f. d. civilist. Praxis, Bd. 28, S. 407 ff.
EISELE, Die Haftung des Mandanten für Schaden des Mandatars, Archiv f. d. civilist. Praxis, Bd. 84, S. 319 ff.
ENDEMANN, Der Kredit als Gegenstand der Rechtsgeschäfte, Zeitschrift f. d. gesamte Handelsrecht, hrsg. v. GOLDSCHMIDT, Erlangen 1861, 4. Bd., S. 30 ff., S. 191 ff.
ESMARCH, Grundsätze des Pandekten-Rechts, Wien 1859.
FÖRSTER-ECCIUS, Preußisches Privatrecht, Berlin 1896, 2. Bd.
GEIB, Zur Dogmatik des römischen Bürgschaftsrechts, Tübingen 1894.
GESTERDING, Alte und neue Irrthümer der Rechtsgelehrten, Greifswald 1818.
GESTERDING, Ausbeute von Nachforschungen über verschiedene Rechtsmaterien, Greifswald 1826, 1. Bd.
GIRTANNER, Die Bürgschaft nach gemeinem Civilrechte, Jena 1850.
GIRTANNER, Ist das auxilium divisionis unabhängig von gleichzeitiger und gemeinsamer Eingehung der Mitbürgschaft? Archiv f. d. civilist. Praxis, Bd. 43, S. 275 ff.
GLÜCK, Ausführliche Erläuterung der Pandekten nach HELLFELD, ein Kommentar, Erlangen 1829, Bd. 14.
GÖSCHEN, Vorlesungen über das gemeine Civilrecht, Göttingen 1839, 2. Bd. 2. Abth.
GRÜTZMANN, Die zweite Lesung des Entwurfs eines deutschen bürgerlichen Gesetzbuchs (Fortsetzung), Sächs. Archiv f. bürg. Recht und Proceß, Bd. 3, S. 676 ff.
HABERSTICH, Handbuch des schweizerischen Obligationenrechts, Zürich 1884/87, 2. Bd.
HASENBALG, Die Bürgschaft des gemeinen Rechts, Düsseldorf 1870.

HASENBALG, Beiträge zur Lehre von der Intercession, Göttingen 1856, 1. Bdchen.

HAUBOLD, Lehrbuch des Kgl. Sächsischen Privatrechts, Leipzig 1829.

HAUSER, Die Verbürgung nach handelsrechtlichen Grundsätzen, Centralorgan f. d. deutsche Handels- und Wechselrecht, hrsg. v. LÖHR, neue Folge, Bd. 4, S. 321 ff.

v. HELMOLT, Die Correalobligationen, Giessen 1857.

HEUMANN, Handlexikon zu den Quellen des römischen Rechts, Jena 1891.

HOFFMANN, Das bürg. Gesetzbuch für das Königreich Sachsen, Leipzig 1889.

v. HOLTZENDORFF, Encyklopädie der Rechtswissenschaft, 5. verb. Aufl., Leipzig, 1890.

v. HOLZSCHUHER, Theorie und Kasuistik des gemeinen Civilrechts, Leipzig 1847, 2. Bd., 2. Abth.

JAKOBY, Die Krediterkundigung, Berlin 1891.

IHERING, Ein Rechtsgutachten, betreffend die Gäubahn, Jahrbücher für die Dogmatik des heutigen römischen und deutschen Privatrechts, Bd. 18, S. 41 ff.

KELLER, Über Litiskontestation und Urtheil nach klassischem römischen Recht, Zürich 1827.

v. KELLER, Pandekten, Leipzig 1861.

KNORR, Beiträge zur Lehre von der Bürgschaft und dem Pfandrecht, Archiv f. d. civilist. Praxis, Bd. 28, S. 167 ff.

KOCH, Das Recht der Forderungen nach gemeinem und nach preußischem Rechte, Breslau 1843, 3. Bd.

KOCH, Allgemeines Landrecht für die Preußischen Staaten, Berlin und Leipzig 1886, 2. Bd.

KRITZ, Das Pandektenrecht, Meißen 1837, 1. Bd.

KRÜGER, Besprechung der SOKOLOWSKIschen Schrift: Die Mandatsbürgschaft, Kritische Vierteljahrsschrift für Gesetzgebung und Rechtswissenschaft, hrsg. von v. BECHMANN und SEYDEL, neue Folge, Bd. 15, S. 534 ff.

LADENBURG, Das mandatum aliena gratia des modernen Rechts, Archiv f. deutsches Wechselrecht und Handelsrecht, hrsg. v. SIEBENHAAR, Bd. 16, S. 1 ff.

LANDÉ, Das Allgemeine Landrecht für die preußischen Staaten in seiner jetzigen Gestalt, 2. verb. Aufl., Berlin 1888.

MANDRY, Das gemeine Familiengüterrecht mit Ausschluß des ehelichen Güterrechts, Tübingen 1871, 2. Bd.

v. MICHELS, De intercessione per mandatum, Inaug.-Diss., Halle 1867.

MODE, Befreiung des Bürgen durch Nachlässigkeit des Gläubigers in Wahrnehmung seiner Rechte gegen dritte Personen, Berlin 1897.

MÜHLENBRUCH, Lehrbuch des Pandektenrechts, Halle 1836, 2. Bd.

MÜHLENBRUCH, Die Lehre von der Cession der Forderungsrechte, Greifswald 1826.

MÜLLER, Lehrbuch der Institutionen, Leipzig 1858.

NEUSTETEL, Über die Verbindlichkeit des Ratgebers und das mandatum in gratiam mandatarii, Archiv f. d. civilist. Praxis, Bd. 2, S. 39 ff.

Österley, Über das mandatum qualificatum, Inaug.-Diss., Göttingen 1891.
Pagenstecher, Pandekten-Praktikum, Heidelberg 1860.
v. Plucinsky, Zur Lehre von der Assignation und Delegation, Archiv f. d. civilist. Praxis, Bd. 60, S. 289 ff.
Puchta, Pandekten, Leipzig 1856.
Puchta, Vorlesungen über das heutige römische Recht, Leipzig 1848, 2. Bd.
Puchta, Cursus der Institutionen, Leipzig 1847, 3. Bd.
Rehbein, Die Entscheidungen des vormaligen Preußischen Ober-Tribunals auf dem Gebiete des Civilrechts, Berlin 1887, 2. Bd.
Reinhard, Ergänzungen zu Glücks ausführlicher Erläuterung der Pandekten, Stuttgart 1835, 2. Bd., 1. Abth.
Ribbentrop, Zur Lehre von den Correal-Obligationen, Göttingen 1831.
Rosshirt, Gemeines deutsches Civilrecht, Heidelberg 1840, 2. Theil.
Rothenberg, Der Kreditauftrag, Beurteilung des § 680 des Entwurfes eines bürgerlichen Gesetzbuches für das Deutsche Reich nebst Abänderungs- und Ergänzungsvorschlägen, Archiv f. d. civilist. Praxis, Bd. 77, S. 323 ff.
Rothenberg, Zur Lehre vom Regreß des Bürgen gegen den Hauptschuldner mit Rücksicht auf die §§ 676, 677 des Entwurfes eines bürgerlichen Gesetzbuchs f. d. Deutsche Reich nebst Ergänzungsvorschlägen, Gruchots Beiträge zur Erläut. d. deutschen Rechts, Bd. 33, S. 364 ff.
Samhaber, Zur Lehre von der Correalobligation im römischen und heutigen Recht, Erlangen 1861.
v. Savigny, System des heutigen Römischen Rechts, Berlin 1841, 5. Bd.
v. Savigny, Das Obligationenrecht, Berlin 1851, 1. Bd.
Schilling, Pandektenrecht, Berlin 1844.
Schilling, Lehrbuch für Institutionen und Geschichte des Römischen Privatrechts, Leipzig 1846, 3. Bd.
Schneider-Fick, Das Schweizerische Obligationenrecht, Zürich 1891.
Schweppe, Das Römische Privatrecht in seiner heutigen Anwendung, Göttingen 1831, 3. Bd.
Seuffert, Lehrbuch des praktischen Pandektenrechts, Würzburg 1825.
Siebenhaar, Correalobligationen nach römischem, gemeinem und sächsischem Rechte, Leipzig 1867.
Sintenis, Das Praktische Gemeine Civilrecht, Leipzig 1861, 2. Bd.
Sintenis, Von den Intercessionen überhaupt und einigen Arten derselben im Besonderen, Zeitschrift f. Civilrecht und Proceß, hrsg. v. Linde, Marezoll, v. Schröter, Giessen 1836, Bd. 10, S. 38 ff.
Sintenis, Anleitung zum Studium des Sächs. BGB, Leipzig 1864.
Sokolowski, Die Mandatsbürgschaft nach römischem und gemeinem Recht, Halle 1891.
Stammler, Der Garantievertrag, eine civilistische Abhandlung, Archiv f. d. civilist. Praxis, Bd. 69, S. 1 ff.
Tewes, Über die Haftverbindlichkeit aus erteiltem Rat und aus der Empfehlung einer Person, Archiv f. d. civilist. Praxis, Bd. 51, S. 35 ff.
Thibaut, Versuche über einzelne Theile der Theorie des Rechts, Jena 1817, 1. Bd.

THÖL, Das Handelsrecht, Leipzig 1876, 1. Bd., 2. Abth.
v. THUR, Actio de in rem verso, Freiburg und Leipzig 1895.
UNGER, Handeln auf fremde Gefahr, IHERINGS Jahrbücher für Dogmatik, Bd. 33, S. 299 ff.
UNTERHOLZNER, Quellenmäßige Zusammenstellung der Lehre des römischen Rechts von den Schuldverhältnissen, Leipzig 1840, 2. Bd.
VALETT, Ausführliches Lehrbuch des praktischen Pandektenrechts, Leipzig 1828, 2. Bd.
v. VANGEROW, Lehrbuch der Pandekten, Marburg und Leipzig 1863, 3. Bd.
WÄCHTER, Pandekten, Leipzig 1881, 2. Bd.
WEBER, Erläuterung der Pandekten nach HELLFELD, Leipzig 1820, 1. Theil.
WEISKE, Rechtslexikon, Leipzig 1839, Bd. 7.
WENDT, Pandekten, Jena 1888.
v. WENING-INGENHEIM, Lehrbuch des gemeinen Civilrechts, München 1837, 2. Bd.
WINDSCHEID-KIPP, Lehrbuch des Pandektenrechts, Frankfurt a. M. 1900, 8. Aufl., 2. Bd.
WITTE, Zur Lehre von der Stipulation, Novation, Delegation und Succession in obligatorischen Rechtsverhältnissen, Kritische Vierteljahrsschrift für Gesetzgebung und Rechtswissenschaft, hrsg. v. BEKKER und PÖZL, Bd. 8, S. 169 ff.
ZIMMERN (und NEUSTETEL), Römisch-rechtliche Untersuchungen für Wissenschaft und Ausübung, Heidelberg 1821, 1. Bd., Abh. X, S. 255 ff.: Welchen Einfluß hat der Begriff Intercession auf Mandat und constitutum? Oder wie unterscheiden sich mandatum qualificatum und constitutum debiti alieni von Mandat und constitutum überhaupt?

Corpus iuris civilis, hrsg. v. KRÜGER-MOMMSEN, Berlin 1889.
Gai Institutiones,
Julii Pauli receptae sententiae,
in der Collectio librorum iuris anteiustiniani, hrsg. v. KRÜGER und STUDEMUND, Berlin 1891.
WÜSTEMANN, Des Antecessor Theophilus Paraphrase der Institutionen Justinians, Berlin 1823, 2. Bd.

B. Literatur zum BGB.

ALTSMANN, Das Recht des BGB, Berlin 1899.
BÄHR, Gegenentwurf zu dem Entwurfe eines BGB f. d. Deutsche Reich, Kassel 1892.
BENDIX, Deutsches Privatrecht, Breslau 1899.
BUCHKA, Vergleichende Darstellung des BGB und des gemeinen Rechts, Berlin 1897.
COSACK, Lehrbuch des deutschen bürgerlichen Rechts, Jena 1900.
DERNBURG, Das bürgerliche Recht des Deutschen Reichs und Preußens, Halle 1899, 2. Bd., die Schuldverhältnisse, 2. Abt.
ENDEMANN, Einführung in das Studium des BGB, Berlin 1898, 1. Bd.

ENNECCERUS-LEHMANN, Das bürgerliche Recht, Marburg 1901, 1. Bd.
ENGELMANN, Das alte und das neue bürgerliche Recht Deutschlands, Berlin 1897.
HAIDLEN, Bürg. Gesetzbuch, Stuttgart 1897, 1. Bd.
KUHLENBECK, Kommentar zum BGB, Berlin 1899, 1. Bd.
LANDÉ, Kommentar zum BGB, Berlin 1897.
MATTHIASS, Lehrbuch des bürgerlichen Rechts, Berlin 1900, 1. Bd.
NEUMANN, Handausgabe des BGB, Berlin 1900, 1. Bd.
ÖRTMANN, Kommentar zum BGB, Das Recht der Schuldverhältnisse, Berlin 1899.
PHILLER, Vorlesungen über das BGB, Leipzig 1899.
PLANCK, Bürg. Gesetzbuch, Berlin 1900, 2. Bd.: Schuldverhältnisse.
SCHERER, Recht der Schuldverhältnisse des BGB, Erlangen 1899.
SCHOLLMEYER, Das Recht der einzelnen Schuldverhältnisse im BGB, Berlin 1897.
SIMÉON, Recht und Rechtsgang im Deutschen Reich, Berlin 1901, 1. Bd.
STAUDINGER, Kommentar zum BGB, München 1901, 2. Bd.
TRÄNKNER, Vorträge über die einzelnen Schuldverhältnisse, Sächs. Archiv f. Civilr. u. Proc., Bd. 9, S. 189 ff.

Bürgerliches Gesetzbuch vom 18. August 1896.
Motive zum Entwurfe eines Bürg. Gesetzbuchs. Amtl. Ausg., Berlin 1888.
Protokolle der Kommission für die zweite Lesung des Entwurfs des BGB, zitiert nach dem amtlichen metallographierten Exemplar (MUGDAN, Die gesamten Materialien zum BGB f. d. Deutsche Reich, Berlin 1899).

Druck von August Pries in Leipzig.

FSC
www.fsc.org
MIX
Papier | Fördert gute Waldnutzung
FSC® C083411

Kolibri 360 GmbH
Ferdinand-Jühlke-Straße 7
99095 Erfurt, Deutschland
produktsicherheit@kolibri360.de